영어
어휘학습

영어
어휘학습

신 길 호 | 지음

한국문화사

영어어휘학습

초판인쇄 2014년 12월 25일
초판발행 2014년 12월 30일

지은이 신 길 호
편   집 전 혜 미
펴낸이 김 진 수
펴낸곳 **한국문화사**
등   록 1991년 11월 9일 제2-1276호
주   소 서울특별시 성동구 광나루로 130 서울숲IT캐슬 1310호
전   화 (02)464-7708 / 3409-4488
전   송 (02)499-0846
이메일 hkm7708@hanmail.net
홈페이지 www.hankookmunhwasa.co.kr

책값은 뒤표지에 있습니다.

잘못된 책은 바꾸어 드립니다.
이 책의 내용은 저작권법에 따라 보호받고 있습니다.

ISBN 978-89-6817-187-1   93740

이 도서의 국립중앙도서관 출판시도서목록(CIP)은 e-CIP 홈페이지
(http://www.nl.go.kr/cip.php)에서 이용하실 수 있습니다.
(CIP제어번호: CIP2014037950)

|머리말|

본 저서는 영어 어휘와 어휘 학습에 관한 논의를 통하여 영어 학습자 및 영어 교육학을 전공하는 학부 학생, 대학원생들에게 도움을 주고자하는데 그 목적이 있다.

영어는 모든 분야에서 세계 공통적으로 사용되고 있는 국제공용어이므로 영어 교육의 중요성에 대하여 누구나 공감하고 있으며 끊임없는 연구와 효과적인 학습 및 지도법의 모색에 대한 사회적 요구는 매우 크다고 할 수 있다.

우리나라에서의 영어는 사회에서 통용되지 않는 외국어(English as a foreign language; EFL)로 1883년 고종황제의 명(命)에 의해 설립된 동문학(同文學)에서 영어 교육이 시작된 이후 약 130년 동안 다양한 연구와 영어 교육 관계자들의 노력으로 상당한 수준으로 발전해 왔다. 그러나 아직은 사회의 기대와 필요에 만족스럽게 부응하지 못하는 실정이며 개선되어야할 부분들이 많다고 판단된다.

어휘는 언어의 기본을 이루고 있으므로 영어 교육에서 보다 더 체계적인 학습과 지도가 이루어져야 한다. 다시 말하면 어휘능력은 어떤 언어 기능을 학습하든지 가장 필수적인 사항이므로 더 많은 관심을 두어야 한다.

  Vocabulary permeates everything we do in an English class, whichever skill or language point is being practised (Tayor, 1992, p. 3).

Rivers(1983)도 어휘력이 부족하면 이미 학습한 구조나 기능을 사용할 수 없기 때문에 외국어 학습에서 어휘의 학습이 필수적이라고 강조한 바 있다. 아울러 어휘력의 신장은 오랜 시간이 걸리며 기억과 망각이 여러 번 되풀이되는 쉽지 않은 과정이다. 그러나 어휘 학습에서 초기에 형성된 어휘 지식이 바탕이 되면 새로운 어휘를 익히기가 더 용이해진다. 또한 어휘학습은 다른 언어기능, 특히 발음과는 달리, 연령의 영향을 덜 받는데 나이가 들수록 세상지식이 많아지므로 어휘 학습이 더 쉬워질 수도 있기 때문이다.

어휘 학습은 "문맥을 고려하지 않고 일정한 계획 하에 체계적으로 학습하는 방법"과 "문맥 속에서 의미를 유추하고 표현해 보는 방법"으로 대별할 수 있다. 학습자의 의사소통능력의 신장을 위하여 문맥을 통한 의미 유추 방법이 보다 더 효과적이라고 할 수 있으나 계획적이고 체계적인 어휘학습의 효과를 부인할 수는 없다. 따라서 최근에 이르러 어휘의 체계적인 학습에도 관심이 주어지게 되었다.

최근 우리나라 영어 교육은 의사소통중심교수법(communicative language teaching)을 근간으로 하고 있으며 그 전반적인 방향은 바람직하다고 할 수 있다. 그러나 언어의 기본적인 요소인 어휘에 관한 학습과 지도에 대한 관심은 충분하지 못하다고 판단된다.

수십 년 동안 농업에 종사한 분이 저자에게 "작물 재배에 가장 필수적인 것은 물입니다. 물이 충분하게 공급되어야 작물이 자랄 수 있고 비료는 그 다음입니다"라는 말을 해 준 적이 있다. 영어 학습에서 어휘는 작물에 필요한 물이라고 할 수 있고 문법이나 언어 구조에 관한 지식은 작물의 비료에 해당된다고 할 수 있다. 기초적인 어휘를 알지도 못하는 상태에서 문법을 다루고 의사소통능력을 신장시키려고 하는 것은 작물에 물 공급도 제대로 안된 상태에서 비료를 주는 것과 같다고 할 수 있다. 어휘력은 언어의 네 기능인 듣기, 말하기, 읽기, 쓰기 활동의 토대가 되고 의사소통능력의 기본적인 요소이기 때문이다. 따라서 영어 학습에서 바람직한 성과를 얻기 위해서는 어휘의 학습에 우선적인 관심을 가져야 한다. 다시 말하면 영어교육에서 "기본으로 돌아가자(Back to Basics)"라는 모토를 다시 한번 되새길 때라고 본다.

본 저서에서는 『영어어휘연구』(신길호, 2007)를 토대로 어휘의 개념과 유형, 형성과 차용, 의미 등을 알아 본 후에 학습 기법 및 평가 방법을 논의하고자 한다. 또한 기본적인 설명과 더불어 가능한 많은 예를 제시하여 영어 어휘의 학습과 연구에 보탬을 주고자 한다. 또한 학습과 지도는 서로 밀접한 관계가 있고 학습에 대한 논의는 지도에 관한 논의에 바탕을 이루므로 이 저서가 어휘지도법의 연구에도 참고가 될 수 있다고 본다. 다만 형태론에 대한 세부적인 논의에 대해서는 다루지 않고 영어 어휘의 학습에 실제적으로 필요하다고 판단되는 내용만을 대상으로 하였다.

본 저서가 영어 어휘를 체계적으로 학습하고자 하는 대학생 및 대학원생들에게 도움이 되고 영어교육의 발전에 조그마한 토대가 되기를 소망한다. 아울러 본 저서의 연구를 지원해준 강원대학교와 내용의 보완과 수정에 노고를 아끼지 않은 최미옥선생님, 이현일선생님에게 감사의 말씀을 드린다.

차례

■ 머리말 / v

제1장 어휘교육의 역사와 중요성 … 3
1.1. 어휘교육의 역사 … 3
1.2. 어휘학습의 중요성 … 6

제2장 어휘의 개념과 구성, 유형 … 9
2.1. 어휘의 개념 … 9
2.2. 영어어휘의 구성 … 12
2.3. 영어어휘의 유형 … 21

제3장 영어어휘의 조어와 차용 … 39
3.1. 어원 … 39
3.2. 영어어휘의 조어 … 41
3.3. 영어어휘의 기능전환 … 60
3.4. 차용 영어어휘 … 63
3.5. 영국영어와 미국영어의 어휘 … 73

제4장 영어어휘의 철자와 발음 … 76
4.1. 영어어휘의 철자 … 76
4.2. 영어어휘의 발음 … 84
4.3. 철자와 발음의 관계 … 87

제5장 영어어휘의 의미 ········· 98

5.1. 의미와 의미자질 ········· 98
5.1.1. 어휘의 의미 ········· 98
5.1.2. 의미자질 ········· 101
5.2. 다의성 ········· 102
5.3. 어휘장과 계층구조 ········· 107
5.3.1. 어휘장 ········· 107
5.3.2. 어휘의 계층구조 ········· 108
5.4. 어휘의 의미 변화 ········· 111

제6장 어휘와 문화 및 담화 ········· 118

6.1. 어휘와 문화 ········· 118
6.2. 완곡어법 ········· 121
6.3. 어휘와 담화 ········· 123
6.3.1. 결합성과 일관성 ········· 123
6.3.2. 연결사 ········· 131
6.4. 어휘의 스타일과 사용역 ········· 132

제7장 영어어휘의 규모와 학습어휘의 선정 ········· 136

7.1. 영어어휘의 규모 ········· 136
7.2. 핵심어휘와 학습어휘의 선정 ········· 137
7.2.1. 핵심어휘 ········· 137
7.2.2. 학습어휘의 선정 ········· 141
7.2.3. 학교급별 학습어휘 ········· 151

제8장 어휘능력과 어휘학습의 방향 ········· 154

8.1. 어휘능력 ········· 154
8.2. 어휘학습의 목표와 방향 ········· 158
8.3. 어휘의 문맥분리학습과 문맥통합학습 ········· 161

제9장 어휘학습기법 Ⅰ ·············· 167
9.1. 번역을 통한 어휘학습 ·············· 167
9.2. 설명을 통한 어휘학습 ·············· 168
9.3. 어휘구성의 이해를 통한 학습 ·············· 170
9.4. 의미자질의 분석을 통한 학습 ·············· 172

제10장 어휘학습기법 Ⅱ ·············· 174
10.1. 실물과 시각자료의 활용을 통한 학습 ·············· 174
10.2. 신체 활동을 통한 학습 ·············· 178
10.3. 멀티미디어를 통한 학습 ·············· 179

제11장 어휘학습기법 Ⅲ ·············· 182
11.1. 상황의 이해를 통한 학습 ·············· 182
11.2. 의미관계의 이해를 통한 학습 ·············· 184
11.3. 문맥단서의 활용을 통한 학습 ·············· 193
   11.3.1. 문맥을 통한 어휘의 이해 ·············· 193
   11.3.2. 문맥단서의 유형 ·············· 196
   11.3.3. 문맥확대연습과 무의미 어휘의 활용 ·············· 209

제12장 어휘학습기법 Ⅳ ·············· 215
12.1. 과업활동을 통한 학습 ·············· 215
12.2. 게임을 통한 학습 ·············· 221
12.3. 노래를 통한 학습 ·············· 234

제13장 연어의 학습 ·············· 239
13.1. 연어의 개념과 특성 ·············· 239
   13.1.1. 연어의 개념 ·············· 239
   13.1.2. 연어의 특성 ·············· 242

13.2. 연어 지식의 유용성 ··· 245
13.3. 연어의 유형 ·· 246
13.4. 연어의 학습기법 ·· 253

제14장 어휘학습전략과 사용전략의 학습 ························ 260

14.1. 어휘의 의미알기전략 ·· 260
14.2. 어휘의 기억강화전략 ·· 261
14.3. 어휘의 회상과 사용전략 ·· 267

제15장 구두법의 학습 ··· 271

15.1. 어휘 내부 구두법 ··· 272
15.2. 문장 내부 구두법 ··· 273
15.3. 문장 끝 구두법 ·· 281
15.4. 이탤릭체 ··· 283

제16장 사전과 코퍼스 ··· 285

16.1. 사전 ··· 285
  16.1.1. 영어사전 편찬의 역사 ·· 285
  16.1.2. 사전의 유형 ·· 287
  16.1.3. 사전 활용의 학습 ·· 290
16.2. 코퍼스 ·· 294
  16.2.1. 코퍼스의 역사와 유형 ·· 295
  16.2.2. 코퍼스의 유용성 ··· 297
  16.2.3. 코퍼스의 활용 ··· 300

제17장 영어어휘능력의 평가 ·· 308

17.1. 외국어능력 평가의 역사 ·· 308
17.2. 외국어능력 평가의 원리 ·· 310
17.3. 영어어휘 평가의 방향 ··· 314

17.4. 영어어휘 평가의 유형 ·· 315
　17.4.1. 평가 목적에 따른 어휘평가 유형 ······················ 316
　17.4.2. 평가 분야에 따른 어휘평가 유형 ······················ 317

- 참고문헌 / 336
- 찾아보기 / 347

제1장
어휘교육의 역사와 중요성

제 1 장에서는 외국어 교육에서 어휘에 대한 관점의 역사적 변화를 알아보고 어휘교육의 중요성과 필요성을 다루어 영어어휘의 학습에 관한 논의에 참고하고자 한다.

1.1. 어휘교육의 역사

외국어 교육에서 어휘 교육에 대한 관점과 비중은 교수법의 변천에 따라 변화해 왔다. 주요 교수법을 중심으로 어휘교육에 관한 관점을 보면 문법·번역중심교수법(grammar-translation method)에서는 어휘가 언어학습의 중심에 있기는 했지만 문법지도와 문학작품의 번역에 치중하여 문법사항을 예증하는데 필요한 어휘를 대역목록(bilingual list)의 암기를 통하여 학습하게 하였다. 또한 학습의 대상이 되는 어휘는 실생활에 사용되는 어휘라기보다는 고전(古典)에 나타난 어휘들이 대부분이었다. 따라서 어휘의 비중은 크기는 했지만 학습자가 어휘를 실제 사용할 수 있는 능력의 신장에는 효과적이지 못했다는 비판을 받아 왔다. 아울러 어휘의 지도와 학습은 상당한 기간 동안 등한시되거나 주변적이고 보조적인 영역으로 간주되어 왔다 (Carter & McCarthy, 1988; Seal, 1991; Zimmerman, 1997 참고).

1930년대부터 대두되어온 직접교수법(direct method)에서는 일상생활에서 사용되는 어휘를 모국어로 번역하지 않고 목표어(target language)만을 사용하여 자연스럽게 학습하게 하였다. 또한 구체적인 어휘는 그림, 행동, 실물(realia) 등을 통하여 의미를 이해하도록 하고 추상적인 어휘는 개념 연상 등을 통한 방법을 주로 사용하였다. 그러나 모국어를 전혀 사용하지 않기 때문에 학습자가 어휘의 의미를 불명확하게 이해할 수도 있고 추상적인 어휘의 학습에는 비효율적인 면도 있었다.

1950년대 초에 소개된 청화중심교수법(audio-lingual method)에서는 정확한 발음과 구어능력은 강조하였지만 어휘의 학습은 문형연습(pattern practice)에 부수적인 것으로 간주되었다. 다시 말하면 기본적인 문형을 학습하면 어휘력은 자동적으로 뒤따라온다고 보았다. 또한 구체적인 어휘학습기법이 제시되지는 못하였고 문형연습을 위해 쉽고 학습자들에게 친숙한 제한된 어휘들을 다루었다. 따라서 어휘는 크게 부각되지 못했으며 초기 단계에서 어휘 학습에 너무 많은 비중을 두면 학습자에게 과중한 부담을 주게 되어 언어교육의 목표 즉 습관 형성을 통해 언어구조 및 음운체계를 익히는데 방해가 된다고 보았다.

1970년대 이후 각광을 받기 시작한 의사소통중심교수법(communicative approach)과 의미·기능 중심의 교수요목(funtional-notional syllabus)에서는 담화(discourse), 개념과 기능, 언어의 적절한 사용 등을 강조하였다. 따라서 어휘에 대한 관심은 높지 않았고 외국어/제2언어 학습에서도 어휘는 모국어 상황에서와 같이 언어사용을 통하여 자동적으로 발달된다고 보았다.

1980년대에 제시된 자연적 접근법(natural approach)에서는 어휘의 이해를 외국어학습의 가장 중요한 부분 중의 하나로 보고 있다.[1]

> Acquisition depends crucially on the input being comprehensible. And comprehensibility is dependent directly on the ability to recognize the meaning of key elements in the utterance. Thus, acquisition will not take place without comprehension of vocabulary. (Krashen & Terrell, 1983, p. 155)

---

[1] 자연적 접근법에서는 외국어 학습도 모국어 습득과 같이 자연스러운 상황에서 귀납적으로 이루어지는 것이 바람직하다고 보고 있다. 이 접근법에서는 침묵기간(silent period), 초기 발화(early production)단계, 발화출현(speech emergence)단계의 세 단계를 통해 외국어가 학습된다고 보고 언어의 형식보다는 내용에 초점을 둔다.

이 접근법에서는 흥미 있고 적절한 입력과 의사소통이 일어나는 상황을 중시하였으며 어휘의 장기 기억을 위하여 암기나 연습을 통한 의도적인 학습도 중요하다고 보고 있다. 또한 총체적 언어접근법(whole language approach)에서는 인간은 언어를 전체적으로 자연스럽게 배운다고 보고 학습자가 어휘를 배경지식이나 상황, 주제와 연결시켜 어휘의 의미를 파악해야 한다고 주장하고 있다.[2]

최근에 이해중심교수법(comprehension-based method)의 영향으로 외국어교육에서 어휘의 중요성이 다시 강조되고 있다.[3]

> Recently, methodologists and linguists have increasingly been turning their attention to vocabulary, stressing its importance in language teaching and reassessing some of the ways in which it is taught and learnt (Harmer, 1991, p. 154).

또한 목표어를 많이 접하면서 어휘를 습득하는 것이 효과적이라고 보게 되었다.

> It was assumed that good language habits, and exposure to the language itself, would eventually lead to an increased vocabulary (Coady, 1993, p. 4).

아울러 어휘를 알아야 언어의 기능과 구조를 이해하고 언어를 사용할 수 있으므로 어휘력이 외국어 습득에 중요한 요소 중의 하나로 인식되고 어휘의 선정과 배열이 교과과정에서 중요하게 다루어지고 있다.

1990년대에 이르러 어휘접근법(lexical approach; Lewis, 1993, 1997; Nattinger & DeCarrico, 1992)이 소개되고 코퍼스 언어학(corpus linguistics) 및 전산언어학(computational linguistics)이 발달됨에 따라 언어의 상당 부분이 어휘구 혹은 다단

---

[2] 총체적 언어접근법은 인간은 언어를 전체적으로 배운다고 보고 있으며 언어의 기능(function)을 강조하고 언어를 자연스러운 상황맥락에서 의미를 담은 전체로 인식해야 한다는 것으로 Goodman(1986)에 의해 제안되었다.

[3] 이해중심교수법은 이해기능을 표현기능보다 먼저 지도하는 방법을 말하며 Winitz(1981)가 처음 사용한 용어이다. 이 교수법에서는 학습자가 심리적으로 편안한 상태에서 말하기가 준비될 때까지 계속 듣고 이해하게 한 다음 표현하게 한다. 전신반응기법(total physical response, Asher, 1969)과 자연적 접근법(natural approach, Krashen and Terrell, 1983) 등이 여기에 해당된다.

어 조립식 뭉치말(multi-word prefabricated chunks)의 형태로 구성되어 있다는 점을 인식하게 되었다. 따라서 어휘 지식은 주어진 개별 단어에 대한 지식 뿐만 아니라 다단어 뭉치말과 단어들의 공기(co-occurrence) 가능성 즉 연어(連語, collocation)를 알아야 한다는 것을 포함한다고 보게 되었다(Nation, 2001, p. 56 참고).[4] 다시 말하면 개별 어휘를 안다고 하더라도 함께 사용되는 어휘들의 연어 관계와 다단어 어휘를 모르면 정확하고 효과적인 이해와 표현에 어려움이 있다는 것이다.

〈표 1-1〉 주요 외국어교수법의 어휘교육에 대한 관점 비교

교수법	지도 중점 어휘	어휘지도 방법
문법 · 번역중심교수법	문법사항의 예증에 필요한 어휘	번역, 대역목록 활용 암기
직접교수법	일상생활의 어휘	목표어사용, 시각매체활용
청화중심교수법	문형연습을 위한 어휘	문형연습에 포함 지도
의사소통중심교수법	담화 속에서의 어휘	자연스러운 어휘 학습
어휘접근법, 코퍼스언어학	어휘구, 연어, 사용빈도 중시	실제의 쓰임새 강조

우리나라 영어어휘교육은 전통적으로 어휘목록의 단순한 암기나 한국어로 해석하여 의미를 파악하는데 중점을 두어 왔으며 어휘는 읽기와 말하기의 부수적인 영역으로 인식해 온 면이 있다. 또한 최근에는 의사소통능력(communicative competence)의 신장을 강조하면서도 언어의 기본이 되는 어휘의 학습과 지도에는 관심이 충분하지 못한 실정이다. 따라서 영어의 이해능력과 표현능력을 신장시키기 위하여 어휘학습을 강조할 필요가 있으며 어휘의 의미, 쓰임새 및 연어에 대한 체계적인 교육이 이루어져야 한다.

1.2. 어휘학습의 중요성

말과 글에서 어휘는 가장 필수적인 요소이며 어휘가 없다면 언어가 이루어 질

---

[4] 연어(連語, collocation)는 특정한 어휘가 다른 어휘와 어울려 쓰이는 현상을 말한다.
  예) perform an operation
    (?) perform a discussion
  연어와 연어학습에 관해서는 제 13장에서 논의된다.

수 없다. 따라서 언어 연구와 외국어 학습에서 어휘는 가장 중요한 부분의 하나이다.

일상생활에서 어휘를 나열하기만 해도 최소한의 의사소통이 가능한 경우가 많다. 어휘는 그 자체만으로도 의미 전달 기능을 가지고 있기 때문이다. 예를 들면 문장에서 핵심적인 의미를 나타내는 어휘가 결여된 예문(a)보다는 한 단어로 이루어진 예문(b)가 더 효과적으로 의미를 전달할 수 있다.

> 예 (a) I wonder if you could lend me your . . . .
> (b) Pen?

또한 어휘를 많이 알수록 의사소통과정에서 이해와 이해시키기가 용이하다.

> The more words you know, the better your chance of understanding or making yourself understood (Edge, 1993, p. 79).

아울러 문법지식이 부족하더라도 어휘를 알고 사용할 수 있으면 최소한의 단편적인 의사소통은 가능하다. 다음 예(a)와 같이 어휘 만 나열되었거나 (b)와 같이 문장의 문법이 제대로 갖추어지지 못한 경우도 의미 전달이 가능하다.

> 예 (a) Yesterday. Go disco. And friends. Dancing.
> (b) *She go to school yesterday.[5]

다시 말하면 언어학습에서 언어구조나 문법의 중요성을 간과할 수는 없지만 어휘가 보다 더 중요한 의사전달의 수단이라고 할 수 있다. Wilkins(1972)는 이 점에 대하여 다음과 같이 주장하고 있다.

> While without grammar very little can be conveyed, without vocabulary nothing can be conveyed (p. 111).

---

[5] '*'표시는 문장이나 어휘의 결합이 비문법인 경우에, '?'표시는 의미는 통하기는 하지만 어색하거나 일반적으로 사용하지 않는 경우에 사용된다.

따라서 영어능력을 향상시키기 위해서는 어휘의 학습이 문법의 학습보다 우선해야 한다.

If you spend most of your time studying grammar, your English will not improve very much. You will see most improvement if you learn more words and expressions. You can say very little with grammar, but you can say almost anything with words! (Thornbury, 2002, p. 13)

Rivers(1983)도 외국어 학습에서 적절한 어휘습득은 필수적이며 어휘력은 연령이 많아져도 감퇴되지 않고 어휘력의 증진에 따라 새로운 어휘의 습득이 더 용이해진다고 주장하고 있다. 또한 어휘의 오류는 문법적인 오류보다 의사소통에 더 많은 장애를 초래하게 되는데 이 점에 관하여 Ellis(1994)는 다음과 같이 언급하고 있다.

Research has shown that lexical errors tend to impede comprehension more than grammatical errors, and native-speaking judges tend to rate lexical errors as more serious than grammatical errors (p. 104).

최근 의사소통중심교수법에서도 학습초기 단계에서 문법보다 어휘의 효용가치를 더 인정하고 있는 추세이다. 어휘력이 부족하면 문법지식이 있더라고 언어를 구사할 수 없기 때문이다. 또한 어휘접근법(lexical approach)은 어휘 중심의 학습법을 말하며 의미는 일차적으로 어휘에 나타난다고 보는 견해로 어휘의 중요성을 강조하고 있다(Thornbury, 2002 참고). 아울러 어휘력은 전반적인 언어능력과 상관관계(correlation)가 높다.[6] Alderson (2005)은 어휘력은 문법능력과 .64, 듣기능력과 .61 ~ .65, 독해능력과 .64, 쓰기능력과 .70 ~ .79의 상관관계가 있다고 제시하고 있다.

---

[6] 상관관계는 두 변수 간의 관련성을 말하며 상관관계의 크기를 나타내는 값은 상관계수(correlation coefficient)라고 한다. 일반적으로 Pearson상관계수가 사용되고 -1부터 +1까지 값을 갖는다.

제2장
어휘의 개념과 구성, 유형

제 2 장에서는 어휘의 개념 및 구성에 관해 알아보고 표준성, 의미, 다의성 등에 따른 어휘의 다양한 유형에 관하여 논의하고자 한다.

2.1. 어휘의 개념

어휘(vocabulary)는 언어에 포함되어 있는 단어의 총체 혹은 특정한 사람이나 특정한 사회의 구성원들이 알고 있는 모든 단어들을 말하며 개별 단어(낱말, word)와 숙어(익은 말, 덩어리 어휘, lexical chunk)를 포괄하는 용어이다.[1] 또한 동일한 의미를 지닌 어휘들에도 단어, 구동사, 관용어 등의 다양한 유형들이 있는데 다음 예들은 모두 'to die'의 의미를 지닌 동의어(synonym)로 예(a)의 'to die'와 'to expire'는 단어, (b)의 'to pass away'는 구동사, (c)는 관용어이다.

예 (a) to die, to expire
 (b) to pass way
 (c) to bite the dust, to give up the ghost, to go to one's eternal home, to kick the bucket,

또한 어휘는 한 단위로 습득되고 사전의 표제어가 된다.

---

[1] '익은 말' 대신에 '숙어(熟語)', '성어(成語)', '덩어리 어휘' 등의 용어도 사용되며 영어 용어로는 'lexical chunk', 'multi-word unit', 'multiword unit' 등이 사용되고 있다.

vocabulary: a word or group of words with a meaning that needs to be learnt as a unitary whole - that would need a separate entry in a dictionary (Nuttall, 1996, p. 63).

일반적으로 '어휘'와 '단어', '어휘목록', '어형'은 다소 다른 의미로 사용된다.[2] 단어(word)는 양쪽에 띄어쓰기로 구분되어진 언어 단위(unit of language)로 '낱말'을 뜻한다.[3] 또한 단어는 언어의 기본적인 요소 중의 하나로 일정한 의미와 쓰임새를 가지고 독립적으로 사용된다. 예로 'childish'는 'child'와 접미사 '-ish'로 구성되어있는데 'child'는 독립하여 사용될 수 있고 일정한 의미를 지니므로 하나의 단어이지만 접미사 '-ish'는 'having the qualities of'라는 의미는 가지고 있지만 독립하여 사용될 수 없으므로 하나의 단어라고 할 수 없다.

어형(word form)은 하나의 단어가 실제로 사용될 때의 음성언어와 문자언어의 구체적인 형태를 말하는데, 예를 들면 'leap'는 'leap', 'leaps', 'leapt', 'leaping'과 같은 형태로도 사용되며 이러한 각각의 형태를 어형이라고 한다.

어휘목록(lexicon)에 대하여는 다양한 정의가 있을 수 있지만 대체적으로 단어집(word list)을 말하며 사전(dictionary)과 유사한 의미로 사용된다. 또한 어휘정보(lexical entry)는 어휘목록에 수록된 어휘항목(lexical item)의 내용을 말하며 음운적, 통사적, 의미적 정보 등이 포함된다.[4]

어휘의 개념과 관련하여 어휘소와 단어군에 대해서 논의하면 다음과 같다.

---

[2] '단어'와 '어휘'는 구별되지 않고 사용되기도 한다.
[3] 단어에 대하여 출현형, 낱말유형, 사전등재형이 구분되어 사용되고 있다. 출현형(token)은 텍스트 내에 들어있는 모든 단어를 말하며 이 경우에 텍스트에서 단어가 한번 이상 사용되더라도 매번 헤아린다. 예로 1,000단어의 작문을 한다고 하면 동일한 단어가 여러 번 사용되더라고 하나씩 모든 단어들의 수를 합산한다. 또한 낱말유형(type)은 반복 사용될 경우에 하나로 헤아려지는 형태를 말하며 단어의 형태가 다르면 각각 다른 단어로 간주한다. 아울러 사전등재형(lemma)은 사전에 표제어로 사용되는 것으로 한 단어의 어근과 굴절 형태를 집합적으로 말하는 것이다. 다시 말하면 굴절 변이형을 하나로 보는 것으로 예를 들면 'work,' 'works', 'working,' 'worked'는 기본형 'work'로 사전에 등재되어 있으므로 하나의 사전등재형이다.
[4] lexical entry: the sum total of everything an individual speaker knows about the words of her language' (Lieber, 2000, p. 15)

1) 어휘소

어휘소(語彙素, lexemes)는 문법범주와 문법적 어미가 다른 어휘 변이형(variants)들의 기저에 있는 추상적인 단위로 특정한 의미를 지니며 관련된 여러 형태의 어휘들을 대표할 수 있고 사전에서 독립된 표제어로 기재된다.[5]

> 예 (a) BRING : bring, brings, brought, bringing
> (b) WALK : walk, walks, walked, walking
> (c) I : I, me, my, mine

어형은 동일하지만 의미가 각기 다른 단어의 어휘소는 다른 어휘소에 해당된다. 다음의 예에서 'bat'는 '방망이, a strong solid stick'와 '박쥐, any of several kinds of flying mouse'의 두 가지 의미를 가지고 있으므로 의미에 따라 각각 다른 어휘소에 해당된다.

> 예 There is a *bat*.

또한 'KICK THE BUCKET'은 세 개의 형태소, 세 개의 단어로 이루어졌으나 하나의 어휘소이며 사전에 단일 표제어로 기재될 수 있다.[6]

2) 단어군

단어군(어휘군, 語彙群, word families)은 기본적인 단어와 굴절(屈折, inflection)에 의해 생겨난 단어들을 말하며 의미상으로 서로 밀접하게 관련되어 있다. 굴절은 시제, 인칭, 수, 성, 서법(mood), 태(voice) 및 격(case)을 표시하기 위하여 접사(affix)를 붙이거나 'man-men' 등과 같이 모음변이(mutation)에 의하여 혹은, 'child- children' 등과 같이 형태음소교체에 의하여 한 낱말의 형태가 변하는 것을 말한다.

---

[5] 어휘소는 대문자로 표기함을 원칙으로 한다.
[6] KICK THE BUCKET : (속어) '죽다, to die'

굴절형이 아닌 파생된 형태(derived forms)인 경우도 공통된 의미를 갖는 단어들이라면 단어군으로 간주될 수 있다.

A word family consists of a headword, its inflected forms, and its closely related derived forms (Nation, 2001, p. 8).

다음의 예는 'understand'의 단어군이다.

[예] understand, misunderstand, understanding, understood, understandable

어휘력은 단어의 수보다는 알고 있는 단어군의 양에 달려있다.

2.2. 영어어휘의 구성

어휘는 하나의 형태소(morpheme) 혹은 두 개 이상의 형태소 결합으로 구성되어지며 이러한 어휘의 구성에 대한 지식은 어휘의 의미파악 및 어휘지식의 확장에 유용하다. 예로 'transport'가 {trans}와 {port}로 구성되어 있고 각각의 의미가 'across', 'carry'임을 이해하면 이 어휘의 어원적 의미가 'carry across'임을 알게 되고 그 의미가 'to carry one place to another'임을 유추해 낼 수 있다. 또한 'port'에서 'portable'로 어휘 지식을 확장할 수 있고 그 의미가 'carryable'임도 알아 낼 수 있다.

형태소는 일정한 의미를 지니는 최소의 의미단위(a smallest meaningful unit)이며 하나의 단어나 혹은 단어의 일부로 의미 뿐 만 아니라 통사정보 즉 문법적 기능도 가지고 있다.[7] 형태소가 모여 단어를 구성하는 것을 형태론적 구성이라고

---

[7] Stageberg (1968, p. 85)는 형태소의 특징에 대하여 다음과 같이 제시하고 있다.
  a. It is a word or a part of a word that has meaning.
  b. It cannot be divided into smaller meaningful parts without violation of its meaning or without meaningless reminders.

하며 형태소 및 형태소의 결합에 의한 단어 구성과 그 구조에 관한 연구 분야를 형태론(morphology)이라 한다.8 따라서 형태론의 최대 단위인 단어는 문장의 구조를 다루는 통사론(syntax)의 최소 단위가 된다.

형태소에는 자립형태소(free morpheme)와 의존형태소(bound morpheme)가 있다. 자립형태소는 {cat}, {act}, {ask} 등과 같이 독립적으로 존재하는 형태소를 말하며 의존형태소는 {-ed}, {-s} 등과 같이 다른 형태소와 결합되어야 사용되는 의존적인 형태소를 의미한다.9 따라서 단어는 다음 표와 같이 하나나 두 개 혹은 그 이상의 독립형태소로 구성되거나, 독립형태소와 의존형태소가 결합되어 구성된다. 또는 하나의 독립형태소와 2개 이상의 의존형태소로 구성될 수도 있다.

〈표 2-1〉 어휘 구성의 형태

어휘 구성의 형태	예
하나의 독립형태소로 구성	{dry} → dry
두 개 이상의 독립형태소로 구성	{stop} + {over} → stopover
의존형태소(접두사)와 독립형태소로 구성	{in} + {expensive} → inexpensive
독립형태소와 의존형태소(접미사)로 구성	{laugh} + {-ed} → laughed
하나의 독립형태소와 두 개 이상의 의존형태소로 구성	{in} + {distinguish} + {able} → indistinguishable

단어가 두 개의 형태소로 구성된 경우에 두 형태소의 의미를 합친 의미를 나타내지 않고 특정한 의미를 나타낼 수도 있다. 예로 'understand'는 {under-}와 {stand}라는 두 개의 형태소로 구성되어 있으나 '이해하다'라는 의미를 지닌다.10

---

c. It recurs in differing verbal environments with a relatively stable meaning.

[8] 독일의 언어학자인 August Schleicher가 'morphology'라는 용어를 최초로 도입했다 (Booij, 2005, pp. 6-7). 또한 Lieber(2010, p. 2)는 형태론(morphology)을 다음과 같이 정의하고 있다.
  Morphology is the study of word formation, including the ways new words are coined in the language of the world, and the way forms of words are varied depending on how they're used in sentences.

[9] 형태소의 표기는 {　}로 한다.

[10] 'understand'는 선사(prehistoric) 고대영어에서 'to stand among, close to'의 의미를 가지고 있다가(under 'among'), 추상적인 의미인 '이해하다'로 바뀌게 되었다 (Pyles & Algeo, 1993, p. 243 참고).

이형태(변이형태소, **allomorph**)는 하나의 형태소가 동일한 문법기능을 나타내면서도 음성적으로 다르게 소리 나는 경우를 말한다.

예 (a) {-es} - /s/ /z/ /iz/
　　(b) {-ed} - /t/ /d/ /id/

일반적으로 의존형태소는 접사(**affix**)를 말하며 어근의 앞에 붙는 접두사와 어근의 뒤에 첨가되는 접미사가 있다.

1) 어근

어근(語根, **root**)은 한 단어의 핵심을 이루며 더 이상 나눌 수 없는 형태소를 말한다.[11] 어근은 다음의 예 (a)와 같이 독립하여 쓰이고 그 자체로 하나의 어휘가 될 수 있는 자립어근(**free root**)과 예(b)와 같이 독립적으로 사용될 수 없는 의존어근(**bound root**)의 두 유형에 있다.

예 (a) {bog}, {blunt}, {soar}
　　(b) {loc-} 'place' local locate, location
　　　　{sanct-} 'holy' sanctify, sanctum, sanctuary, sanctity
　　　　{tox-} 'poison' toxic, toxical, toxicant, toxication, toxin, intoxicate, non-toxic,

어근은 한 가지 이상의 형태를 갖기도 하는데 예로 다음의 예에 있는 어휘들의 어근은 'am' 혹은 'amor'이다.

예 amateur, amiable, amicable, amity, amorous, enamored

---

[11] 어근과 어기(base), 어간(stem)은 구별된다. 어기는 의존 어근이나 단어에 무언가 첨가되는 경우에 밑바탕이 되는 단위를 통틀어 말한다. 예로 'loc+al = local'에서 'loc', 'local + ity = locality'에서 'local'이 어기에 해당된다. 어간은 굴절접사가 첨가되는 줄기를 말한다. 예로 'worked'에서 'work'가 어간이다. 일반적으로 어기와 어간은 구별하지 않고 사용되기도 한다.

특정한 어근의 의미를 알면 그 어근에서 파생되는 단어의 의미를 파악할 수 있는 실마리를 얻을 수 있으므로 어근의 이해는 어휘의 학습과 기억에 도움이 된다.

예 (a) 어근 anim 'mind, will, spirit'
   파생어 - animous, equanimity, unanimity, unanimous
   (b) 어근 joy, joi
   파생어 - enjoy, rejoice, joyous, enjoyable
   (c) 어근 man 'hand'
   파생어 - manacle, manipulate, manual
   (d) 어근 scribe 'write'
   파생어 - describe, inscribe, inscription, scribble, manuscript, script subscriber

영어의 많은 어근이 Latin이나 Greek에서 유래되었다.

〈표 2-2〉 Latin에서 유래된 어근의 예

am(amor) 'love, liking, friendliness'	anim 'mind, will, spirit'
fin 'end, boundary, limit'	flu(fluc, flux) 'flow'
gen(gener, genit) 'birth, class, kind'	greg 'gather, flock'
here(hes) 'stick'	lateral 'side'
litera 'letter'	luc(lum) 'light'
man(manu) 'hand'	pend(pens) 'hang'
pon(pos) 'put'	scrib(script) 'write'
simil(simul) 'similar, like, same'	sol(soli) 'alone, lonely, single'
solv(solu, solut) 'loosen'	und(unda) 'wave, flow'
ver(vera, veri) 'true, truth'	vid(vis) 'see, look, sight'

〈표 2-3〉 Greek에서 유래된 어근의 예

astr(aster, astro) 'star'	aut(auto) 'self'
bio 'life'	chron(chrono) 'time'
gen(geno, genea) 'race, kind, origin, birth'	
mania 'madness, craze'	ped 'child'

2) 접사

접사(接辭, affix)는 낱말이나 어간(語幹)의 앞이나 뒤에, 또는 낱말과 낱말 사이에 붙어서 뜻을 다르게 하거나 어휘의 기능을 바꾸는 낱말 조각을 말한다.

접사에는 굴절접사와 파생접사의 두 유형이 있다.

(1) 굴절접사

굴절접사(inflectional affix)는 한 단어를 문장 에 사용되기에 알맞은 형태로 바꾸기 위해 단어의 뒤에 첨가되며 다음의 예와 같이 성(gender), 수(number), 격(case), 시제(tense) 등과 같은 명사와 동사의 문법적 속성을 나타내주는 형태소로 그 수는 제한되어 있다.[12]

〈표 2-4〉 굴절접사의 유형

굴절접사의 유형	형태
복수 어미	{-s}
인칭 어미	{-s}
격 어미	{-'s}
과거 및 분사 어미	{-ed}, {-en(ed)}, {-ing}
비교급 및 최상급 어미	{-er}, {-est}

굴절형은 특정한 어근의 문법적 변이형이라 할 수 있으며 새로운 어휘소를 형성하거나 특정한 어휘 항목의 문법범주를 변화시키지는 않는다. 다시 말하면 굴절접사가 첨가되어도 다른 단어가 되지는 않는다는 것이다. 또한 파생접사와 함께 쓰일 경우에는 파생접사 뒤에 온다. 다음의 예에서 {-ize}는 파생접사, {-ing}/{-s}/{-(e)d}는 굴절접사이다.

예 general{-ize} + {-ing}/{-s}/{-(e)d}

---

[12] 굴절접사가 파생접사로 변화되는 경우도 있다. 예로 'building, interesting, excited, pleased' 등에서 원래 굴절접사이던 {-ing} {-en(ed)}가 파생접사로 변해서 해당 단어가 명사나 형용사로 사용되고 있다.

(2) 파생접사

파생접사(derivational affix)는 어근에 부가되어 어휘의 의미나 품사를 변화시키는 형태소를 말한다. 예로 {-un}이 'happy'에 첨가되면 'unhappy'라는 부정의 의미가 되고 'act'는 동사이지만 {-ive}가 첨가되면 'active'라는 형용사가 된다.[13]

하나의 접사가 굴절접사나 파생접사가 될 수 있다. 예로 {-er}는 다음의 예 (a)에서는 굴절접사로 비교급을 나타내지만 (b)에서는 파생접사로 품사를 변화시킨다.

예 (a) big +{-er} → bigger
(b) cook +{-er} → cooker (요리 기구)
teach + {-er} → teacher (가르치는 사람, 교사)

접사는 부가되는 위치에 따라 접두사와 접미사로 나누어지고 일부에서 사용되다가 일반화된 접사는 유행접사라고 한다. 접사의 첨가에 의해 형성되는 어휘를 파생어(derivative)라고 한다.

(1) 접두사

접두사(prefix)는 어근의 앞에 부가되는 접사를 말하며 다음의 예(a)에서 mono/uni 'one', bi/di/du 'two', tri 'three' quad 'four', quint/pent 'five', deci 'ten', centi 'hundred', milli 'thousand' 등과 같이 일정한 의미를 지니며 예(b)와 같이 단어의 의미를 변화시킨다.

예 (a) monocle, bimonthly, triangle, quadrant, quintet, pentagon, decimal
(b) abnormal, antiaircraft, distaste, ignorant, impossible, inactive, unhappy

---

[13] Lieber(2000, p. 6)은 어휘소 형성(lexeme formation)의 유형을 다음과 같이 제시하고 있다.
(1) category-changing lexeme formation
  예) amuse → amusement (동사 → 명사), monster → monstrous (명사 → 형용사)
(2) meaning-changing lexeme formation
  예) happy →unhappy, wash → rewash
(3) Both category and meaning-changing lexeme formation
  예) louse → delouse (명사 → 동사, remove N from)

접두사는 단어의 의미를 변화시키지만 일부의 예외를 제외하고는 품사의 변화를 일으키지는 않는다. 예로 다음과 같이 {un-}, {in(im)-}이 첨가되더라도 의미에서는 변화가 있으나 단어의 품사는 변화되지 않는다.14

예 (a) comfortable - uncomfortable, fold - unfold
(b) correct -incorrect, possible - impossible

접두사로 시작되는 영어 단어의 수는 상당히 많으며, 계속해서 증가하고 있다. 접두사는 대부분 Anglo-Saxon, Latin, 고대 Greek에서 유래되었다.

〈표 2-5〉 Anglo-Saxon에서 유래된 접두사

a- 'on',	be- 'by, on, around, on all sides'
for- 'away'	fore- 'before, beforehand'
mis- 'bad, wrongly',	out- 'beyond, more than',
over- 'too, excessively'	un- 'not, lack of, do the opposite of'
under- 'beneath, lower, insufficient'	up- 'up, upward',
with- 'against, away, back'	

〈표2-6〉 Latin에서 유래된 접두사

a- (ab-, abs-) 'from, away, off'	ad- 'away from'
ad- 'near, to, toward'	am- (amb-, ambi-) 'round about, both'
ante- 'before'	bene- 'good, well'
bi- (bis-) 'twice, two'	circu- (circum-) 'round about'
co- (col-, cor-, con-) 'with'	contra- (contro-, counter-) 'against'
de- 'down, down from, opposite of'	dis- (di-) 'apart, away, in two'
ex- (e-, ef-) 'from, out of'	extra- 'beyond'
in (il, im, ir)- 'not'	non- 'not'
ob- 'in the way of, towards, against'	post- 'after'
pre- 'before'	pro- 'forward, forth'
re- 'again, against, back'	retro- 'backwards'
sub- 'under'	semi- 'half, partly'
super- (supra-) 'under'	trans- 'across'
vice- 'instead of'	

---

14 일부 접두사는 품사를 변화시키기도 한다.
    예) {be-} becloud befriend
        {de-} defrost defog
        {en-} enact, endanger, enlist, entitle

〈표 2-7〉 Greek에서 유래된 접두사

a- (an-) 'not'	ant- (anti-) 'against', 'opposite'
auto- 'self'	mono- 'single'
pan- (panto-) 'all'	para- 'beside, beyond'
peri- 'around, about'	poly- 'many'
syn- 'together, with'	tele- 'far'

(2) 접미사

접미사(suffix)는 단어의 뒤에 첨가되는 접사로 단어의 품사를 변화시킨다.

(가) 형용사로 품사 변화 (-able, -al, -tive 등의 첨가)
  예 enjoyable, additional, imaginative

(나) 명사로 품사 변화 (-age, -ness, -tion, -er, -an 등의 첨가)
  예 postage, highness, imagination, jumper, Christian

(다) 동사로 품사 변화 (-ate, -en, -fy, -ish, -iz(s)e 등의 첨가)
  예 fascinate, strengthen, glorify, accomplish, advertize

(라) 부사로 품사 변화 (-long, -ly, ward(s), -way(s), -wise 등의 첨가)
  예 headlong, duly, northward(s), midway, clockwise

접미사는 다음의 예(a)와 같이 상태나 질을 나타내는 유형, (b)와 같이 '~하는 자(者)'를 나타내는 유형, (c)와 같이 '~에 속하거나 관계되는 것'을 나타내는 유형으로 나눌 수 있다.

  예 (a) -able(ible), -ance, -ence, -ful, -tion, -ion, -ity, -ty, -ive, -like, -ment, -ness, -ous, -y
  (b) -an, -ant, -ee, -eer, -ent, -er, -ist, -or
  (c) -al, -hood, -ship, -ward

(3) 유행접사

유행접사(voguish affixes)는 특정한 시기에 원인은 알 수 없지만 유행처럼 자주 쓰이다가 일반화된 접사를 말한다.

> Though no one can say why - fashion would seem to be the principal determinant - certain affixes have been particularly popular during certain period (Pyles and Algeo, 1993, p. 269).

예를 들면 접사 {-wise}는 1940년대까지는 'likewise, lengthwise, otherwise, crosswise'등에서 쓰이다가 1940년대 이후 'in respect of, in the manner'의 뜻을 완곡하게 혹은 경제적으로 표현하기 위하여 사용되게 되었다 (Pyles and Algeo, 1993, p. 269 참고).

예 budgetwise, drugwise, healthwise, personalitywise

또한 최근에 유행접사는 다음의 예와 같이 다양하게 사용되고 있다.

예 (a) {-de}   defrost, dewax, debunk
　　(b) {-holic} workaholic, ice-cream-a-holic
　　(c) {-ism}   sexism, ageism(노인차별), Me-ism (selfishness)
　　(d) {-ize}   patronrize concertize Americanize personalize finalize
　　(e) {-mini} (miniature의 단축형) mini- black hole, minicar, minibus, minimovie
　　(f) {-non}   nonsick
　　(g) {-type} Catholic-type

또한 'like'와 같은 단어가 접사로 되어 자주 사용되기도 한다.

예 childlike, TV-like, wool-like

2.3. 영어어휘의 유형

어휘의 유형은 문장에서의 기능, 사용분야, 표준성, 격식, 의미 관계, 성 유표성, 형태, 다의성 등에 따라 다음과 같이 분류된다.

- (a) 내용어와 기능어
- (b) 일반 어휘와 전문어
- (c) 표준 어휘와 속어 어휘
- (d) 격식스타일 어휘와 비격식스타일 어휘
- (e) 동의어와 반의어
- (f) 성 무표적 어휘와 성 유표적 어휘
- (g) 동형이의어와 동음이의어
- (h) 단순어와 다어 어휘
- (i) 단의어와 다의어

1) 내용어와 기능어

영어의 어휘는 나타내는 의미와 문장에서의 역할에 따라 내용어와 기능어로 나누어진다.

(1) 내용어

내용어(content word)는 독립적인 의미를 지니며 사물, 질, 상태, 행위 등을 나타내는 어휘를 말한다. 명사, 동사, 형용사, 부사 등이 여기에 해당된다.

> Content words - as opposed to function words - are words that carry a high information load such as nouns, adjectives and verbs (Thornbury, 2002, p. 136).

내용어는 굴절과 파생에 의하여 문법적 기능과 의미가 변화된다. 또한 내용어는 잠재적으로 그 수가 무한하며 과학과 학술의 발달 및 사회의 변화 등으로 계속해서 새롭게 생기거나 다른 의미가 첨가되기도 한다. 아울러 신문의 표제, 거리 표지판 등에는 다음의 예와 같이 내용어로만 사용되는 경우가 있다.

예 (a) RAIL STRIKE TALKS END
   (b) NO LEFT TURN

(2) 기능어

기능어(function word, form word, structural word)는 문법적 기능을 나타내며 그 자체로는 제한된 의미만 가진다. 기능어의 수는 제한되어 있고 전치사, 접속사, 조동사, 한정사 등이 여기에 해당된다. 또한 기능어는 사용빈도가 크므로 영어학습자는 초보단계부터 거의 모든 기능어를 알아야 한다.

기능어는 변화하지 않으며 굴절접사도 첨가되지 않는다. 따라서 이러한 단어를 불변화사(uninflected word)라고도 한다.

2) 일반 어휘와 전문어

일반적 어휘는 일상생활에서 사용되는 어휘를 말하며 전문어(jargon)는 특정한 직업, 집단, 종교, 학문분야 등에서 특수하게 쓰이는 전문적인 어휘를 말한다. 이러한 전문어는 일반적인 어휘와 다른 특유의 고정된 의미를 지니며 일부를 제외하고는 해당 집단이나 분야에서만 통용된다. 최근 과학의 발달과 사회의 다변화, 스포츠의 다양화 등으로 인하여 이러한 전문어는 그 수가 증가하고 있다.

예 (a) (경제) buy-out (인수 후 매각), M & A (merger and acquisition; 기업 인수 합병), inflation(ary) hedge (인플레이션 헤지)
   (b) (통계) random (무작위의), significance level (유의 수준), significance test (유의성 검증)
   (c) (물리학) pi (원주율, 圓周率), harmonic (고조파, 高調波), dissonance (비공명, 非共鳴)
   (d) (영화·방송) preview (시사회), starlet (장래가 촉망되는 여배우), casting director (배역담당책임자) emcee (Master of ceremonies, 사회자), props (무대소도구, 소도구 담당자), on the air (방송 중)
   (e) (골프) par(파, 기준타수), bogey(보기, 파보다 1타 많은 홀인), double bogey (파보다 2타 많은 홀인), birdie(파보다 1타 적은 홀인), eagle (파보다 2타 적은 홀인), albatross(파보다 3타 적은 홀인)

(f) (야구) relief pitcher(구원투수), steal base(도루), bunt(번트), double play(병살), bean ball(위협구), cycling hit (한 선수가 한 게임에서 1루타, 2루타, 3루타, 홈런을 순서와 관계없이 모두 쳐내는 것), tag out(태그아웃)
  (g) (군대) blackout (등화관제), commando (수륙 특공대), enlistee (지원병), GI can (커다란 철제 쓰레기통), selectee (선발 징집병)

전문어는 일반화되어 다음의 예와 같이 일상생활용어로도 사용된다.

  예 emcee, black holes, catalysts, percolation

특수목적을 위한 영어교육(ESP, English for specific purpose)에서는 해당분야의 특수용어의 학습과 지도에 초점을 두어야 한다.

3) 표준 어휘와 속어 어휘

표준 어휘는 원어민 화자들이 일반적으로 사용하는 어휘를 말하며 속어(俗語, 상말, slang)는 통속적이고 저속한 말로 표준어로 인정되지는 못한다. 속어는 특정한 집단 내에서 소속감, 집단 외 사람들과의 구별 등의 목적으로 사용되며 계속해서 생성되고 있다. 다음 예에서 (a)는 속어이고 (b)는 글이나 말에서 표준적으로 사용되는 말이다.

  예 (a) We usually *pack it in* at about 7.30.
     (b) The society's meetings are timed to *end* at 7.30.

속어 어휘의 다른 예를 보면 다음과 같다.

  예 (a) bread, dough 'money'
     (b) cuckoo 'crazy'
     (c) dig 'understand'
     (d) idiot - balloon, goof, jerk, oaf, wally 'idiot'

특정 집단의 은어(secret language, 隱語)는 속어의 일종이며 사회에서 일상적으로 사용되기도 한다.

>[예] (a) upper (흥분제)
> (b) downer (진정제)

또한 지역에 따라 특수하게 쓰이는 어휘는 방언어휘(dialect vocabulary)라고 한다.

4) 격식 스타일 어휘와 비격식 스타일 어휘

스타일(style)은 의사소통의 상황과 격식(formality)에 따라 다르게 사용되는 언어 표현 방식을 말하는데 이에 따라 다음의 예와 같이 다른 어휘가 사용된다.

[예]

격식(formal) 스타일	중립적인(neutral) 스타일	비격식(informal) 스타일
converse	talk	chat
elucidate	clarify	shed light on

5) 동의어와 반의어

어휘는 의미관계에 따라 동의어와 반의어로 나눌 수 있다.

(1) 동의어

동의어(synonym)는 의미 관계에서 동의성(synonymy)을 지니는 어휘항목을 말한다.[15]

>[예] (a) aged, ancient, antique, elderly, old
> (b) begin, start
> (c) discover, find
> (d) slay, kill

---

[15] synonym : Greek syn + onoym 'name, word' = 'with the same name'

단어들 간에는 의미는 유사하지만 함축적 의미(connotation), 문법적 기능(grammatical behaviour), 연어(collocation) 등이 같지 않을 수 있다. 예로 'pour'와 'spill'은 'movement of liquid, change of location, from solid container'로 비슷한 의미를 지니지만 전자는 'intentional action', 후자는 'unintentional action'을 나타낸다 (Jeffries, 1998, pp. 102-103 참고).

예 (a) *Pour* the sauce over the pasta.
　　(b) Water had *spilled* out of the bucket onto the floor.

또한 다음의 예의 경우에는 의미는 유사하지만 쓰임새나 연어 혹은 문체가 서로 다를 수 있으므로 무조건 교체하여 사용되지는 않는다.

예 (a) ⓐ an *old* record player
　　　 ⓑ (?) an *aged* record player
　　　 ⓒ (?) an *elderly* record player
　　(b) ⓐ Fifteen *Killed* on County's Road Last Sunday
　　　 ⓑ (?) Fifteen *Slain* on County's Road Last Sunday
　　(c) ⓐ The mayor *started* the 3.30 race at Sandwood.
　　　 ⓑ (?) The mayor *began* the 3.30 race at Sandwood.

다음의 예에서 (a)의 빈칸에는 'discover'나 'find'가 모두 가능하지만, (b)의 빈칸에는 'discover'만 올 수 있다.

예 (a) We (　　) the boys hiding in the shed.
　　(b) Sir Alexander Fleming (　　) penicillin in 1928.

다음 예의 (a)에는 'able'이나 'capable'이 모두 올 수 있지만 (b)에는 'able'이 (c)에는 'capable'이 합당하다. 'be able to'는 일반적인 능력을, 'be capable of'는 '할 수는 있지만 흔히 발휘하지 않는 능력'을 의미하기 때문이다.

예 (a) He is a(n) (　　) doctor.
　　(b) He is *able* to swim.
　　　　(?) He is *capable* of swimming.
　　(c) He is capable of cheating.
　　　　(?) He is *able* to cheat.

다음의 예 (a)에서 'cool'은 'chilly'와 'nippy'의 의미를 포함하고 있으므로 세 단어가 동의적이라고 할 수 있지만 (b)에서 'cool'은 그 의미가 서로 다르다 (Katamba, 2004, p. 120 참고).

예 (a) It is *cool* in my office.
　　　It is *chilly* in my office.
　　　It is *nippy* in my office.
　　(b) Kim remained *cool* under ferocious cross-examination. (calm)
　　　Lee got a *cool* reception when he got home at midnight. (unfriendly)
　　　Yunhee looked *cool* in her new jeans. (stylish, fashionable)

(2) 반의어

반의어(antonym)는 두 어휘가 서로 반의(antonymy)의 관계에 있는 단어들을 말한다.[16]

예 (a) bottom ↔ top, peak, highest point
　　(b) conceal ↔ reveal
　　(c) joyful ↔ sad, solemn, depressing
　　(d) love ↔ hate

반의어는 공기하는 어휘에 따라 다를 수 있다.

---

[16] antonym : Greek {anti-} 'opposite' + {onoma} 'name, word' = 'against a name'

예 (a) deep water ↔ shallow water
　　　 deep blue ↔ faint blue
　 (b) old woman ↔ young woman
　　　 an old record player ↔ a new record player (? a young record player)
　 (c) light bag ↔ heavy bag
　　　 light wind ↔ strong wind
　　　 light colours ↔ dark colours

어휘의 반의성(antonymy)은 다음과 같이 분류된다 (Jeffries, 1998 참고).

① 상보적 반의
상보적 (相補的, complementary) 반의는 상호 배타적이어서 한 단어가 다른 단어의 부정을 함의(entail)하는 관계이다. 다음의 예와 같은 경우에는 어떤 사람이 살아 있고 동시에 죽어 있거나, 남성이면서 여성이거나, 결혼하고 독신인 경우는 있을 수 없다.[17] 다시 말하면 중간 단계는 없는 경우가 여기에 해당된다.

예 dead - alive, male - female, present - absent, single - married

또한 'single'과 'married'도 상보적 관계에 있어 한 단어를 부정하여 쓴 경우에 다른 단어로 대치하도 의미가 같다.

예 (a) She is not married. = She is single.
　 (b) She is not single. = She is married.

또한 두 단어 간에 연속성이 없기 때문에 다음의 예(a)는 가능하지만 (b)는 성립될 수 없다.

---

[17] dead - alive, open - closed 사이에 중간 단계는 없으나 'almost alive', 'almost closed'와 같은 표현은 가능하다. 또한 다음 예문에서 'dead-and-alive'는 'dead'와 'alive'의 의미를 동시에 나타내는 것이 아니라 '죽은 거나 다름없는, 활기 없는, 불경기의'의 의미를 가지고 있다.
　예) This is a *dead-and-alive*(*dead-alive*) town.

예 (a) Tom is rather tall.
　　(b) (?) Tom is rather married.

② 역순적 반의

역순적(逆順的) 반의(converse, relational antonymy, 관계적 반의)는 한 가지 사안을 반대의 관점에서 보는 것을 말한다. 다음의 예에서 'sell/buy', 'wife/husband'는 문장에서 어순을 반대로 바꾸어도 동일한 의미를 나타낸다.

예 (a) Tom buys a book from Judy. = Judy sells a book to Tom.
　　(b) Marry is the wife of Tom. = Tom is the husband of Marry.

이러한 관계의 반의어는 부정을 해도 상대 어휘가 되지는 않는다. 위의 예에서 사지 않았다고 판 것은 아니며 부인이 아니라고 남편인 것은 아니다. 또한 역순적 반의는 방향에 따른 반의 관계(directional antonymy)와 유사한데 이는 방향이나 과정이 반대(the reversal of a process or direction)되는 관계로 'break/mend' 'button/unbutton' 'up/down'등을 예로 들 수 있다. 'take/give'는 역순적 반의 관계이지만 다음 예와 같은 경우에 방향에 따른 반의관계에 속한다고 할 수 있다.

예 I *gave* it to Yunhee, and then *took* it back.

③ 단계적 반의

단계적 반의(graded antonymy)는 중간에 여러 단계(graded degrees between two extremes)를 설정할 수 있는 경우를 말한다. 예를 들면 'A is not big.'이 'A is small.'과, 'It is not hot.'는 'It is cold.'와 의미가 같다고 할 수는 없다. 다음의 예와 같이 여러 단계를 설정할 수 있기 때문이다.

예 (a) huge> very big> BIG> quite big> medium-sized> quite small> SMALL> tiny
　　(b) very hot>fairly hot>rather hot>HOT>warm>cool>chilly>COLD

또한 'rich/poor'의 관계에서도 'I am not rich.'라고 해서 필히 'I am poor.'라는 의미를 나타낸다고 할 수는 없다. 아울러 'light/heavy, loud/quiet, sad/happy, wet/dry'도 단계적 반의 관계에 속한다.

6) 성 무표적 어휘와 성 유표적 어휘

영어어휘는 굴절의 상실로 인하여 일반적으로는 성(性, sex)의 구별이 없어졌지만 성에 관해 무표(無標, unmarked)인 어휘와 유표(有標, marked)인 어휘가 있다. 다음 예에서 (a)는 성별의 구별이 나타나 있지 않은 성 무표이지만 (b)는 구별이 있는 성 유표이다.

> 예 (a) sheep, duck, lion
> (b) ram(수양), ewe(암양), drake(수컷오리), lioness(암사자)

최근에 성별의 차이를 나타내지 않기 위해 'chairman', 'anchorman', 'layman', 'policeman', 'stewardess' 대신에 성 중립적인 'chairperson(혹은 chairs)', 'anchorperson,' 'layperson', 'police officer', 'fight attendant' 등이 사용되는 경향이 크다. 또한 일반적으로 'he' 대신에 'he or she'가 사용되고 있다.

> 예 Everyone tried *his or her* best.

7) 동형이의어와 동음이의어

어휘가 동일한 형태나 음을 가지고 있으나 의미가 다를 수 있는데 이에 따라 동형이의어와 동음이의어가 있다. 이러한 어휘는 의미가 다르므로 별도의 어휘로 간주된다.

(1) 동형이의어

동형이의어(동철이의어, homonym, homograph; literally 'same writing')는 철자는 같으나 의미가 다른 단어들을 말한다.

예 (a) ⓐ a *book*
　　　ⓑ To *book* seats on a plane (to make a reservation for . . .)
　(b) ⓐ *file* (a steel tool used for rubbing down)
　　　ⓑ *file* (a collection of papers on one subject)
　　　ⓒ *file* (a line of people one behind the others)
　(c) ⓐ a *lead* pipe (a soft heavy easily melted greyish-blue metal)
　　　ⓑ a *lead* singer (main)
　　　ⓒ She was in the *lead* from start to finish. (the first position in a race or competition)
　(d) ⓐ Where do you *live*? (dwell)
　　　ⓑ It wasn't a recorded show, it was *live*. (seen and/or heard as it happens)
　(e) ⓐ I'm living in Seoul now, but my father is *still* in London. (up to now/then and at this/that moment)
　　　ⓑ Stand *still* or I'll shoot. (not moving)
　　　ⓒ A *still* is needed in the production of whisky. (an apparatus for making alcohol)

또한 다음의 예와 같은 동형이의어는 일반적으로 어원이 다르다.

예 (a) OE fœger → fair (beautiful, pleasing)
　(b) L. feria → F. foire → fair (a very large show of goods, advertising, etc.)

(2) 동음이의어

동음이의어(homophone)는 발음은 같으나 철자와 의미가 다른 단어들을 말한다.[18]

　　homophone : words which sounds alike but are written differently and often have different meanings (Richards, etc., 1985, p. 130).

---

[18] homophone: homos 'the same' + phonē 'sound'

[예] aloud - allowed, discreet - discrete, fare - fair, gait - gate
meat - meet, tail - tale

또한 'write/right'과 같은 동음이철이의어, 'fan(애호가)/fan(선풍기)', 'bat (방망이)/bat (박쥐)'와 같은 동음동철이의어가 있다.

8) 단순어와 다어 어휘

단순어(simple word)는 'love', 'come' 등과 같이 하나의 형태소로만, 다어 어휘(multiword)는 한 단어 이상으로 이루어진 어휘를 말한다. 다어 어휘에는 구동사, 관용어, 합성어, 담화표지(discourse markers), 경구(catch phrases)와 속담(sayings) 등이 모두 포함되며 숙어(익은 말, formulaic language, lexical chunks, multi-word)라고도 한다.

[예] (a) beside oneself (with) (= almost mad)
(b) by and large (= on the whole)
(c) to burn the midnight oil (= to work late into the night)
(d) for good (= forever)
(e) once (and) for all (= now but never again)
(h) over the moon (= ecstatic)
(i) spick and span (= brand-new)

숙어나 다어 어휘는 두 개 이상의 낱말들로 되어 있지만 하나의 어휘 단위로 간주되며 하나의 뜻을 나타낸다. 또한 하나의 낱말처럼 습득되고 기억되며 회상(recall)되어 사용된다.[19]

숙어는 일반적으로 다음과 같은 세 가지 요건을 갖추고 있다 (Moon, 1997 참고).

---

[19] Wood(2002, p. 3)은 다어 어휘를 다음과 같이 설명하고 있다.
   . . . formulaic language units refer to multiword or multiform strings produced and recalled as a chunk, like a single lexical items, rather than being generated from individual items and rules.

① 사회적 약정(제도화, institutionalization): 숙어 혹은 다어 어휘에 대해서는 특정한 언어집단 내에서 사회적으로 약정(約定)되어 있어야 한다. 다시 말하면 집단 내의 모든 사람들이 하나의 단위로 이해하고 사용해야 한다.

② 고정(fixedness): 숙어는 어느 정도는 고정되어 있어야 한다. 예를 들면 'to kick the bucket'(to die)을 'to punt the bucket', 'to kick the big bucket' 등으로 변경해서는 사용할 수 없다. 또한 다음의 예(b)와 같이 수동형으로는 사용되지 않는다.

예 (a) He kicked the bucket.
 (b) *The bucket was kicked by him.

또한 'out of the blue (= unexpectedly)'는 가능하지만 'from the blue, out of the green'은 사용되지 않는다. 아울러 고정된 정도에는 차이가 있는데 다음의 예와 같이 다소의 융통성이 있는(semi-fixed) 경우도 있다.

예 (a) to burn ones boats, to burn one's bridges (= to destroy all means of going back, so that one must go forward)
 (b) to throw in the towel, to throw in the sponge (= to admit defeat)
 (c) Nice(wonderful, good, lovely) to see(meet) you.

③ 의미구성 불가능(비합성성, noncompositionality): 숙어의 의미는 그 말을 구성하고 있는 개별 낱말의 의미를 통해서 유추하기가 어려운 경우가 많다.[20]

Its meaning [(The meaning of the multi-word)] is not easily recoverable from its individual components (Thornbury, 2002, p. 6).

다음의 예에서 보면 숙어는 구성된 낱말들의 의미를 통해 어휘의 전체 의미를 알 수 없다.

---

[20] 다어 어휘는 의미추론이 쉽지 않은 경우가 많지만 연어(collocation)는 대부분의 경우에 개별 어휘로부터 의미 유추가 가능할 수 있다.

예 (a) to beat around (about) the bush (= fail to come to the point in talking, 에둘러 말하다)
　(b) to give up (= to stop attempting something)
　(c) to kick the bucket (= to die)
　(d) to spill the beans (= to tell a secret)

그러나 일부 숙어들은 구성된 낱말로부터 의미의 이해가 가능한 경우도 있다.

예 (a) as a matter of fact
　(b) as far as I know
　(c) as old as the hills
　(d) to give away
　(e) light-years ago
　(f) to knock down

숙어에는 구동사, 관용어, 합성어, 문장골격, 상투어, 담화표지, 표어, 경구와 속담 등의 유형이 있고 중복어도 여기에 속한다. 이러한 유형에 연어(collocation)를 포함하여 다중어(multi-word unit)라고도 한다.

(1) 구동사

구동사(句動詞, phrasal verbs)는 동사와 다른 단어가 합쳐져서 특정한 의미를 나타내는 동사를 말한다.

A phrasal verb is made up of a verb plus one or more other words, which also has an idiosyncratic meaning compared to the component words (Schmitt, 2000, p. 1).

구동사는 일반적으로 단음절(mono-syllabic) 동사와 부사구(adverbial)나 전치사가 결합되어 형성된다.

예) to brush up,[21] to get up, to give away, to give up, to look for, to look into, to log in, to mix up, to put off, to take in, to run out of, to put up with

또한 구동사는 다음 예에서 'come across'와 같이 하나 이상의 의미를 나타낼 수도 있다.

예) (a) I *came across* this old book in the library.   (to discover by chance)
(b) Richard *came across* well at the convention.   (to make an impression)

(2) 관용어

관용어(익은 이은 말, idiom)는 둘 이상의 낱말이 완전히 굳어져 어울려 쓰이며 독특한 뜻을 나타내는 말을 의미한다. 일반적으로 관용어는 낱말들의 의미를 통하여 전체의 의미를 알 수는 없으며 정해진 문맥 속에서 특정한 의미를 나타낸다.

예) (a) to bite one's tongue (= to make a great effort to stop oneself saying what one really feels)
to bite the bullet (= to suffer something very unpleasant bravely)[22]
to bite the dust (= to be killed or defeated or come to an unsuccessful end)
(b) to fish in troubled water (= to try to gain advantage out of other people's troubles)
(c) to get/have cold feet (= to be too nervous to do something, esp. losing courage just before something)
(d) to hit the spot (= to give complete satisfaction -used esp. for food or drink)[23]
(e) to pass the buck (= to shift responsibility or blame to another person)

---

[21] 'to brush up'은 'to improve one's knowledge of (something known but partly forgotten by study), 복습하다. 다시 공부하다'의 의미를 가진다.
예) I must *brush up* my English before going to New York.
[22] 'to bite the bullet'는 '심한 고통을 참다'라는 뜻으로 전쟁 중 마취하지 않고 수술을 받아야 했던 군인들이 고통을 참기 위해 총알을 입에 물었던 것에서 유래되었다.
[23] 'to hit the spot'는 화살이 과녁의 중앙을 정확히 맞추듯 원하던 것이 완전히 충족되었을 때 쓰는 표현으로 특히 음식이 만족스러울 때 사용된다.
예) A glass of ice cold water would really *hit the spot* on this hot day.

(f) to play hell with (= to cause disorder or confusion to)
(g) to rain cats and dogs (= to rain very heavily)

영어에는 수백 개의 관용어가 있는데 다음의 예와 같은 'head'와 관련된 관용어만 보아도 그 수가 적지 않다.

예 (a) to bite someone's head off (= to answer severely)
(b) to come to a head (= to reach the point)
(c) to give someone his head (= to allow someone freedom to do as he likes)
(d) to have a swollen (swelled) head (= to be proud of oneself)
(e) head and shoulders above (= very much better than)
(f) to keep one's head (= to remain calm)
(g) to lose one's head (= to act wildly because afraid, angry, confused, etc.)
(h) off (or out of) one's head (= mad)
(i) to take it into one's head (= to suddenly decide)
(j) to turn someone's head (= to make someone too proud, to make someone fall in love)

또한 관용어는 일반적인 연어현상과는 다르게 사용되기도 한다. 예로 'eat' 다음에는 '먹는 음식'에 관련된 어휘가 오는 것이 일반적이지만 그렇지 않은 경우도 있다.

예 (a) eat one's head off (많이 먹기만 하고 일은 하지 않는다)
(b) eat one's heart out (슬픔에 가슴이 찢어지다, 비탄에 잠기다)

(3) 합성어

합성어(compound)는 두개 이상의 단어가 합쳐져서 하나의 의미를 나타내는 어휘를 말하며 예(a)와 같이 단어로 분리되거나, (b)처럼 하나의 단어로 결합되어, 혹은 (c)처럼 연자(이은자, 連字, hyphen)로 연결되어 사용된다.[24]

예 (a) to drop by, red tape
　　(b) blackmail, Walkman
　　(c) off-duty, baby-sit, win-win, as-if-nothing-happened

(4) 문장골격

문장골격(sentence frames)은 여러 단어가 결합되어 특정한 문장의 골격을 형성한 경우를 말한다.

예 (a) if I were you, . . .
　　(b) what really gets me is . . . .
　　(c) would you mind if . . .?

(5) 상투적이고 고정된 말

상투적이고 고정된 말(social formulae and fixed phrases)은 2개 이상의 어휘가 고정적으로 결합되어 일상적으로 사용되는 어구를 의미한다.

예 (a) back and forth
　　(b) to and fro
　　(c) hook, line, and sinker
　　(d) ladies and gentlemen (? gentlemen and ladies)
　　(e) to have a nice day
　　(f) here you are
　　(g) to see you later

(6) 담화표지

담화표지(discourse markers)는 담화 사이를 연결하는 말이다.

예 (a) frankly speaking
　　(b) I take your point

---

[24] 합성어에 대해서는 제 3 장에서 논의된다.

(c) on the other hand
  (d) once upon a time
  (e) to cut a long story short

(7) 경구와 속담

경구(catch phrases)와 속담(sayings)은 대체적으로 고정되어 사용되므로 숙어의 범주에 속한다고 볼 수 있다.

> 예 (a) Big fish eat little fish. (약육강식, 弱肉强食)
>   (b) Birds of a feather flock together. (가재는 게 편)
>   (c) A buddy from my old stomping grounds. (죽마고우, 竹馬故友)
>   (d) Every cloud has a silver lining. (전화위복, 轉禍爲福)
>   (e) Every Jack has Jill. (짚신도 짝이 있다.)
>   (f) Icing on the cake. (금상첨화, 錦上添花)
>   (g) Let's go to the point. (거두절미, 去頭截尾)
>   (h) Making a mountain out of a molehill. (침소봉대, 針小棒大)
>   (i) Match made in heaven. (천생연분, 天生緣分)
>   (j) (There is) nothing like leather. (자화자찬, 自畵自讚)
>   (k) Opportunity makes a thief. (견물생심 見物生心)
>   (l) Pie in the sky. (그림의 떡)
>   (m) To teach a fish how to swim. (공자 앞에 문자 쓰다)

이러한 경구나 속담에는 해당 언어사용권의 문화가 반영되어 있으며 문화 특정적인 것과 문화 보편적인 것이 있다. 원어민 화자들은 자국의 문화 속에서 그 의미를 습득하게 되며 문화 특정적인 속담이나 경구는 비원어민 화자(non-native speaker)가 이해하고 사용하기에는 문화 차이 때문에 어려움이 있다.

(8) 중복어

중복어(reduplicative word)는 발음이 동일하거나 유사한 어두나 음절이 반복되어 구성된 어휘를 말하며 고정되어 사용되므로 일종의 숙어라고 할 수 있다.

Thun(1963)에 의하면 이러한 중복어가 영어와 영어방언의 어휘에 2,000개에 이른다고 한다. 중복어에는 의성어나 의태어, 아이 언어에 많으며 새로운 단어형성이라기 보다는 일종의 합성 과정이다. 그러나 반복되는 요소 중에 하나 혹은 둘 다가 독립된 단어가 아닌 경우가 있으므로 합성어와는 다르다.

이러한 중복어에는 예(a)과 같이 동일한 요소가 반복되는 경우와 (b)와 같이 모음이 교체되는 경우, (c)와 같이 자음이 교체되는 경우가 있다.[25]

> 예 (a) bang-bang, bye-bye, da-da, chica-chica, night-night, pee-pee, pooh-pooh, ta-ta
> (b) ding-dong, cling-clang, dingle-dangle, riff-raff, tip-top, zigzag
> (c) bow-wow, hanky-panky, roly-poly, teeny-weeny

9) 단의어와 다의어

단의어(單義語)는 하나의 어휘에 하나의 의미만 있는 어휘를 말하며 엄밀히 말해 고유명사와 전문어만 여기에 해당된다고 할 수 있다. 이러한 어휘들은 지시 대상이나 의미가 하나이며 고정되어 있기 때문이다.

> 예 (a) Korea, New York, Sydney Opera House
> (b) bail (보석금), dissonance (불협화음, 비공명)

또한 다의어(多義語)는 여러 의미를 지니는 어휘를 말하며 대부분의 어휘는 다의성(polysemy, multiple meaning)이 있다고 볼 수 있다. 예로 'safe'는 '안전한', '금고', '안전장치', '콘돔', '말안장을 얹을 때 안장이 쏠리지 않게 하는 장치'라는 연관은 되어있다고 볼 수 있지만 서로 다른 다양한 의미를 나타내는 다의어이다.

---

[25] 중복어를 리듬형성합성어(rhyme motivated compound)와 모음전환합성어(ablaut motivated compound)로 가 분류하기도 하는데 전자는 일반적으로 기 존재하는 단어의 결합으로 이루어진다.
    예) Black-Jack, brain-drain, nitty-gritty, nitwit, teeny-weny
후자는 어근 모음이 변화되어 합성된 어휘로 하나나 두 개 모두가 독립된 어휘가 아닌 경우가 많다.
    예) ding-dong, dingle-dangle, riff-raff, tip-top

제3장
영어어휘의 조어와 차용

제 3 장에서는 어원과 영어어휘의 조어(造語)과정, 기능전환, 차용어 및 미국영어 어휘와 영국영어 어휘의 차이점에 관하여 알아봄으로 어휘학습에 대한 논의에 참고하고자 한다.

3.1. 어원

어원(語源, 말밑, word origin)은 어휘가 생겨난 역사적 근원을 말한다. 또한 이러한 분야에 대한 연구를 어원학(etymology)이라고 하고 주로 형태와 의미의 변화를 다룬다. 어원은 가능한 과거로 거슬러 올라가서 논의하며 토착어, 고유명사, 차용어 등에서도 어원을 찾을 수 있다.

문헌의 기록 이전의 영어어휘는 동족어(cognate)를 비교하여 공통 조어(祖語, parent language)를 재구성(reconstruction)함으로 추정해 낼 수 있다.[1] 동족어는 다음의 표(Pyles & Algeo, 1993, p. 77)와 같이 공통의 기원을 가진 언어를 말한다.

<표 3-1> 영어 'one, two, three' 의 동족어

LATIN	GREEK	WELSH	ENGLISH	ICELANDIC	DUTCH
ūnus	oinē	un	one	einn	een
duo	duo	dau	two	tveir	twee
trēs	treis	tri	three	þrír	drie

---

[1] cognate(동족어, 同族語): Lat. co-'with, together' + gnātus = 'born together'

위의 표에서 Latin, Greek, Welsh는 비(非) 게르만어이고 English, Icelandic, Dutch는 게르만어이며 이러한 자료를 통하여 공통 조어인 Indo-European어의 '1, 2, 3'을 '*oninos, *dwō, *treyes'로 재구성해 볼 수 있다.² 또한 영어의 일부 어휘는 고대영어에서, 일부는 중세영어에서 그 어원을 찾을 수 있다.

예 (a) OE fæder → father
　　(b) ME flour → flower

위의 예에서 (a)와 같은 어휘들은 본래의 앵글로-색슨어, (b)와 같은 어휘들은 차용어이다.

또한 일부 고대영어의 어휘는 변장된 형태 혹은 고정된 형태로 현대영어에 남아 있다.

예 (a) guma 'man' : bridegroom '*literally*, bride's man'
　　(b) Līc 'body'³ : lych-gate 'roofed gate of a graveyard'
　　　　lich-house 'mortuary, 시체안치소'
　　　　접미사 -ly로 약화되어 남아 있음
　　(c) wer 'man' : were-wolf 'man-wolf', wergild 'man money, the fine to be paid for killing a person'
　　(d) Tīd : Time and tide wait for no man.

한 어휘의 어원을 알게 되면 어휘의 이해와 의미 유추에 유리하며 학습자의 흥미 유발과 장기 기억에 도움이 될 수 있다. 예로 'audio'의 어원은 'auditus(a hearing)'이며 관련 어휘는 'audible, inaudible(incapable of being heard), audio, audiophone, audiovisual' 등이다. 또한 'scrib(script)'의 어원은 'scriptura(a writing)'이며 이를 통하여 'inscription, prescribe, scribe, script, subscriber' 등의 의미파악에 참고할 수 있다.

---

² 기록이 없던 시기의 어휘를 재구성하여 추정한 어휘 앞에는 *표를 붙인다.
³ 철자 위의 표시(ˉ)는 장음부(長音符, macron)로 고대영어와 중세, 초기 현대영어에서 장음을 나타내기 위해 사용되었으며 고대영어의 장음부는 추후에 기재된 편집상의 표시이다.

3.2. 영어어휘의 조어

영어의 어휘는 외국어의 영향과 사회의 변화, 과학문명의 발달 등으로 계속하여 새롭게 만들어지고 기존의 어휘에 새로운 의미가 첨가되기도 한다.

New words are being coined daily, and old words are assuming new meanings (Thornbury, 2002, p. 160).

아울러 기존의 어휘를 바탕으로 합성, 역성, 단축, 두문자어, 혼성, 보통명사화 등의 다양한 과정을 통하여 새로운 어휘가 조어(造語, word formation)되며 이 중에 파생과 합성이 주요 조어 과정이다. 1941년부터 1991년까지 50년 간 영어 어휘의 조어과정에 대한 유형별 분포를 보면 다음과 같다 (Pyles & Algeo, 1993, p. 285 참고).

〈표 3-2〉 영어어휘 조어의 유형별 분포

유형	분포비율
새로운 어휘의 창조	below .5%
파생(접사결합, affixation)	28%
합성(compounding)	40%
단축(shortening)	8%
혼성(blending)	5%
차용(borrowing)	2%
기능전환(shifting)	17%

1) 새로운 어휘의 창조

새롭게 만들어져 사용되고 사전에 등재된 어휘를 신조어(新造語, neologism)라고 하며 이러한 어휘는 어근창조, 소리 흉내 내기, 감정의 자연스러운 방출 등에 의해서 생겨난다. 그러나 기존의 어근이나 접사에 의해 형성된 어휘들은 여기에 속하지 않는다고 보는 것이 일반적이다.

(1) 어근창조

기존의 어휘와 전혀 관련이 없는 어휘의 창조를 어근창조(root creation)라고 한다. 사회의 변화와 과학의 발달 등으로 종래에 없던 사물, 사태, 개념 등을 나타내기 위하여 새로운 어휘가 계속하여 만들어 지고 있지만 대부분 합성 혹은 파생으로 형성되고 있고 어근창조의 수는 많지 않다. 주로 새로운 상품명을 나타내기 위하여 어근이 창조되고 이러한 상품명은 해당 상품을 대표하는 보통명사로 전환되기도 한다.

예 dacron, gillette, kodak, kleenex, nylon, orlon, zipper

(2) 의성어

자연의 소리를 모방하여 만들어진 어휘를 의성어(擬聲語, echoic word, onomatopoeia)라고 하며 일종의 어근창조라고 할 수 있다.

예 bang, bobwhite, burp, boom, chirp, cuckoo, gulp, moo, ping purr, cock-a-doodle-do [4], splash, slurp, tinkle, whoosh

(3) 방출음

자극에 대한 본능적인 반응을 나타내는 말을 방출음(放出音, ejaculation)이라고 한다.

예 ouch, pugh, ha-ha, ho-ho

(4) 기존 어휘의 형태와 의미 변화

파생, 합성, 차용 등에 의하여 기존의 어휘의 형태나 의미가 변경되어 사용되기도 한다. 이러한 경우들은 새로운 어휘의 창조는 아니지만 어휘의 준(準) 창조라고는 볼 수 있다.

---

[4] 수탉의 울음소리로 스웨덴어에서는 'kukuliku', 스페인어에서는 'cucuricu' 일본어에서는 'kokikoko'로 표기하는데 대부분의 의성어는 민족마다 표현이 다르다.

[예] informatics (정보과학), motion picture → movie

또한 미국영어에서 새롭게 형성되었거나 새로운 의미가 부여된 어휘들이 있다.

[예] horse feathers (보잘 것 없는 물건), pushover(간단히 할 수 있는 일), variety(vaudeville, 버라이어티쇼),

2) 파생

파생(derivation)은 어근(root)에 접사(affix)를 붙여 어휘가 형성되는 방법이며 이렇게 형성된 어휘를 파생어(derivative)라고 한다. 학문과 과학 및 사회의 변화로 다음의 예와 같이 많은 어휘가 어근과 접사에 의해 파생되어 왔다.

[예] (a) geology : Greek ge 'earth' + Greek logus 'discovery'
(b) psychology : Greek 'psukhe' + Greek logus 'discovery'
(c) sociology : Latin socio 'society' + Greek logy 'the study of'
(d) television : Greek tele- 'far' + Latin videre 'to see'

파생어 형성의 유형을 보면 다음 표와 같다.

〈표 3-3〉 파생어의 유형

파생 형태	예
접두사 + 어간(혹은 단어)	{in(im)-} 'against' + patient → impatient {dis-} 'not' + respect → disrespect
어간(혹은 단어) + 접미사	man +ly → manly costly + ness → costliness
접두사 +어간(혹은 단어) + 접미사	{un-} 'not' + teach +able → unteachable {in-} 'not' + vis + ible → invisible (not capable of being seen)

3) 합성

합성(복합, compounding)이란 두 개 이상의 독립된 단어나 자립형태소가 합쳐서 하나의 단어를 형성하는 것을 말하는데 고대영어에는 합성어의 형성이 활발하였다.5 최근에 이르러서도 과학과 사회의 발전에 따라 다음과 같은 다양한 합성어가 생겨나서 사용되고 있다.

> 예) test-tub baby(인공수정아), role model(역할 모델, person whose behavior is to be imitated), stopover(휴게지, 도중하차지), waiting room(대합실)

합성어는 일반적으로 우측에 있는 요소가 중심요소가 되며 품사와 의미를 결정하고 중심 요소가 아닌 요소는 중심 요소의 의미를 특정화한다. 된다. 예로 'easy chair(안락의자)'는 주 의미가 '의자'이며 'easy'에 의해 그 의미가 특정화된다. 또한 명사 + 명사의 합성어가 가장 많다.

(1) 합성명사

합성명사는 (a) 명사+명사, (b) 형용사+명사, (c) 동사+명사, (d) 전치사+명사로 형성된다.

> 예) (a) ashtray, ball-point, boat people(배로 탈출한 피난민), book-case, heartbreak, inkwell, tradesman, hair net, helpdesk, railway station
> (b) blackboard, blackhead, easy chair, High Court (최고법원, 대법원), hothouse, sweetheart, red tape6
> (c) swearsword, cease-fire, pick-pocket
> (d) underdog, uprising, onlooker, inland

---

5 고대영어의 합성어의 예는 다음과 같다.
  예) would-cyning 'world king', eaxlgestella 'shoulder-companion'
  또한, 고대영어 합성어인 hūsbonda 'householder,' gōdspell 'good news' 등은 현대에 와서 'husband,' 'gospel'과 같이 하나의 낱말로 융합(融合)되었다.
6 'red tape'는 관료식 형식주의를 의미하며 '17세기 영국에서 공문서를 묶는 데 사용한 빨간 끈'에서 유래되었다.
  예) There's a fair amount of *red tape*.

또한 합성명사는 명사에 행위자(agent)나 도구(instrument)를 나타내는 단어 혹은 형태소가 합해져서 형성될 수도 있다.

> 예 door-keeper, fire fighter, head-hunter, speech-writer

(2) 합성형용사

합성형용사는 대부분 (a) 명사 + 동사{-en}, (b) 형용사 +동사{-ing}, (c) 형용사 + 동사{-en(ed)}로 이루어진다.

> 예 (a) crestfallen, frost-bitten, heartbroken, snow-capped
> (b) easy-going, fast-growing, good-looking, hard-working, heart-breaking
> (c) clear-sighted, hard-featured, new-born

이외에도 다음의 예에서와 같이 (a) 명사+형용사, (b) 형용사+형용사, (c) 전치사+형용사로 이루어지기도 한다.

> 예 (a) headstrong, knee-high, honey-sweet, nationwide
> (b) all-good, dead-mute, icy cold, far-fetched, hardworking
> (c) underripe, overgrown, underpreviliged

(3) 합성동사

합성동사는 매우 제한적이며 뒤의 단어가 중심요소가 되어 해당 어휘의 품사를 결정하게 된다.

> 예 outlive, overdo, offset, shipwreck, undervalue, uproot

또한 합성어는 중심요소의 유무 및 합성된 부분의 성격에 따라 내심합성어, 외심합성어, 종합합성어의 세 유형으로 분류할 수 있다.

(1) 내심합성어(endocentric compound)

내심합성어는 중심요소가 있고 이 요소가 품사를 결정하는 유형의 합성어를 말한다. 이러한 합성어는 다음의 예(a)와 같이 종속요소 + 중심요소로 형성된 경우와 (b)와 같이 대등한 요소가 결합된 경우가 있다. 전자를 종속합성어(subcompound), 후자를 병렬합성어(co-compound)라고 한다.

> 예 (a) child doctor, doorknob(문에 있는 손잡이), fox hunter, kitchen table
> (b) push-pull, singer-songwriter (가수 겸 작곡, 작사가)

(2) 외심합성어 (exocentric compound)

외심합성어는 중심요소가 없는 합성어로 주로 사람을 나타낸다.

> 예 flatfoot (보병), farm hand (농장 노동자), lowlife (하층민)

(3) 종합합성어(synthetic compound)

종합합성어는 중심요소가 되는 단어와 동사 + {-ing}, 동사 + {-en}, 동사 + {-er}, 동사 + {-able} 등이 합성된 어휘로 문장과 유사한 특징을 지니기 때문에 종합합성어라고 한다. 이러한 합성어는 목적어가 동사 앞에 위치하는 SOV언어의 특성을 지녔다고 볼 수 있으며 비교적 의미가 투명하고 명사 - 동사 + {-ing} 형태가 대표적이다. 이러한 합성어는 사용빈도가 높아지고 있다.

> 예 chair-making, weather-casting, house-keeping, sight-seeing, animal-hunting
> fox-hunting season

또한 다음과 같은 유형도 일종의 종합합성어라고 할 수 있다.

> 예 (a) a kind-hearted person (a person with a kind heart)
> (b) a red-haired girl (a girl with red hair)

합성어에는 완전히 결합된 유형, 분리된 유형, 연자(hyphen)로 연결된 유형이 있다. 일반적으로 명사와 서로 관계를 이루는 복합형용사는 연자로 연결되고 복합어로서 비교적 잘 확립된 형용사는 하나로 붙여 쓴다. 또한 미국영어에서 연자를 더 많이 사용하는 경향이 있다.

〈표 3-4〉 합성어의 결합 유형

합성어의 결합 유형	예
완전 결합 합성어 (single orthographic word)	automobile,[7] blackboard, blackbird, blackmail, broadcast, forthcoming, hatchback, hotdog, lookout, outgoing painstaking, skyscraper, software, weekend
분리된 형태의 합성어 (multiple orthographic word)	bottom dollar[8], bungee jumping, call back, chair warmer,[9] post office, sandwich generation, railway station, soon-feed, waiting room,
연자로 연결된 합성어 (hyphenated word)	baby-sit, double-date, know-how, happy-go-lucky[10] laid-back, moon-light, second-hand, shake-up, win-win spoon-feed, mother-in-law, thin-tank
여러 형태가 가능한 합성어	freezedry, freeze dry, freeze-dry

다음 예와 같이 연자가 사용된 경우와 아닌 경우에는 의미의 차이가 있는 경우도 있다.

예 (a) I hear that all players have *re-signed*.
　　(b) I hear that all players have *resigned*. (give up a job or position)

또한 합성어는 일정한 구성순서가 있다. 다음 예(a)가 '버터와 빵을 샀다'라는 뜻일 경우에 'bread'와 'butter'의 순서가 바뀌어도 무방하나 합성어인 (b)에서는 'bread and butter(버터 바른 빵)'의 순서가 변경되면 안 된다.[11]

---

[7] autos (Greek 'self') + mobilis (Latin 'movable') → automobile
[8] 'bottom dollar'은 '수중에 남아 있는 마지막 돈, 긁어모은 돈'을 의미한다.
[9] 'chair warmer'는 'hotel의 로비 등에서 오랜 시간 멍하게 의자에 앉아 있는 사람, 게으름뱅이'를 의미한다.
[10] 'happy-go-lucky'는 '(사람, 행위 등이) 태평스러운, 낙천적인'을 의미한다.
[11] 'bread and butter'에는 '생업(의)', '주수입원(의)', '기본적인'이라는 의미도 있다.
　　예) (a) Selling cars is a lot of hard work, but it's my *bread and butter*.

예 (a) She bought *butter and bread*.
　　(b) I breakfasted on *bread and butter* alone.

합성어의 의미는 대부분 합성된 각 요소의 의미에서 오지만 그렇지 않은 경우도 있는데 'green'과 'fly'가 합성된 'green-fly'는 '녹색파리'가 아니라 '진딧물'을 의미한다. 또한 합성어에는 접미사가 첨가될 수도 있다.

예 book-seller, old-fashioned

아울러 합성어의 각 요소는 독립하여 사용되지 못한다. 다음의 예에서 'greenhouse'는 합성명사로 앞 강세이며 'green'이 독립하여 'very'의 수식을 받을 수 없다.

예 *This is a very greenhouse.

4) 역성

역성(역파생, 逆成, back formation)은 일반적인 단어 형성의 순서의 반대로 단어가 파생되는 과정을 말하는데 단어의 뒷부분을 굴절어미로 혼동하여 이것을 제거하여 새로운 단어를 만드는 경우가 여기에 해당된다. 예를 들면 중세영어에서는 'editor'는 있었지만 'edit'이란 단어는 없었는데 'act → actor, sing → singer'에서 유추하여 'edit'라는 단어가 역성되었다.

역성어는 대체적으로 명사에서 동사, 형용사에서 명사, 명사에서 동사로 만들어진다.

(가) 명사 - {-er(ar)} → 동사

예 beggar → beg　　burglar → burgle　　editor → edit
　　juggler → juggle　　peddler → peddle　　typewriter → typewrite

(b) Pizza is our *bread and butter*.
(c) Employment and taxation are the *bread-and-butter* issues of politics.

usher → ush[12]

(나) 형용사 - {-y} → 명사
　예 cranky → crank, foggy → fog, greedy → greed

(다) 명사 - {-ion} → 동사
　예 adulation → adulate, donation → donate, television → televise

또한 합성어에서 역성되기도 한다.

　예 (a) baby-sitter → babysit　　　(b) bargain hunter → bargain-hunt
　　　(c) dry-cleaning → dry clean　　(c) housekeeper → housekeep
　　　(d) stage-manager → stage-manage　(e) typewriter → typewrite
　　　(f) word-processor → word-process

아울러 민간어원에 의해 역성되기도 하는데 예로 pease → pea를 보면 'pease'는 고어로 '[집합적] 완두콩'을 의미하는데 'pea'는 'pease'를 복수형으로 잘못 알아 생기게 된 역성어이다.

5) 단축

단축(축약)은 단어를 줄여 짧은 형태로 사용되는 경우를 말하며 절단(clipping), 두음문자(acronym) 등이 여기에 속한다. 이러한 단축어는 새로운 어휘의 형성이라기보다는 쓰임새의 변화이며 일종의 '표현의 절약(economy of expression)'이라고 할 수 있다. 최근에 신속한 의사 전달을 위하여 어휘를 단축하여 말하는 경향이 있으며 인터넷 채팅 등에서 단축 현상이 많이 나타나고 있다. 또한 본래의 어휘보다 더 자주 사용되는 경우도 있어 일반인들이 이러한 단어가 단축되어 형성된 단어라고 알지 못하는 경우도 많다.

---

[12] 'ush'는 'usher'에서 역성된 어휘로 속어이다.

(1) 절단

절단(clipping)은 다음절어(multisyllabic word)를 하나 혹은 두 음절로 줄이는 것을 말하며 일상생활에서 자주 쓰이는 단어들을 빠르고 쉽게 하기 위하여 단어의 앞, 뒤, 앞과 뒤, 중간부분을 절단하여 사용한다.

(가) 앞부분 절단 (fore-clipping)
 예 (a) omnibus 'motor vehicle for paying passengers'[13] → bus
    (b) telephone → phone

(나) 뒷부분 절단 (back-clipping)
 예 (a) advertisement → ad (미국), advert(영국)
    (b) automobile → auto   (c) champion → champ
    (d) co-educational → co-ed   (e) dormitory → dorm
    (f) extraordinary → extra   (g) memorandum → memo
    (h) mobile vulgus 'movable, or fickle common people' → mob
    (i) photograph → photo   (j) popular music → pop
    (k) public house → pub   (l) zoological garden → zoo

(다) 양쪽 절단
 예 (a) influenza → flu   (b) refrigerator → frige

(라) 중간 절단
 예 (a) electronic mail → email
    (b) vegetarian → vegan (야채만 먹는 완전채식주의자)

또한 절단하면서 일부 철자가 변경되는 경우도 있다.

 예 (a) ammunition → ammo   (b) Coca-Cola → Coke
    (c) microphone → mike

---

[13] 'omnibus'에서 {-bus}는 복수여격어미이다.

아울러 인명도 절단하여 별명(nickname)으로 사용되기도 한다.

예 (a) Christopher → Chris (b) Peter → Pete
   (c) Susan → Sue

(2) 약어와 두문자어

약어(略語, abbreviation)와 두문자어(두자어, 頭字語, acronym)는 여러 단어의 첫 문자만을 결합하여 형성된 어휘를 말하며 두 유형을 모두 두문자어(acronym)이라고도 한다. 이러한 어휘들은 사회의 발전과 다변화(多邊化)로 인하여 새롭게 계속 만들어져서 사용되고 있다. 또한 긴급한 상황에 대처하기 위하여 줄여서 말할 필요가 있는 군사용어에 많이 사용되고 있으며 학계, 국가기관, 방송국, 단체, 회사 등의 필요에 의해 형성되어 왔다. 사회에서 일반적으로 통용되는 경우도 있고 특정 집단 내에 한정되어 통용되는 경우도 있으며 다소 무분별하게 사용되는 경향도 있다.

철자는 모두 대문자를 사용하는 것이 일반적이지만 최근에는 'NATO'를 'Nato'와 같이 소문자를 사용하기도 한다.

(가) 약어

약어는 각 철자를 하나씩 읽는 형태를 말하는데 영어의 일반적인 음운규칙에 맞지 않을 경우가 주로 해당된다.

예 (a) CEO : chief executive officer (b) BBC : British Broadcasting Cooperation
   (c) CNN : Cable News Network (d) DNA : deoxyribonucleic acid
   (e) DVD : digital versatile disc (f) FTA : Free Trade Agreement
   (g) KBS : Korean Broadcasting System
   (h) LA : Los Angeles (i) MP : military police
   (j) MS : Multiple Sclerosis (k) NGO : non-governmental organization
   (l) OECD : Organization for Economic Cooperation and Development
   (m) ROTC : Reserve Officers' Training Corps

(n) TV : television (o) UFO : unidentified flying object
(p) UCLA University of California, Los Angeles
(q) UN : United Nation (r) WHO : World Health Organization
(s) WTO : World Trade Organization
(t) YMCA : Young Man's Christian Association

(나) 두문자어

두문자어(acronym) 발음 규칙에 따라 하나의 낱말같이 읽는 형태를 말한다.

예 (a) AIDS : acquired immune deficiency syndrome
(b) Anzac : Australian and New Zealand Army Corps
(c) BRICS : Brazil, Russia. India, China
(d) KOSDAQ : Korea Securities Dealers Automated Quotations
(e) NASDAQ : National Association of Securities Dealers Automated Quotations
(f) NASA : National Aeronautics and Space Administration
(g) NATO : North Atlantic Treaty Organization
(h) Nim-by (NIMBY) : not in my back yard[14]
(i) OPEC : Organization of Petroleum Exporting Countries
(j) radar : radio detecting and ranging
(k) TOEFL: Test of English as a Foreign Language
(l) UNESCO : United Nations Educational, Scientific, and Cultural Organization
(m) WASP(Wasp) : white Anglo-Saxon protestant[15]

6) 혼성

혼성(blending)은 한 단어의 일부분과 다른 단어의 일부분을 결합시켜 단어를 만드는 것을 말하며 일종의 단축 형태이다. 이렇게 형성된 단어를 혼성어 혹은 중첩어(portmanteau word)라고 한다. 이러한 혼성어는 어휘의 결합을 통하여 보다 용이하게 각 단어가 가지고 있는 의미를 합할 수 있기 때문에 그 수가 점차 증가

---

[14] 'Nim-by'는 자기 지역에 혐오 시설(핵 폐기물 처리장, 형무소 등)의 설치를 반대하는 주민운동, 지역 이기주의를 의미한다.
[15] 'WASP'은 '앵글로색슨계 백인 신교도들'을 말하며 이들이 미국 사회의 주류를 이룬다.

하고 있고 일반인들이 이러한 단어가 혼성어라는 것을 인식하지 못하는 경우가 많다. 혼성어는 다음의 예와 같이 각 개별 단어의 일부분만 취하므로 합성어와는 다르다.

예 (a) American + Indian → Amerind   (b) binary + digit → bit
    (c) breakfast + lunch → brunch   (d) escalate + elevator → escalator
    (e) gallop + triumph → galumph   (f) guess + estimate → guestimate
    (g) helicopter + airport → heliport (h) motor + hotel → motel
    (i) slang + language → slanguage   (j) smoke + fog → smog
    (k) spiced + ham → spam   (l) stagnation + inflation → stagflation
    (m) Korean + English → Konglish   (n) urine + analysis → urinalysis

혼성은 새로운 형태소를 만들거나 기존의 형태소에 새로운 의미를 부여할 수도 있다. 예를 들면 특정 빌딩의 명칭인 'Watergate'[16]에서 분리된 'gate'가 다른 말과 혼성되어 'Irangate', 'Koreagate' 등의 새로운 어휘가 만들어 지게 되고 'gate'가 권력형 비리 의혹, 부패 스캔들 등의 의미로 사용되게 되었다. 또한 'automobile (Greek autos 'self' + Latin mobilis 'movable')'에서 'auto'가 다른 어휘와 혼성되어 'autocar, autobus, autocamp' 등의 어휘가 형성되어 사용되고 있다.

7) 혼종

혼종어(混種語; hybrid)는 두 개 이상의 다른 언어에서 온 낱말의 구성요소가 혼합된 어휘를 말한다. 희랍어와 라틴어, 프랑스어 등의 영향으로 영어에 많은 혼종어가 생겨나게 되었다.

(가) 희랍어 + 영어/영어 + 희랍어

---

[16] Watergate 사건은 1972년 공화당 Nixon대통령 재선위원회가 Washington, D. C의 Watergate 빌딩에 있는 민주당 본부의 전당대회 준비회의 내용을 도청함으로서 일어난 일련의 정치적 사건을 말한다. 이 사건은 1974년 미국의 제37대 대통령이었던 Nixon의 사임에 대한 직접적인 원인이 되었다

예 (a) {anti} + rust → anti-rust, bishop + {hood} → bishophood,
　　(b) woman + {ize} → womanize

(나) 영어 + 라틴어/라틴어 + 영어
　예 (a) flirt + {ation} → flirtation
　　(b) {super} + man → superman

(다) 영어 + 프랑스어/프랑스어 + 영어
　예 (a) eat + {able} → eatable, short + {age} → shortage
　　　{un} + easy → uneasy
　　(b) fool +{-ish} → foolish, champion + {ship} → championship
　　　plain + {-ness} → plainness, {dis-} + burden → disburden

또한 다음 예들과 같이 영어 이외의 두 언어 혼종으로 이루어진 영어어휘들도 있다.

　예 (a) {tel} + vision → television (희랍어 + 라틴어)
　　(b) {extra} + position → extraposition (라틴어 + 프랑스어)

8) 고유명사의 보통명사화

영어의 일부 어휘들은 개인 이름, 그리스와 로마의 역사, 지명, 문학작품, 신화, 종교 등에 나타난 고유명사에서 유래되었다.

(1) 개인 이름

영어의 일부 어휘들은 개인 이름에서 유래되어 보통명사로 사용되고 있다.

　예 (a) boycott : 보이콧, 불매운동(하다)
　　　C. C. Boycott (1832~97) : an Englishman who was sent to Ireland to oversee the management of a great estate, and was ostracized by his neighbours in 1880

(b) brougham : 한 필의 말이 끄는 4륜 유개(有蓋, 지붕이 있는) 마차
   H. P. Brougham(1778~1868): a British statesman who became Lord Chancellor of Great Britain, He was the designer of the brougham, a four-wheeled, horse-drawn style of carriage that bore his name.
(c) chauvinist : 광신(맹목)적 애국주의자
   N. Chauvin: a soldier under Napoleon, noted for loud-mouthed patriotism
(d) Celsius : 섭씨의 (약 Cels. C.) Celsius thermometer 섭씨온도계
   A. Celsius(1701~44): 스웨덴의 천문학자
(e) hoover : 전기 청소기 (미, vacuum cleaner)
   W. H. Boss Hoover: 1908년 진공청소기 첫 제품 '모델 O'를 출시
(f) July : 7월
   Literally, it means 'the month of Julius' because it was inserted into the calendar by Julius Caesar.
(g) lynch : 사형(私刑)을 하다, 린치를 가하다
   W. Lynch(1742~1820): 재판을 거치지 않고 린치를 가함, 이 사람의 이름을 찾아 'lynch'를 영어사전에 올린 사람은 Edgar allan Poe(1809~49)이다.
(h) machiavellian : 마키아벨리주의의, 권모술수의, 권모술수주의자
   N. Machiavelli (1469~1527) : 이탈리아 정치학자로 『군주론』을 집필하였다.
(i) nicotine : 니코틴
   J. Nicot(1530~1600) : the French courtier who introduced tobacco into France from Portugal in the sixteenth century
(j) ohm : 전기저항의 단위
   G. S. Ohm(1787~1854) : German physicist who determined mathematically the law of the flow of electricity (Ohm's law)
(k) sadist : 사디스트, 가학성애자
   M. de Sade(1740~1814) : French soldier and novelist, notorious for his paraphilia
(l) sandwich : 샌드위치
   J. Montagu (1718~1792) : 4th Earl of Sandwich, who once spent twenty-four hours at the gaming-table without other food than beef sandwiches
(m) sideburns : 짧은 구레나룻(턱 선을 따라 기른 수염)[17]

A. E. Burnsides : 미국 남북전쟁(Civil War) 당시의 장군
(n) vandal : 고의에 의한 공공(사적) 재산의 파괴자
Vandal : a number of a Germanic tribe, which in the 4th and 5th centuries invaded Western Europe, and established settlements.

(2) 그리스와 로마의 역사

다음의 예와 같은 어휘들은 그리스와 로마의 역사에서 유래되었다.

예 (a) Spartan : 스파르타의, of or pertaining to Sparta or its people, brave, simple and without attention to comfort, severe
(b) Stoic : 스토아 철학의, 극기의, 금욕의, 금욕주의자, of or pertaining to the school of philosophy founded by Zeno, who taught that people should be free from passion, unmoved by joy or grief, and submit without complaint to unavoidable necessity

(3) 지명

영어의 일부 어휘들은 지명에서 유래되었다.

예 (a) academy : 학원, 학회, 학술원
Academy - the Greek name of the garden near Athens in which Plato taught
(b) afghan : 털실로 짠 담요
Such coverlets originally came from Afghanistan
(c) champagne : 샴페인
Champagne has been made in the region of Champagne, France.
(d) limousine[18] : 리무진, 운전석과 뒷좌석 사이에 유리칸막이가 있는 세단형 고급 승용차, 대형고급버스

---

[17] 'sideburns'는 남군의 장군이었던 A. E. Burnsides에서 유래되었다. 그는 구레나룻을 길게 길렀는데 이 수염은 양 옆(side)에 있으므로 민간어원적 변화가 되어 'sideburns'로 통용되게 되었다. 이와 같이 어떠한 특징을 그 특징을 지닌 대표적인 사람(혹은 지명, 건물명 등)의 이름으로 나타낼 때 이를 환칭(煥稱, antonomasia)이라고 한다.

[18] 프랑스의 Limuousin 지역에서 양치기들이 입는 망토에서 유래되었다. 마차시대에는 마부석에는 지붕이 없었고 초기 차량 운전자들은 바깥 추운 공기에 노출되어 앉아 있어야 했으므로 망토를 입어야 했다.

(e) mecca : 성지, 동경의 땅
   Mecca : birthplace of Mohammed
(f) meander : 구불구불한 길, 만(卍)자 모양의 무늬
   Meander : the name of a winding river in Phrygia
(g) Scotch : 스카치 위스키, a type of strong alcoholic drink made in Scotland
(h) hamburger[19] : 햄버거
   Hamburg : a city of North Germany
(i) tuxedo[20] : 남성용 예복
(j) waterloo[21]: 참패, 대패

(4) 문학작품과 영화

일부 어휘들은 문학사적 의의가 있는 문학작품 혹은 영화에서 유래되어 사용되고 있다.

예 (a) catch-22 : 한 대안이 다른 나머지 대안에 의해 서로 방해를 받는 진퇴양난의 경우를 말하며 Joseph Heller의 소설 Catch-22에서 유래됨
(b) rambo : 람보식의 사람, 맹목적 애국주의자, 폭력적 보복주의자를 나타내며 David Morrel(1972)의 원작소설 *The First Blood*를 바탕으로 1982년 할리우드에서 만든 영화에서 유래됨
(c) robot : Karel Capek의 연극 *Rossum's Universal Robots*에 나오는 인조인간의 이름
(d) Shylock : Shakespeare의 *The Merchant of Venice*에 나오는 악덕고리대금업자
(e) utopia : Sir Thomas More의 *Utopia*에 나오는 공상의 이상적인 섬

---

[19] 'hamburger'는 독일의 'Hamburg steak'에서 유래되었으며 {-burger}가 분리되어 'beefburger, cheeseburger, chickenburger' 등에도 부착되어 쓰이게 되었다. 'hamburger'는 'ham'과는 관계가 없는데 사람들이 여기에 'burger'가 첨가되어 형성되었다고 잘못 인식하여 생겨난 어휘로 일종의 민간어원에 해당된다고 할 수 있다. 또한 {-burger}를 유행접사로 볼 수 있으며 "burger'가 독립된 어휘로 사용되기도 한다.
[20] 뉴욕의 Tuxedo Park에서 클럽회원들이 착용했던 의복에서 유래되었다.
[21] Waterloo는 Belgium의 중부마을로 Napoleon I세가 1815년 대패한 곳이다.

(5) 신화

일부 어휘들은 신화에 어원을 두고 있다.

예 (a) erotic : arousing or satisfying sexual desire, 성애의, 호색의
   Eros : the Greek god of love
(b) jovial : endowed with or characterized by a hearty, joyous humor or a spirit of good-fellowship, Jupiter의, 명랑한, 유쾌한
   Jovian : of or pertaining to the Roman god Jupiter, (Jupiter 신처럼) 의젓한, 당당한,
   Jove (= Jupiter) : the chief god of the Romans

(6) 종교

기독교와 성경에서 유래된 고유명사가 일반명사로 전환된 경우가 상당한 수에 이른다.

예 (a) Abraham's bosom : 천국, 낙원, 아브라함의 품안 ((Luke 16:22)
   Abraham (Genesis 12ff)[22] : the first of the great Biblical patriarchs, father of Issac, father of multitude
(b) Armageddon : 아마겟돈, 최후의 대 결전
   Armageddon : the place where the final battle will be fought between the forces of good and evil, the last and completely destructive battle. (Revelation 16:16)
(c) Cain : 살인자
   Cain : the first son of Adam and Eve, who murdered his brother Abel, a murderer (Genesis 4)
(d) calvary : any great suffering (Mark 15:22)
   Calvary : (성경) 그리스도가 십자가에 못 박힌 곳, Golgotha의 라틴어명
(e) Canaan : 이상향, 낙원, the land of promise, heaven (Exodus 6:4)
(f) Eden : any delightful region or abode (Genesis 2:8)

---

[22] ff : following [pages, verses, etc.], and what follows

(g) exodus : a departure from a place or country by many people (Exodus 13:18)
(h) good-bye : God be with you
(i) Golgotha : 묘지, 수난의 땅
　　Golgotha : a hill near Jerusalem where Jesus was crucified, a place of suffering or sacrifice
(j) Gospel : God's spell (OE Gōdspell)
(k) Judas : a betrayer or traitor (Matthew 26:49)
(l) widow's mite : 소액의 기부금, a small contribution given with good will by someone who is poor (Mark 12:42)

(7) 제품명 등

일부 어휘들은 제품 혹은 상표명에서 유래되어 보통명사로 사용되고 있으며 명칭의 결정에 근거가 있는 경우도 있고 임의적인 철자의 결합도 있다.

예 (a) dacron : 옷감 등의 합성섬유의 일종 혹은 그 상표명
(b) gillette : 미국의 사업가인 King Camp(1855-1932)가 발명한 안전면도기, 혹은 그 상표명
(c) jumbo : 19세기말에 미국 서커스단인 P. T. Baum이 수입한 큰 코끼리의 이름에서 유래됨
(d) nylon : 'no-run' (실올이 풀리지 않음, run : unravel, 얽힌 실 등을 풀다)을 바탕으로 만들어짐
(e) kodak : 미국 Eastman Kodak회사가 제조한 카메라 및 필름, 혹은 그 상표명으로 임의적인 철자의 결합으로 만들어짐
(f) kleenex : 'clean'을 근거로 만들어졌으며 {-ex}에는 특별한 의미가 없음

9) 민간어원

민간어원(folk etymology)이란 외래어 혹은 형성 과정을 알 수 없는 어려운 어휘 등을 이해와 발화에 쉽고 친숙하게 보이도록 모습을 바꾸는 경우를 통칭하는 말로 어원을 잘못 이해하여 생기는 경우가 많다. 어휘 형성 과정의 한 형태로 볼 수 있다.

예 (a) chaise longue : 긴 의자, 이 어휘의 어원을 잘못 이해하여 'chaise lounge'로 변경하여 사용할 수도 있는데 이는 이 의자를 기대어 눕는데 (lounging)에 사용하기 때문임. 이러한 어휘는 *Webster Third* 사전에 변이형으로 기록되어 있음

(b) cockroach (roach) : 이태리어 'Kucharacha (바퀴벌레)'에서 유래되었으나 영어식 발음을 취하여 'cockroach' 변하여 사용되게 되었음

(c) female : 고대 프랑스어 'femmelle (little woman)'에서 유래되었지만 'male'의 반대 의미를 가지고 있으므로 차츰 'female'로 사용되게 됨

(d) greyhound : 스칸디나비아어 'grey' ('dog, bitch')와 'hound'가 결합된 단어로 'grey' 색과는 무관한데 사람들이 색과 연관된다고 인식하고 사용함

(e) mandrake : 'mandragora' ('풀잎')에서 유래되어 맨드레이크라는 식물(뿌리는 마취제로 사용됨)을 나타냄, 'man'이나 'drake'와는 무관한데 관련 있는 것으로 잘못 인식함

(f) pickax : 고대 불란서어 'picois'에서 유래되어 '곡괭이'를 의미함, 'ax'와 무관함

(g) wormwood : OE wermod 'absinthe'에서 유래되어 '다북쑥속의 식물'을 의미함, 'worm'이나 'wood'와는 무관함

3.3. 영어어휘의 기능전환

어휘의 기능전환(품사전환, conversion, functional shift)은 어형의 변화 없이 한 어휘의 문법적 기능이 변경되는 과정을 말한다. 이는 새로운 단어를 만드는 방법 중의 하나로 볼 수 있으며 명사에서 동사, 동사에서 명사로의 전환이 가장 자주 일어나는 현상이다.[23] 중세영어시대(1100~1500) 후기부터 굴절어미가 상실되어 감에 따라 영어어휘는 기능전환이 비교적 자유롭게 되어 하나의 어휘가 여러 품사로 사용되게 되었다.[24]

---

[23] 품사전환을 인정하지 않고 하나의 단어가 여러 품사를 지닐 수도 있다고 보고 복수품사 혹은 일종의 파생이라고 보는 견해도 있다.
[24] 기능전환은 접사가 첨가되지 않고 하나의 어휘가 파생되었다고 간주하여 제로파생(zero-derivation)이라고도 한다.

어휘의 품사는 문맥에서 결정되는데 다음 예에서 'slow'는 형용사, 부사, 동사로 사용되었다.

예 (a) Tom is a *slow* bowler
　　(b) Go *slow*.
　　(c) *Slow* the car!

1) 명사에서 동사로 전환

다음의 예와 같이 명사가 동사로 기능이 변화되어 사용되기도 한다.

예 (a) benefit → to *benefit* from something
　　(b) chair → to *chair* a meeting
　　(c) park → to *park* a car
　　(d) MC → to *MC*(emcee) a program

특히 신체 부위에 관한 명칭이 명사에서 동사로 전환된 경우가 많다.

예 (a) back → to *back* one's papers
　　(b) head → to *head* a committee, head one's car
　　(c) elbow → to *elbow* one's way through a crowd
　　(d) hand → to *hand* in one's papers
　　(e) finger → to *finger* one's tie
　　(g) toe → to *toe* a mark

2) 동사에서 명사로 전환

동사는 'a cut, a walk, a turn, a look'등과 같이 명사로 전환되어 사용되는 경우가 많은데 이러한 현상은 중세영어시대부터 나타나기 시작했다. 다음의 예(a)와 같이 특정한 동사와 함께 사용되며 (b)와 같이 조동사도 명사화될 수 있다.

예 (a) to break - to take a *break*
　　to stand - to make a *stand*
　　to walk - to take a *walk*
　(b) to must - A balloon flight is an absolute *must*.

3) 형용사에서 동사로 전환

형용사에서 동사로 기능이 전환되어 사용될 수 있는 어휘의 예는 다음과 같다.

예 to better, to round, to dry, to tame, to rough, to warm

4) 형용사에서 명사로 전환

'valuable', 'constant', 'green', 'red', 'white' 등은 형용사에서 명사로 전환되어 사용되기도 하는데 다음의 예문에서 'green'은 명사로 전환된 경우에 해당된다.

예 (a) The *Green* Party first had political clout in the 1980s.
　(b) The *Greens* first had political clout in the 1980s.

5) 형용사에서 부사로 전환

'fast', 'hard', 'loud' 등은 부사로 전환되어 사용되기도 한다. 다음 예문에서 'fast'는 (a)에서는 형용사이지만 (b)에서는 부사로 전환되어 사용된 경우에 해당된다.

예 (a) She is a *fast* runner.
　(b) She runs *fast*.

6) 전치사에서 동사로 전환

전치사가 다른 기능으로 전환된 경우는 극히 적다. 전치사가 동사로 기능이 전환된 예는 다음과 같다.

예) She *upped* and left.
　　Up, workers!

3.4. 차용 영어어휘

　새로운 어휘가 필요할 경우에 어휘를 창조하기 보다는 외국어에서 차용하여 사용하는 것이 더 용이하므로 언어 간에 차용이 일어나는데 주로 지배언어가 피지배언어에 영향을 주어 왔다.
　초기현대영어시대에 문화 교류, 여행, 상거래, 식민 활동, 종교의 전파, 전쟁 등의 영향으로 약 50여개의 언어로부터 어휘를 차용(借用; borrowing)하여 왔다.

　　Early Modern English borrowed words from over fifty languages. This was a result of cultural contacts, travel, discoveries, colonization, trade, etc. (Fisiak, 2004, p. 98)

　이러한 어휘를 차용어(loanword)라고 하며 차용어로 인하여 영어는 그 근간을 훼손하지 않으면서 표현력이 강화되었다고 볼 수 있다. 그러나 다음의 프랑스어에서 차용된 어휘의 예와 같이 외국어에서 차용되어 자국어의 의미와 발음규칙에 따라 변하고 토착화되어(nativization) 자국어와 구별되지 않게 되고 일반인들이 차용된 어휘라고 인식하지 않으면서 사용되는 경우도 많다.

　　예) animal, aunt, chair, change, flower, poor, table, uncle

　현대영어의 어휘에 외래어가 많지만 기본적인 어휘는 Anglo-Saxon의 어휘가 대부분을 차지하고 있다. Anglo-Saxon은 West Germanic에 속하는 언어로 본래의 영어라고 할 수 있으며 영어에서 빈도가 높은 순서로 100개 어휘의 97%, 1,000개 어휘의 57%, 그 다음 빈도를 가진 1,000개의 39%, 나머지 어휘의 36%를 차지하고 있다. 또한 가장 빈도가 높은 7,476개의 영어어휘의 출처를 표로 보면 다음과 같다 (Bird, 1987 참고).

〈표 3-5〉 영어어휘의 빈도별 차용 출처 비율

	1st 100	1st 1,000	2nd 1,000	from then on
Germanic	97%	57%	39%	36%
Italic	3%	36%	51%	51%
Hellenic	0	4%	4%	7%
Others	0	3%	6%	6%

각 시대와 출처에 따른 차용어의 백분율을 보면 다음과 같은데 중세로 갈수록 고전어인 Latin과 Greek이, 최근으로 올수록 French의 비율이 높아지고 있다 (Bliss, 1966, p. 27).

〈표 3-6〉 영어어휘의 시대별 차용 출처 비율

	Medieval	16c	17c	18c	19c	20c
French	16.7	12.2	24.8	47.7	52.3	58.6
Classical	78	69.4	55.3	25.9	23.4	13.2
Italian		7.6	7.2	15.1	6.4	8.1
German		0.6	0.3	0.6	4.1	12.7
Spanish		3.8	2.1	2.1	3.4	1.7
Other European	3.5	2.9	1.9	3.3	3.5	2.8
Non-European	1.8	3.5	8.4	5.3	6.9	2.9

차용은 직접차용과 간접차용으로 구분할 수 있다.

(1) 직접차용

직접차용(direct borrowing)은 출처가 된 언어(source language)에서 직접 들어오는 것을 말한다.

　　예 (a) omelette (프랑스어 → 영어)

　　　　(b) catamaran (타밀어 → 영어)

(2) 간접차용

　간접차용(indirect borrowing)은 다른 언어를 거치어 영어로 차용된 것을 말하며 음운의 변화가 직접차용에 비하여 현저하다.

　　예 (a) kahveh (터키어) → kahva(아랍어) → koffie(화란어) → coffee(영어)
　　　　(b) shāh 'king' (페르시아어) → scaccus (중세 라틴어) → eschec (복수 esches, 13세기 프랑스어) → chess

　위의 예 (b)에서 'chess'의 직접출처(direct source)는 고대 프랑스어이고 궁극적 출처(ultimate source)는 페르시아어이다.[25]
　다른 언어의 어휘들이 번역하여 차용된 경우(loan-translation, loan shifts)가 있다. 다시 말하면 원천어의 음을 따르지 않고 의미를 차용한 것을 말하며 이러한 어휘를 번역차용어(의미차용어; calques)라고 한다.

　　예 (a) Lehn-wort (독일어) → loan-word
　　　　(b) spiritus sanctus (라틴어) → holy spirit
　　　　(c) Ubermensch (독일어) → Superman
　　　　(d) Zeitgeist (독일어) → time-spirit

　Anglo-Saxon의 어휘와 외국에서 유래된 어휘의 그 성격이 다소 다른데 일반적으로 단음절로 일상적인 단어들이고, Latin과 Greek에서 유래된 어휘는 보다 더 학구적이다.

　　Words that modern English has retained from Old English are often monosyllabic and tend to have a relaxed, informal feel, whereas loanwords borrowed from Latin and Greek give discourse a more formal or academic tone (Schmitt, 2000, pp. 109-110).

---

[25] 궁극적 출처(ultimate source)는 해당 어휘의 역사적 추적이 가능한 가장 오래된 출처를 말한다.

영어는 그리스어, 라틴어, 프랑스어에서 가장 많은 어휘를 차용하였으며 미 대륙으로 진출하면서 자연환경의 차이나 인디언어의 영향으로 많은 어휘들이 영어에 유입되었다.

주요한 차용어를 보면 다음과 같다.

1) 켈트어 차용어

영국 땅에는 BC 7세기부터 AD 3세기까지 Celt족의 한 분파인 Gael족이 Ireland와 Scotland에, 또 다른 분파인 Briton족이 Wales와 Cornwell에 정착하여 살고 있었으며 그 영향으로 약간의 켈트어(Celtic)의 어휘가 주로 지명에 남아 있다.

예) Avon, Carlisle, Cornwall, Devon, Dover, Kent, London, Thames, Usk, York

또한 로마식민시대(BC 43-410)에 라틴어에서 -chester, -caster가 붙는 지명을 받아들여 현재의 지명으로 사용되고 있다.

예) Lancaster, Manchester, Winchester

켈트인들은 피지배민족이었으므로 지배자의 언어인 영어에 끼친 영향은 미미하다고 할 수 있어 일부 지명을 제외하고는 영어에 남아 있는 켈트어휘는 10여 개에 불과하다.

예) bog, crag, tory, clan, slogan

2) 그리스어 차용어

그리스어(Greek)로부터 직접 게르만어에 들어온 'church'와 같은 일부 차용어들을 제외하고는 노르만정복(Norman Conquest)이전에 많은 그리스어 단어들이 라틴어나 프랑스어를 통하여 영어에 들어왔다. 또한 중세영어시대 이후에도 대부분의 차용어는 라틴어와 프랑스어가 근접출처이고 그리스어는 궁극적 출처이다.

From the Middle English period on, Latin and French are the immediate sources of most loanwords ultimately Greek (Pyles & Algeo, 1993, p. 291).

(1) 라틴어를 통해 차용된 그리스어 어휘

예 allegory, aristocracy, chaos, comedy, cycle, dilemma, drama, electric, epoch, history, metaphor, mystery, paradox, phenomenon, rhythm, theory, zone

(2) 프랑스어를 통해 차용된 그리스어 어휘

예 center, character, chronicle, democracy, diet, dragon, fantasy, harmony, machine, pause

(3) 그리스어로부터 직접 들어온 어휘

예 acronym, agnostic, autocracy, idiosyncrasy, pathos, phone, telegram

많은 그리스어 단어들이 처음에는 학술적인 용어에 국한되었으며 이들 중 상당한 단어들이 아직도 학술어로 사용되며 일부는 일상용어로 변화되었다.

3) 라틴어 차용어

영어는 고대영어 이전부터 현대영어시대까지 많은 어휘를 라틴어에서 차용하였다.[26] 특히 중세영어시대에는 'ex-, anti-, inter-, pre-, pro, re-' 등의 접두사와 '-ation, -ist, -ism, -ity, -able' 등의 접미사가 차용되어 많은 파생어가 생겨났다.

(1) 고대영어시대에 차용된 어휘

고대영어시대에는 주로 군사, 농업, 상업과 관련되거나 생활과 관련된 어휘들이 라틴어에서 차용되었는데 그 수는 500여개에 이른다.

---

[26] 고대영어시대는 Jute족의 영국침입(449년)부터 노르만정복(1066년)까지를 말하며 중세영어시대는 노르만정복부터 중세기의 종말(1500년)까지가 해당된다. 1500년 이후는 현대영어시대로 분류하며 대체적으로 1700년을 기준으로 초기현대영어시대와 후기현대영어시대로 나눈다.

[예] candel 'candle' (Lat, candēla), ceaster 'city' (Lat. castra 'camp'), port 'harbor' (Lat. portus), templ 'temple' (Lat. templum) 등

(2) 중세영어시대에 차용된 어휘

중세영어시대에는 특히 종교에 관한 어휘, 법률용어, 학문, 과학에 관련된 어휘들이 라틴어에서 직접, 혹은 프랑스어를 거쳐 차용되었다.

[예] (a) (종교용어) dirge, mediator
    (b) (법률용어) client, conviction
    (c) (학술용어) index, simile, library, scribe
    (d) (과학용어) equal, medicine, orbit, recipe

(3) 현대영어 시대에 차용된 어휘

1500년 이후 다음과 같은 어휘들이 라틴어에서 차용되었다.

[예] area, compensate, date, editor, gradual, imitate, urban

4) 스칸디나비아 차용어

스칸디나비아(Scandinavian) 차용어는 주로 바다, 법률, 일상생활에 관한 단어들이었으며 동족어인 영어와 매우 유사하거나 때로는 거의 동일하기 때문에 그 단어가 스칸디나비아어인지 영어인지 식별하기가 불가능하기도 하다.

스칸디나비아의 영향은 Viking의 침입(787-1042)으로 가속화되었으며 Alfred the Great(849-899)와 덴마크의 Guthrum 사이의 웨드모아 조약(879, The Treaty of Wedmore)에 의해 Danelaw지역이 설정되고 이 지역에 Viking들이 거주하게 됨으로 영어에 영향을 미치게 되었다.[27]

[예] (a) angr 'grief, sorrow' → anger
    (b) illr → ill

---

[27] Vik 'creek' + ing 'belong to' → Viking

(c) knifr → ME knif → knife

스칸디나비아어의 영향으로 많은 이중어(doublet)가 생겨났는데 이중어는 어원은 같으나 후에 어형이나 뜻이 다소 달라진 한 쌍의 낱말을 말한다. 다음의 예에서 앞에 있는 낱말은 원래 영어에 있던 것들이고 뒤의 낱말은 스칸디나비아어에서 유래되었다.

예 from-fro, craft-skill, sick-ill, rear-raise

(1) 고대영어시대와 중세영어시대의 차용어

이 시대에 차용된 스칸디나비아어의 어휘는 일상생활을 통해 들어온 극히 평범하고 소박한 낱말들과 지명과 인명이다. 지명은 특히 Danelaw지역을 중심으로 1,400개 이상의 어휘가 스칸디나비아에서 유래되었다 (Baugh & Cable, 1978, p. 93 참고).

예 (a) (일상용어) anger, band, bank, bull, calf, egg, law, leg, rag, root, rug, skill, skin sky, sister, swine, window, wing 등
(b) (지명) Althorp, Bishopsthrope[28], Braithwaite, Langthwaite[29], Derby, Whitby, Rugby[30]
(c) (인명) Asa, Eric, Guthrum, Harald, Swegen, Tostig, Ulf

또한 3인칭 복수인칭대명사인 'they, their, them'이 차용되었으며 고대영어 'niman'('가지다', 독일어 nehmen)는 'taka'('take')로 대치되고, 'carve'('베다'), 'starve'('죽다')는 스칸디나비아 어휘인 'cut, die'에 밀려 의미가 협소화되었다. 아울러 스칸디나비아어인 'vindauga'('wind-eye, window')에서 온 'window'가 고대영어 'ēapyril'로 부터 온 'eyethurl'('eyehole')을 대치하게 되었다.

---

[28] {-thorp(e)}는 'village'의 의미를 지님
[29] {-thwaite}는 'an isolated piece of land'의 의미를 지님
[30] {-by}는 'farm, town'의 의미를 지님

'sc' 철자의 초기 고대영어의 발음인 [sk]는 다음의 예(a)와 같이 [š]로 발음 되었는데 후에 차용된 단어들은 이 음 변화가 더 이상 작용하지 않게 되었으므로 이러한 음 변화 즉 구개음화(palatalization)가 일어나지 않은 (b)와 같은 어휘들은 스칸디나비아어에서 차용된 것들이다.

> 예 (a) OE scip [skip] → ship [šip]
> (b) scatter, score, scrub, skill, skin, sky, skirt

(2) 현대영어시대의 차용어

현대영어시대에도 다음의 예와 같은 단어들이 스칸디나비아어에서 들어왔다.

> 예 muggy, rug, ski

5) 프랑스어 차용어

영어는 프랑스어와의 접촉이 가장 많아 프랑스어에서 차용이 가장 많이 일어났다. 프랑스어의 차용은 1066년 노르만 정복(Norman Conquest)이후 주로 이루어졌다. 또한 영어 어휘는 소박하고 친밀한 어휘이며 프랑스어는 격식을 갖춘 세련된 어휘였다. 다음의 예에서 먼저 제시된 어휘가 영어 어휘이고 뒤의 것이 프랑스 어휘이다.

> 예 darling - favorite, deep - profound, lonely - solitary

차용된 어휘들은 주로 종교, 행정, 군사, 법률, 학문, 문화 예술, 의학 등에 관한 어휘들이다.

(1) 중세기의 차용어

중세기에 프랑스어 단어들은 **Anglo-Norman**와 **Central French**를 통하여 영어에 들어 왔다.

예) army, castle, prison, service, government, chancellor, country, court, noble, crime, royal, abbot, captain, clergy, preach, vestment, king, queen, earl, lord, lady, prince, duke, viscount, dignity, fool, letter, horrible, literature, magic, male, mirror, question, remember, safe, salary, soldier

또한 요리에 관한 어휘들이 많이 차용되었는데 가축명인 'cow', 'sheep', 'pig', 'calf'는 영어이지만 고기의 명칭인 'beef', 'mutton', 'pork', 'veal'과 요리과정을 나타내는 'boil', 'broil', 'fry', 'roast', 'stew'는 프랑스어에서 차용되었다.

(2) 중세기 이후의 차용어

중세기 이후에도 계속해서 프랑스어 어휘가 차용되었는데 주로 문학, 미술, 음악, 사회제도 등에 관한 어휘들이었다. 또한 동일한 프랑스 어휘도 여러 시기에 차용되었는데 이중어는 발음상으로 대략적인 차용 시기를 보여주고 있다. 예를 들면 'chief'에서 'ch'는 14세기 발음 [č]가 유지됨으로 중세기 이전에, 'chef'에서는 19세기경의 [č]가 [š]로 변하는 현대불어 자음변화를 보여주고 있으므로 현대영어시대에 차용된 어휘임을 알 수 있다. 또한 다음의 예에서 (a)는 [č]발음을 갖고 있으므로 중세기 이전에, (b)는 [š]로 변화되어 발음되므로 중세기 이후 현대영어시대에 차용되었음을 알 수 있다.

예) (a) champion, chance, change, chant, charge, chaste, chattel, check
    (b) machine, chic, chauffeur

또한 이 시기에 다음과 같은 프랑스어 접사들이 차용되어 많은 혼종어를 만들게 되었다. 일부 접사는 라틴어와 중복되기도 한다.

예) (a) 접두사: con-, de-, dis-, ex-, pre- 등
    (b) 접미사: -ance, -ence, -ant, -ent, -tion, -ity, -ment 등

6) 기타 차용어

위에 언급된 차용어 이외에도 스페인어, 포르투갈어, 이탈리아어, 독일어, 이란, 인도, 아프리카어, 헝가리어, 터키어, 동양어 등 여러 나라의 언어에서 차용하여 오고 있다.

스페인은 무역, 식민지 개척 등에서 영국의 경쟁국이었으므로 다양한 접촉을 통하여 16세기부터 많은 스페인어 단어가 직접 차용되거나 비유럽권의 단어들이 스페인어를 통하여 들어 왔다.

> 예) alligator, banana, barbecue, canyon, chocolate,[31] cinch, cigar, cocoa, domino embargo, guitar, mosquito, negro, potato, tango, tomato

또한 현대영어시기에 이르러 포르투갈어에서는 다음의 예와 같은 어휘들이 차용되었다.

> 예) albino, bossa, flamingo, pagoda

아울러 로맨스어(Romance)에 속하는 이탈리아어에서는 16세기경부터 음악용어를 포함하여 다양한 어휘들이 차용되었다.

> 예) allegro, alto, andante, aria, balcony, ballon, brave, cadenza, casino, influenza largo, opera, piano, sonnet, spaghetti, stanza, umbrella, violin, volcano

네덜란드 및 Belgium지방은 중세영어시대부터 영국과 교역 및 인적 교류가 활발한 지역이었으며 이 무렵에 차용된 저지 독일어(Low German)는 주로 상용어, 해양어, 공업용어 등이었다.

> 예) drill, hamburger, lager, nickel, noodle, waltz

---

[31] 'chocolate'는 궁극적으로는 나아와아어이다.

동양어 차용어는 수적으로 적고 다른 나라를 통하여 간접적으로 차용된 경우가 많다. 페르시아어, 인도어, 중국어, 한국어, 일본어 등에서 온 차용어의 예를 보면 다음과 같다.

예 (a) (페르시어어 차용) bazzar, caravan, chess, paradise, shawl, tiger
　　(b) (인도어 차용) curry, jungle, yoga, caste, punch
　　(c) (아랍어 차용)[32] alchemy, alcohol, algebra, alkali, zero, zenith
　　(d) (중국어 차용) chop, ginseng, pongee, silk, suey
　　(e) (한국어 차용) kimchi
　　(f) (일본어 차용) banzai, geisha, hara-kiri, kimono, sake, samurai, judo, tycoon[33]

3.5. 영국영어와 미국영어의 어휘

1620년 11월 Mayflower호로 영국의 청교도 102명이 미국으로 이주하기 시작한 이후, 미국영어(American English)와 영국영어(British English)는 자연환경의 차이, 인디언어의 영향 등으로 어휘 면에서 다소의 차이가 나타나기 시작하였으나, 현재 두 영어는 의사소통에 지장이 거의 없으며 특별한 경우를 제외하고는 구별 없이 사용된다.

영국영어와 미국영어의 분화 과정은 다음과 같다 (Strevens, 1972 참고).

(a) 미국영어가 영국영어에 예속되었던 시기 (1620 - 1790)
(b) 특성이 분화된 시기 (미국독립 - 1차 세계대전)
(c) 역현상이 일어난 시기 (1차 세계대전 이후)

1차 대전이후는 두 언어가 동등한 위치라고 할 수 있으나 다음과 같은 어휘들

---

[32] 아랍어 차용어는 주로 과학용어이며 {al-}은 아랍어의 정관사에 해당된다. (Katamba, 2004, p. 196 참고)
[33] 'judo'와 'tycoon'의 궁극적 출처는 중국어이다.

은 미국 영어 어휘가 더 널리 쓰이는 역현상이 일어났다.

예) backwood, cafeteria, cocktail, OK, radio (BE wireless), TV (BE telly)

미국영어의 어휘 형성과정을 보면 첫째로 인디언들(American Indians)과의 접촉으로 인하여 인디언어의, 혹은 인디언어와 관련된 많은 어휘가 영어에 도입되게 되었다.

예) caribou, hickory, medicine man, persimmon, pone, squaw, tomahawk, totem, war paint, warmpum, wigwam

또한 자연환경의 차이, 동물과 식물의 명칭, 새로운 지형과 지물, 새로운 생활양식으로 인하여 많은 어휘가 영어에 들어오게 되었다.

예) (a) (동·식물명) bullfrog, catbird, chipmunk, copperhead, eggplant, live oak, locust, moose, robin, sweet potato 등
(b) (지형·지물) backwoods, blizzard, canyon, cliff, creek, fork, pond, prairie, rapids, swamp, water gap 등
(c) (새로운 생활양식) back country, backland, cafeteria, camp meeting, cocktail, frame house, log bin, log house, totem, wigwam 등

'barn' (곡식 저장 창고)은 뜻이 확대되어 '외양간'의 의미를, 'corn(곡식)'은 '옥수수'의 의미를, 'block'은 '도시의 구획'의 의미를 포함하게 되었고 'creek(작은 만)'은 '작은 개울'을 뜻하게 되었다. 또한 미국영어에서 복합, 단축, 파생, 혼성 등의 과정을 거치어 새로운 어휘들이 사용되게 되었다.

예) (복합) cutoff (지름길), bottom dollar, hot spot, hotdog, skyscraper
(단축) plane(airplane), auto(automobile), bike(bicycle), camp(champion), gas (gasoline), memo(memorandum), piano(pianoforte), taxi(taxi-meter), phone(telephone)

(파생) anti-communism, neo-Nazi, pre-war, re-elect, semi-annual, super-market

(혼성) flurry(fly+hurry), slender(slight + tender), slide(slip + glide), telecast (television + broadcast), Aframerican(Afro-American, African + American)

미국영어에서 신조어(neologism)의 예는 다음과 같다.

예) chewing gum, deadline, horse sense, horse opera, ice-breaker, icebox, nobody home, packing house, walking papers

미국영어와 영국영어 어휘가 차이가 나는 예를 보면 다음과 같다. 앞에 제시된 어휘가 미국 영어 어휘이다.

예) apartment - flat　　　　automobile - motor car
　　baggage - luggage　　　beer - lager
　　elevator - lift　　　　　gas - petrol
　　radio - wireless　　　　schedule - timetable
　　street car - tram　　　　subway - underground
　　truck - lorry　　　　　　vest - waist - coat
　　white-collar - black-coat

제4장
영어어휘의 철자와 발음

제 4 장에서는 영어어휘의 철자와 발음 및 철자와 발음의 관계에 관해 논의하고자 한다. 철자와 발음의 관계는 체계적인 경우도 있지만 상당한 어휘들이 서로 일치하지 않으므로 학습에서 유의해야 한다.

4.1. 영어어휘의 철자

영어의 철자를 표준화하기 위한 여러 시도가 있어 왔는데, Robert Cawdrey의 *A table alphabetical*(1604), Samuel Johnson의 *Dictionary of the English language* (1755) 등에서 표준적인 철자와 어휘사용이 주장되었고 미국에서는 Noah Webster가 *The American spelling book*(1783), *Dissertations on the English Language*(1789) 에서 철자법의 미국식 표준화를 제창하였다.

영어철자에는 불규칙적인 면도 있으나 약 80%는 규칙에 따라 철자된다.

In fact, English spelling is surprisingly regular. Research studies have shown that as many as eight out of every ten words are spelt according to a regular pattern and that only three percent of words are so unpredictable that they have to be learned by rote. This three percent includes many of the most common words in English - such as one, two, you, were, would, said - which, because of their frequency, don't cause learners many problems (Thornbury, 2002, p. 155).

또한 Crystal(1988, pp. 69~70)은 1970년대에 발행된 연구서의 17,000어휘들을 컴퓨터로 분석한 결과에 따르면 84% 어휘의 철자는 규칙적이고 3%만이 예측 불가하다고 주장하고 있다.

철자는 본래의 영어와 외국에서 차용된 어휘를 구별해 줄 수도 있다. 예를 들면 본래의 영어는 'i, u v'로 끝나지 않는데 다음의 예(a)와 같이 'i'대신에 'y'로 끝나든가 (b)와 같이 'u, v'로 끝나는 어휘는 'e'가 첨가된다. 그러나 (c)와 같이 차용어인 경우는 'i, u'로 끝난다.

예 (a) nutty pity naughty
   (b) true, blue, glue, live, shove, glove
   (c) ski, yeti, kiwi, guru, gnu

또한 Latin에서 차용된 'psychology, psalm, pneumonia' 등은 'p'가 묵음이며 프랑스어에서 유래된 어휘의 철자에는 발음구별부호(변별부호, diacritical mark)가 사용되기도 한다.[1]

예 cliché, façade, fiancé, naïve

1) 철자규칙

영어 어휘는 다소의 예외는 있지만 대체적으로 다음과 같은 규칙에 따라 철자된다.

(1) 'e'와 'i'가 연속하여 쓰일 경우에 발음이 장모음 [i:]이면 'i'가 'e' 앞에 사용되어 예(a)와 같이 'ie'가 된다. 그러나 예(b)와 같이 'c' 다음이거나, 예(c)와 같이 발음이 [i:]가 아닌 경우는 'e'가 앞에 쓰여 'ei'가 된다.

---

[1] 발음구별부호(diacritical mark)는 발음기호의 앞, 뒤, 위 또는 아래에 붙이어 발음을 구별해주는 보조적인 기호 혹은 표시를 말하며 일반적인 발음기호와는 달리 모든 사람에게 공통되는 음가를 갖지는 않을 수도 있다.

예 (a) achieve, chief, grief, mischief, piece, relieve, wield
　　(b) ceiling, conceive, deceit, receipt, receive
　　(c) foreign, heir, leisure, reign, rein, their, vein, weight

(2) 단어가 자음 + y로 끝나는 경우에 'y'를 'i'로 변경하고 첨가 부분을 붙인다. 그러나 예(b)와 같이 '-ing' 앞이나 일부 어휘는 예외이다.

예 (a) baby - babies, happy - happier, rely - relies
　　　beauty - beautiful, pity - pitiless, territory - territories
　　(b) comply - complying, dry - dryly, dryness, shy - shyly, shyness
　　　baby - babyish, lady - ladylike

(3) 단어가 모음 + y로 끝나면 첨가 부분을 붙일 경우에 'y'를 변경하지 않는다.

예 destroy - destroyed, donkey - donkeys, play - playful

(4) 단어의 끝에 묵음인 'e'가 온 경우에는 첨가 부분이 모음으로 시작되면 예(a)와 같이 'e'를 생략한다. 첨가 부분이 자음으로 시작되는 경우에는 예(b)와 같이 'e'를 유지한다. 그러나 (c)와 같은 예외도 상당수가 있다.

예 (a) love - loving, like - liked, nude - nudist, write - writer
　　(b) hate - hateful, hope - hopeful, postpone - postponement, wake - wakeful
　　(c) awe - awful, argue - argument, due - duly, true - truly

또한 단어가 'ce'나 'ge'로 끝날 경우에 뒤에 오는 첨가부분에 'e'를 유지한다.

예 outrage - outrageous, peace - peaceful

(5) 접두사 'in'을 붙일 때 'l'자 앞에서는 'il'로, 'm'이나 'p' 앞에서는 'im'으로,

'r'자 앞에서는 'ir'로 변경된다.[2]

>   예 (a) illegal, illiterate
>   (b) immature, impossible, impure
>   (c) irrational, irregular

(6) '-ic'로 끝나는 형용사는 'al'을 첨가하고 'ly'를 붙인다. 또한 '-ble'로 끝나는 형용사는 'le'를 'ly'로 변경한다.

>   예 easy - easily, tragic - tragically, inevitable - inevitably

(7) 단음절어에서 모음이 단모음인 경우에 자음을 중첩하고 접사를 붙인다.

>   예 hit - hitting   rid - ridding   chat - chatting
>   kit - knitter   shut - stutter   wet - wetter

그러나 예(a)와 같이 접미사가 자음으로 시작될 경우나, 예(b)와 같이 모음이 장모음이면 자음을 중첩하지 않는다.

>   예 (a) fitness, madly (*maddly)
>   (b) heating, neater, reading, waiter

이 규칙은 발음보다는 모음의 철자 수에 따른다.

>   예 spread - spreading, head - heading, sweat - sweating

(8) 두 음절 이상의 단어에서 단어의 끝 자음 앞에 단모음 강세음절이 올 경우

---

[2] 이러한 현상은 동화작용(assimilation)에 해당된다. 동화작용은 어떤 음이 인접한 다른 음을 닮아가는 것을 말한다. 예로 'intolerant'에서 'n'과 't'는 치경음(alveolar)이고 'impossible'에서 'm'과 'p'는 양순음(bilabial)이다.

에 자음을 중복하고 첨가부분을 붙인다. 아울러 예(b)와 같이 자음 앞에 장모음이 올 경우에도 자음을 중복하고 첨가한다. 그러나 예(c)와 같이 강세가 첫 번째 음절로 바뀔 때는 이 규칙이 적용되지 않는다. 또한 예(d)와 같이 끝의 자음이 두 개의 모음 뒤에 바로 이어질 경우나 단어 끝에 자음 두개가 연속하여 올 경우에는 자음을 중복하지 않고 첨가부분을 붙인다.

예 (a) beGIN + er 혹은 ing → beginner, beginning
　　　 DIM + ed 혹은 ing → dimming
　　　 subMIT + ed 혹은 ing → submitted, submitting
　　　 tranMIT + er, ed, ing → transmitter, transmitted, transmitting
　　(b) preFER + ed, ing → preferred, preferring
　　　 reFER + ed, ing → referred, referring
　　(c) deFER + ence → DEference
　　　 conFER + ence → CONference
　　(d) obTAIN + ed 혹은 ing → obtained, obtaining
　　　 comMEND + ed 혹은 able → commended, commendable
　　　 warm + er 혹은 est → warmer, warmest

단어가 자음으로 끝나고 끝 음절에 단모음이 있더라도 강세가 없으면 자음을 중복하지 않는다.

예 (a) LImit + ed, ing → limited, limiting
　　(b) PROfit + ed, ing → profited, profiting

그러나 '-able'과 '-ible', '-er'과 '-or'이 붙는 단어들 간에 일정한 규칙은 찾기 어렵다. 따라서 개별 단어들을 외우거나 익숙해지도록 반복하여 사용해 보는 것이 바람직하다.

예 amiable, changeable, equitable, formidable
　　accessible, credible, flexible, illegible

(9) 대부분의 '-our'로 끝나는 단어는 접미사 '-ous'를 첨가할 때 앞의 'u'를 삭제한다.

> 예 humour - humorous
> labour - laborious
> valour - valorous

(10) 두개의 'l'로 끝나는 단어에 첨가부분을 붙일 경우에는 대부분 하나의 'l'은 생략한다.

> 예 all + together → altogether
> skill + ful → skilful
> well + come → welcome

2) 연자의 사용

연자(連字, hyphen)의 사용은 복잡하여 항상 사전을 참고하는 것이 바람직하다. 일반적인 연자 사용에 관해 정리하면 다음과 같다.

(1) 일부 복합명사에 사용된다.

> 예 city-state, cure-all, do-gooder, do-it-yourselfer

그러나 다음의 예와 같이 화학용어, 관직, 군대 계급 등을 나타내는 말에는 연자를 사용하지 않는다.

> 예 hydrogen sulfide, justice of the peace, lieutenant junior, sergeant arms

(2) 명사 앞에 수식어구로 사용될 경우에 사용된다.

[예] (a) They engaged in hand-to-hand combat.
    (b) They endured a hand-to-mouth existence.

그러나 서술적으로 쓰인 경우에는 일반적으로 연자를 사용하지 않는다.

[예] (a) They fight hand to hand.
    (b) They lived hand to mouth.

(3) 특정한 접두사가 고유명사나 형용사와 결합된 경우에 사용된다.[3]

[예] anti-American, mid-Victorian, neo-Nazi, non-Christian, Pan-American, un-British

(4) 일반적으로 {ex-}, {self-}, {-elect}와 같은 접두사나 접미사, 첨가부분은 연자로 연결하여 사용된다.

[예] ex-sergeant, ex-mayor, self-preservation, self-educated, president-elect, governor-elect

3) 영국영어와 미국영어의 철자

미국영어와 영국영어의 철자는 약간의 차이가 있으나 상호 의사소통에는 지장이 없다. 미국영어의 철자가 보다 더 간결하며 주요한 차이를 정리하면 다음과 같다.

(1) 미국어에서는 -se, 영국어에서는 -ce의 철자가 사용된다.

[예] American - defense, license, offense, practise, pretense
    British   - defence, licence, offence, practice, pretence

---

[3] 다음과 같은 경우에는 연자가 사용되지 않는다.
  예) anticlimax, midsummer, nonintervention, coordinate, coworker, coauthor

(2) 미국어에서는 -er, 영국어에서는 -re의 철자가 사용된다.

   예 American - caliber, center, meager, meter, theater
      British - calibre, centre, meagre, metre, theatre

(3) 미국어에서는 -ier, ire, 영국어에서는 -yer, -yre의 철자가 사용된다.

   예 American - cider, cipher, flier, siren, tire
      British - cyder, cypher, flyer, syren, tyre

(4) 영국어에는 -e로 끝난 어휘에 접미사가 붙을 경우에 -e를 유지지만 미국어에서는 생략된다.

   예 American - acknowledgment, judgment
      British - acknowledgement, judgement

또한 미국어에서는 영국어에 있는 e 철자가 생략되기도 한다.

   예 American - ax, story
      British - axe, storey

(5) 미국어에서는 -or, 영국어에서는 -our이 사용된다.

   예 American - behavior, color, honor, favor, humor, neighbor
      British - behaviour, colour, honour, favour, humour, neighbour

(6) 미국어에서는 -m, 영국어에서는 -mme가 사용된다.

   예 American - program, gram
      British - programme, gramme

(7) 미국어에서는 -ize, 영국어에서는 -ise가 사용된다.

   예 American - baptize, civilize, organize, recognize, sympathize
      British - baptise, civilise, organise, recognise, sympathise

(8) 미국어에서는 -ction, 영국어에서는 -xion으로 사용된다.

   예 American - connection, reflection
      British - connexion, reflecxion

(9) 미국어에서는 -l-, 영국어에서는 -ll-이 사용된다.

   예 American - jewelery, traveling, traveler
      British - jewellery, travelling, traveller

기타 다음과 같은 철자의 차이가 있다. 앞에 제시된 것이 미국어이다.

   예 catalog - catalogue, check - cheque, draft - draught
      whiskey - whisky, plow - plough, fuze - fuse

4.2. 영어어휘의 발음

미국영어는 전반적으로 완만성이 있고 영국영어는 비교적 간결하고 강약의 차이가 크다. 표준적인 미국영어(General American)의 발음이 영국영어와 다른 대표적인 특징은 다음과 같다.

(1) <r>을 [r]로 발음한다.

   예 car, far, farm, warm, bird

(2) <a>를 [æ]로 발음한다.

   예) path, glass, after

(3) <t>를 [d]나 [r]처럼 발음한다.

   예) cutting, latter, seating, skating, water, write

(4) wh를 [hw]로 발음한다. 영국영어에서는 대체적으로 [w]로 발음한다.

   예) American - what [hwat], when [hwen]
       British - what [wat], when [wen]

그러나 현대에 이르러 교류가 빈번해짐에 따라 혼용되기도 하며 대체적으로는 미국식 발음이 우세하다.

어휘의 발음에 유의할 사항을 정리하면 다음과 같다.

1) 기능전환에 따른 발음 변화

기능(품사)의 변화에 따라 강세(accent)가 달라지는데 일반적인 원칙이 명전동후(名前動後, noun-first, verb-second)이다. 다시 말하면 대체적으로 명사인 경우는 앞 음절에, 동사인 경우는 뒤 음절에 강세가 있다.

   예) 명사 díscount   동사 discóunt
       éxport   expórt
       íncrease   incréase
       ínsult   insúlt
       pérmit   permít
       tránsfer   transfér

또한 품사 변화에 따라 어간 말에 자음의 철자와 발음이 변화되기도 한다.

예) 명사 advice [ædváis]   동사 advise [ædváiz]
    house [háus]   house [háuz]

아울러 모음의 발음에 변화가 있는 경우도 있다.

예) 명사 record [rékərd]   동사 record [rikɔ́:rd]

2) 접미사에 따른 어휘의 강세

접미사가 어휘의 강세(accent)에 영향을 끼치기도 하는데 유형별로 나누어 보면 다음과 같다 (Fudge, 1984, p. 41 참고).

(가) 접미사 자체에 제1 강세
'employee'와 같이 접미사인 {-ee}에 제1강세가 있는 경우를 말하며 '-ade, -aire, -ee, -een, -eer, -enner, -esce, -ese, -esse, -esque, -ier -ique, -oon, -teen' 등이 이 유형에 속한다.

(나) 접미사 직전에 제1 강세
'historic'에서와 같이 접미사인 {-ic}의 바로 앞에 제1강세가 있는 경우를 말하며 '-eire, -ic, -ion, itory, -ity(ety), -uble' 등이 이 유형에 해당된다.

3) 합성어의 강세

합성어는 제1요소에 강세가 온다. 예로 'Korean teacher'는 앞 강세인 경우는 '국어 교사'를 뒤 강세인 경우는 '한국인 교사'를 말하며, 'woman doctor'는 앞 강세 이면 '부인과 의사', 뒤 강세이면 '여자 의사'를 나타낸다. 또한 'toy factory'는 앞강세인 경우는 '장난감 만드는 공장'을 뒷강세인 경우는 '장난감으로 만든 공장'을 의미한다.

또한 합성명사는 앞에 강세가 온다. 다음의 예에서 ⓐ는 합성명사로 앞에, ⓑ는 형용사와 명사의 결합으로 뒤에 강세가 있다.

예 (a) ⓐ bláckbird (찌르레깃과의 새)
　　　ⓑ black bírd
　　(b) ⓐ gréenhouse (온실)
　　　ⓑ green hóuse
　　(c) ⓐ Whíte House (백악관)
　　　ⓑ white hóuse
　　(d) ⓐ wét suit (스쿠버 다이버용 잠수옷)
　　　ⓑ wet súit

계층적 합성어의 경우에는 중요 요소에 제1 강세가 온다. 예로 'student film festival'은 학생영화에 대한 축제이면 'student'에, 영화에 초점이 있으면 'film'에 제1 강세가 있다.

4.3. 철자와 발음의 관계

영어의 어휘의 철자와 발음의 관계는 다양하고 일치하지 않는 경우가 많아 학습과 지도에 유의하여야 한다.[4] 발음과 철자가 불일치하게 된 원인은 철자법은 비교적 보수적이어서 역사적으로 변화의 폭이 적었고 철자법은 William Caxton(1422?~1491)의 인쇄술 도입 및 Samuel Johnson(1709~1784)의 사전(*The Dictionary of the English Language*, 1755) 편찬 등으로 고정되어 갔으나 발음은 다양한 원인으로 많은 변화를 거치게 되었기 때문이다.

발음과 철자의 불일치 현상의 원인을 보면 다음과 같다.

---

[4] 이러한 철자와 발음의 불일치 정도는 'fish'를 'ghoti (enough의 *gh*, woman의 *o*, nation의 *ti*)'로 철자될 수 있다고 주장한 George Bernard Shaw(1856~1950)의 영어철자법에 관한 농담에서도 알 수 있다 (Pyles & Algeo, 1993, p. 2).

(1) 모음 문자의 수가 제한되어 있어 다양한 모음의 발음을 철자로 나타내기는 어렵다. 예로 'a' 문자는 'age', 'arm', 'about', 'beat', 'many', 'aisle', 'coat', 'ball', 'canal', 'beauty', 'cauliflower' 등에서와 같이 최소한 11가지 형태로 발음된다.

(2) 애매모음(曖昧母音, 약화모음, schwa)은 전체 모음의 약 23%를 차지하지만 이러한 모음에 대한 철자는 없다. 모음의 발음은 강세의 영향을 받는데 강세가 있는 경우는 보다 분명하고 완전한 발음을 가지지만, 강세가 없는 경우는 애매모음인 /ə/로 발음된다.

예 (a) telegraph [téləgra:f], telegraphy [təlégrəfi]
　　(b) education [edʒukéiʃən], educative [édʒukətiv]

(3) 노르만 정복(Norman Conquest, 1066)의 영향으로 영어는 Norman French의 영향을 크게 받게 되었고 이에 따라 발음과 철자에도 변화가 일어났다.[5] 하나의 예로 프랑스 필경사(scribes)들이 'm, v, n' 옆에 'u'를 사용하는 것을 기피해서 'o'로 쓰게 된 것을 들 수 있다.

예 wimman 'woman' → woman

(4) 철자는 고정되어 갔으나 발음은 대모음전이(Great Vowel Shift)로 크게 변화되었다. 대모음전이는 1450년~1600(Chaucer시대~Shakespeare시대)에 걸치어 중세영어의 7개 긴장모음의 조음위치(tongue position)가 다음 그림과 같이 한 단계 씩 올라가고 전설최고모음(front highest vowel) /i/와 후설최고모음(back highest vowel) /u/는 이중모음화된 변화를 말한다.

---

[5] 노르만 정복(Norman Conquest)은 Normandy의 William the Conqueror(1027~1087)가 영국의 Herold 왕 즉위에 반발하여 1066년에 영국을 침입한 사건을 말한다.

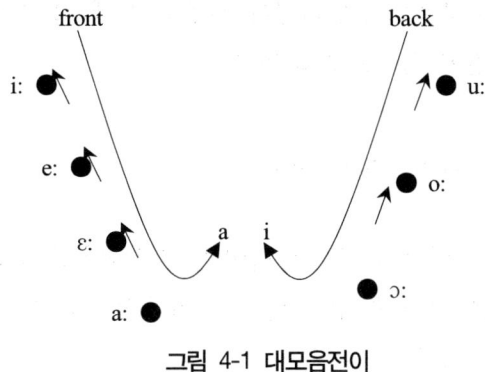

그림 4-1 대모음전이

이러한 변화에도 불구하고 철자는 그대로 사용되어 발음과 철자가 불일치하는 원인 중의 하나가 되었다.

(5) Caxton의 인쇄술 도입(1476) 영향으로 발음과 달리 철자는 고정되어가기 시작하였다. Caxton은 Netherlands에서 생활을 많이 했었기 때문에 그의 철자법은 Dutch의 영향이 지대했었는데 예로 어두에 'g' 대신 'gh'를 사용하였다(Stubbs, 1980, p. 51). 그러나 'gh'는 다음과 같이 다양하게 발음하게 되었으므로 발음과 철자가 불일치하게 되었다.

〈표 4-1〉 'gh'의 발음

위치 및 발음 여부	발음	예
모음 앞(before a vowel)	/g/	ghost, ghoul, ghetto, aghast
모음 뒤 (after a vowel)	/f/	cough, enough, rough, though
'ou', 'au', 'i' 뒤	묵음	bough, bought, plough, sought, though caught, taught, light, night, right, tight

(6) 철자와 발음의 불일치 현상에는 어원적 철자(etymological resepelling)의 영향도 있다. 어원적 철자는 어원을 찾아 그에 따라 철자하는 것을 말한다. 예로 'debt'와 'doubt'는 'det'와 'dout'로 사용되다가 각각 라틴어 'debitum', 'dubitare'에서 유래된 어휘임을 알고 'b'를 첨가하여 철자하게 되었지만 발음은 이미 굳어져서 'b'는 묵음이 되었다.

(7) 일부 어휘들은 묵음으로 변하였다. 다음의 예에서는 'k'와 'g'은 어두에서 발음되다가 17세기경에 묵음으로 되었다.

[예] knee, knock, knife, gnaw, gnat

이러한 발음과 철자의 불일치로 인하여 영어학습의 초기에 문자를 강조하면 정확한 발음의 학습에 지장을 주게 된다. 그러나 발음과 철자의 불일치 현상은 다음과 같은 장점이 있다.

(1) 어원을 밝히는 데 유리한 면이 있다.
(2) 차용어는 차용 전 어휘의 발음과 철자를 유지하는 경향이 있어 해당 언어사용자들에게 영어에 대한 친밀감을 줄 수 있다.
(3) 표음문자(表音文字, phonetic symbol, phonogram)에 표의문자(表意文字, semantic symbol, ideogram)의 성격을 가미하게 되었다.

영어 어휘의 발음과 철자가 상이해서 학습에 유의할 사항을 정리하면 다음과 같다.

(1) 영어 어휘의 발음은 동일하지만 철자가 다른 경우가 있다.

[예] (a) right   write   rite
     (b) threw   through
     (c) two   to   too

또한 다음의 예와 같이 동일한 철자가 다양한 음을 가지고 있다.

[예] '*ch*emistry,' '*ch*urch,' 'ma*ch*ine'

다른 예를 보면 /ei/발음은 'lake', 'aid', 'foyer', 'gauge', 'stay', 'cafe', 'steak', 'weigh', 'ballet', 'matinee', 'Sunday' 등의 어휘에서와 같이 최소한 12가지로 다양

하게 표기된다.

(2) 영어 어휘에서 철자가 같더라도 발음과 의미가 상이하여 다른 어휘가 되는 경우도 있다.

예 (a) dove (any of various types of pigeon)   dove (jumped into water headfirst)
　　(b) lead (a metal)   lead (to precede)
　　(c) wound (an injury)   wound (wrapped around)

(3) 하나의 음이 두 개의 철자로 표기되는 경우도 있다. 다시 말하면 영어 어휘에서는 한 음이 하나의 철자에 의해서만 표기되지는 않는다. 예를 들면 'thing'에서 [θ]은 'th'로, [ŋ]은 'ng'로 철자된다.

(4) 접사에 따라 발음이 달라진다.

예 (a) sign   signify   signification   signature
　　(b) sane   sanity   sanitize

(5) 발음되는 대로 철자를 할 수도 있는데 이러한 현상을 발음철자(pronunciation spelling)라고 한다. 발음철자를 시각방언(eye dialect)이라고도 하는데 귀보다는 눈에 방언으로 비쳐지기 때문이다. 발음철자는 화자의 부주의함을 드러내기 위해서 사용된다.

예 (a) sez (says)
　　(b) wuz, woz (was)

또한 새로운 어휘나 고유명사를 처음 대할 때 발음을 모르면 철자에 근거하여 발음하게 되는 경향이 있는데 이를 철자발음(spelling pronunciation)이라고 한다. 다음의 예에서 't'와 'h'를 발음하면 철자발음에 해당된다.

예 often, forehead

최근에 위 예에 제시된 단어에서 't'와 'h'가 발음되는 경향이 있다. 합성어인 'forehead'의 경우에 이를 재분석하여 그 둘째 요소에 강세를 두고 'h'를 발음하는 것은 문자와 음의 관계에 대한 그릇된 생각에서 기인한 현상이다. 그러나 이러한 발음은 젊은 세대의 화자들에게 널리 퍼져 있고 이 발음이 그들에게는 자연스럽게 느껴지고 있다고 한다 (Pyles & Algeo, 1993, p. 58 참고).

고유명사의 경우에 철자는 알고 있지만 발음을 몰라서 철자에 따라 발음하는 철자발음(spelling pronunciation)이 일어날 가능성이 크다. 예로 Maugham은 [mɔ:m], Scotland의 Hawick는 [hɔ:ik]의 발음을 가지고 있지만 이를 모를 경우에 철자에 따라 발음하기가 쉽다.

학습자가 어휘와 글을 읽게 하기 위해서는 문자 체계와 음성 체계의 관계를 알아야 한다. EFL 학습의 초기에는 학습자가 말을 못하는 상태이므로 우선 구어를 학습하게 한 후 문자를 도입하는 순서가 바람직하다.

문자와 소리의 관계를 인식시키기 위한 방법으로 음철법, 음성기호활용방법, 다매체활용방법, 종합적인 방법 등이 있다.

1) 음철법

음철법(phonics)은 초급 학습자가 소리와 문자의 관련성을 익히어 글을 읽게 하는 방법이다.[6]

> Phonics instruction is a way of teaching reading that stresses the acquisition of letter-sound correspondences and their use in reading and spelling. The primary focus of phonics instruction is to help beginning readers understand how letters are linked to sounds (phonemes) to form letter-sound correspondences and to help them learn how to apply this knowledge in their reading (National Reading Panel, 2000, p. 13).

영어에서 소리와 문자는 1 : 1의 관계는 아니지만 많은 경우에 규칙을 이해

---

[6] 2008 개정 교육과정에 따라 2011학년도부터는 초등학교 14종 검인정 교과서에 음철법이 도입되어 있다.

하면 문자를 읽기에 도움이 된다. 예를 들면 'pen'을 /p/, /e/, /n/의 발음을 익히게 하여 전체 단어의 발음을 알게 하는 방법이다. 이러한 음철법은 영어가 모국어인 학습자를 대상으로 연구되고 적용되어 온 것으로 원어민 어린이들은 말을 알고 있기 때문에 음과 문자 관계를 알아 가는데 비교적 용이하다. 그러나 EFL 상황에서는 선택적으로 적용되는 것이 효과적이며 문자와 소리 관계의 학습을 음철법에 전적으로 의존하는 것은 영어에서 철자와 발음이 불일치하는 경우와 예외적인 규칙이 많아 바람직하지 못하다고 할 수 있다.

(1) 전체단어 음철법

전체단어 음철법(whole-word phonics method)은 음을 단어(혹은 문장) 내에서 학습하는 방법이다(May & Eliot, 1978, p. 37). 예를 들면 *ch*urch, *ch*in, *ch*op 등의 단어를 반복하여 들어 'ch'의 철자와 음의 관계를 이해하여 가는 방법이다.

(2) 규칙활용방법

규칙활용방법(pattern method)은 음과 철자 간의 일정한 규칙을 찾아내어 익히는 방법(May & Eliot, 1978, pp. 37-39)으로 언어가 문자의 배열에 따라서 특정 소리가 정해지기 때문에 이 방법을 활용하면 처음 대하는 단어도 유추하여 읽을 수 있다. 이 방법은 전체 단어 음철법을 보완하여 사용할 수 있다. 일반적으로 자음은 일정하게 발음되지만 모음은 다양하게 발음된다. 이러한 규칙활용방법은 철자와 발음이 불일치하는 경우가 많아 위험성이 있기는 하지만 최근에 구성주의 개념을 도입하여 문맥 속에서, 특히 유의미한 읽기활동을 통한 음철법의 학습 방법을 이상적으로 보는 경향도 있다.[7]

> Contemporary approaches are rooted in constructivist principles of learning and the fact that children can learn phonics through meaningful engagement with reading texts (Vacca, et al., 2006, p. 184).

---

[7] 구성주의(constructivism)에서는 인간은 지식을 스스로 구성해간다고 본다. 다시 말하면 구성주의는 지식이론(theory of knowledge)이라기보다는 '앎(알아감)'의 이론(theory of knowing)으로 인간은 지식을 배운다기 보다는 자신에게 의미 있고 필요한 언어지식을 스스로 구성해 간다고 본다.

일부 규칙을 보면 다음과 같다.

(가) c 규칙

'c'는 'a, o, u' 앞에서는 일반적으로 강한(hard) 음으로, 기타의 경우에는 부드러운(soft) 음으로 발음된다.

예 (a) 강한 c 음 : cat, coast, cot, cut
　　(b) 부드러운 c 음 : bicycle, cent, city, receive

(나) g 규칙

'g'는 'a, o, u' 앞이나 단어의 끝에서는 일반적으로 강한(hard) 음으로 기타의 경우에는 부드러운 음으로 발음된다. 예를 들면 'g'음이 예(a)에서는 강하게, 예(b)에서는 부드럽게 발음된다. 그러나 'get', 'give', 'begin', 'girl' 등은 예외이다.

예 (a) 강한 g 음 : gallop, game, go, gush
　　(b) 부드러운 g 음 : gem, giant, giraffe, gym

(다) VC와 VCC 형태

어말(word-final)이나 음절 끝의 단모음 다음에 단자음 혹은 연속된 자음이 오면 그 모음은 단음이 된다. 이러한 발음형태를 연습하기 위하여 예(a)와 같이 실제 단어를 비교할 수도 있고 (b)와 같은 무의미 단어(nonsense word)를 통해 훈련할 수도 있다.

예 (a) bitter - biter
　　　 dinner - diner
　　(b) ditter - deater
　　　 hodder - hooder

(라) VCe 형태

한 음절로 된 단어가 모음, 자음의 순서로, 혹은 자음, 모음, 자음의 순서로 배열되고 어말에 'e'가 온 경우에 앞 모음은 장음 혹은 이중모음이 되고 어말의 'e'는 묵음이 된다.

> 예 (장음이 되는 경우) lute, rude, scene
> (이중모음이 되는 경우) ate, bite, cake, clothe, late, note, plate, time

(라) VV 형태

단어나 음절에 모음이 연이어 오면 첫 모음이 장음화 혹은 이중모음화되고 뒤의 모음은 묵음이 된다.

> 예 cheese, clean, coat, fee, tray

그러나 이 규칙은 'ea, ai'에서는 약 60%가 적용되고, 'ei, ie, oo, oi, oy, ou, ow' 등에서는 불확실하다.

(마) CV 형태

단음절어의 끝이나 음절의 끝에 오는 모음은 장모음화 된다.

> 예 flying, go, going, hi, hotel, my, we

(바) 'r' 규칙

'r' 문자는 일반적으로 장음이든 단음이든 앞 모음을 변화시킨다.

> 예 c*ar*(cat와 비교), c*are*(cape와 비교), f*air*(wait와 비교)

(3) 동일형태단어제시방법

동일형태단어제시방법(the family method, May & Eliot, 1978, p. 39)은 'cat,' 'bat,' 'fat' 등과 같이 동일 형태의 단어를 보고 'a'나 't' 문자의 발음을 인식하는 방법이다. 그러나 VC형태에서 끝 자음을 과도하게 강조하여 학습하면 학습자가 어말(word-final)부터 음을 인지하는 부작용이 생길 우려가 있으므로 이러한 방법은 보조적인 수단으로만 이용되어야 한다.

(4) 대치방법

이 방법은 동일 음을 나타내는 동일 문자들을 여러 단어 속에서 익힌 후에 또 다른 단어에서 그 문자를 읽을 수 있게 하는 방법이다. 예를 들면 'd' 의 발음을 학습할 경우에 'dog,' 'dig,' 'dive' 등을 익히어 'd'의 음을 인지한 후 'den'의 발음을 학습하는 방법이다.

2) 음성기호 활용방법

중급단계에서는 말과 문자의 관계를 학습하기 위해 음성기호(phonetic symbol)와 사전을 이용할 수 있다. Nuttall(1998)은 음철법의 효과에 의문을 제기하면서 음성기호 활용의 필요성을 다음과 같이 논하고 있다.

> I do not think phonics can help EFL learners to identify new lexical items. No doubt many readers want to be able to pronounce the words they meet, but this is a different issue and (given the complexities of phonics) they would be better to use the phonetic symbols in their dictionary (p. 77).

이 방법은 음성기호에 의해 영어발음을 정확히 가르치고자 하는 것이지만 음성기호가 원어민의 발음을 정확하게 반영하고 있다고 볼 수는 없으므로 이 방법의 활용에는 한계가 있다. 또한 학습 초기에 음성기호를 과도하게 도입하면 학습자가 기억하는데 부담이 되고 발음 연습에 너무 많은 시간이 소요된다. 아울러 의미와 괴리된 언어학습이 될 수 있어 학습자가 흥미를 잃을 수 있다.

3) 다매체 활용방법

다양한 다매체(multimedia)를 통하여 철자와 발음의 관계를 학습할 수 있다. 이러한 방법은 음철법이나 음성기호학습방법의 단점을 보완하고 시각과 청각을 통하여 학습할 수 있으므로 장기기억에 효과적이다.

4) 종합적인 방법

EFL 학습에서 문자와 음의 관계를 이해하기 위해서는 음을 문자에 앞서 학습하는 것이 바람직하다. 문자에 먼저 노출되면 문자와 소리의 불규칙한 관계 때문에 학습자는 혼란을 느끼고 문자에 의존하는 발음(spelling pronunciation)을 익힐 수 있기 때문이다. 또한 위에서 논의된 방법들의 단점을 서로 보완하는 종합적인 방법이 요구된다. 철자와 발음의 관계에 대한 종합적이고 효과적인 학습방법을 정리하면 다음과 같다.

(a) 의미와 함께 문자와 음의 관계를 학습한다. 다시 말하면 문맥 속에서 문자와 음의 관계를 유의미하게(meaningfully) 터득한다.
(b) 음철법과 음성기호는 선별적으로 연결하여 학습하며 다매체를 활용하여 음철법과 음성기호의 한계를 보완한다.
(c) 다음과 같은 운율과 반복 기법을 사용할 수 있다. 이러한 방법은 학습자의 동기를 유발할 수 있고 놀이 개념을 학습에 도입함으로써 초기 학습자에게 유용하다. 또한 지루함을 느끼지 않고 많이 반복할 수 있으며 그림을 곁들이면 학습자가 그 의미를 유추할 수 있으므로 더 효과적이다.

예) Come, come, Cat.
　　Come up to me.
　　Climb, climb, Cat.
　　Climb up the tree.

(d) 동일한 음과 문자가 사용된 단어 혹은 문장의 그림이나 사진 등의 자료를 이용하면 문자와 소리, 의미를 동시에 연결하여 학습할 수 있으므로 효과적이다.

제5장
영어어휘의 의미

제 5 장에서는 어휘의 의미와 의미자질, 다의성, 어휘장, 계층구조에 관하여 논의하고 다양한 요인에 의한 어휘 의미의 변화를 알아보고자 한다.

5.1. 의미와 의미자질

5.1.1. 어휘의 의미

영어어휘에는 고유의 특정한 의미가 있기는 하지만 정확한 의미는 문맥에 의하여 결정된다. 또한 유사한 의미를 지닌 어휘도 각각의 의미가 완전히 일치하지는 않거나 어감이 다를 수 있다. 다음의 예에서 'fast', 'quick', 'rapid', 'speedy', 'swift'는 유사한 의미를 지니지만 정확한 의미와 쓰임새는 다르다.[1]

예 (a) He is a *fast* runner.
    (b) He gave me a *quick* answer.

---

[1] fast : '사람이나 동물 혹은 물체가 일정기간 연속해서 빠른' 라는 의미를 지님
 quick : '운동의 속도보다 동작이 빨라 시간이 걸리지 않으며 반응이 즉각적인' 이라는 의미를 지님
 rapid : 움직임이나 행동이 급속함을 나타냄, 화자가 판단할 때 그 급속함이 놀랄만한 것임을 암시함
 speedy : '빠르게 움직이거나 일을 행하는'라는 의미를 지님
 swift : 'fast'의 의미와 같으나 주로 문학적 표현이 요구되는 문맥에서 쓰임

(c) Historically, *rapid* economic growth also produces conditions that favor crime.
(d) He is a *speedy* worker.
(e) His face showed a *swift* change of expression.

어휘의 의미에는 지시적 의미와 함축적 의미가 있다.

1) 지시적 의미

지시적 의미(referential meaning)는 어휘와 지시대상(referent)의 관계 즉 어휘의 본질적인 의미 혹은 핵심적인 의미를 말한다. 다시 말하면 해당 어휘에 대하여 언어 사용자들이 갖고 있는 보편적이고 공통적인 인식의 집합이며 문자 그대로의 의미이다. 이러한 의미는 외연적(denotative) 의미, 인지적(cognitive) 의미, 어휘적(lexical) 의미, 자구적(literal) 의미 혹은 개념적(conceptual) 의미라고도 한다.

2) 함축적 의미

함축적 의미(connotative meaning)는 어떤 말이 주는 정서적 반응을 말하며 비유적(figurative) 의미 혹은 은유적(metaphorical) 의미라고도 할 수 있다. 다시 말하면 해당 어휘를 듣거나 읽을 때, 혹은 표현기능에서 사용할 때 일반적으로 일어나는 감정이나 연상(association)을 의미한다. 예를 들면 'thirteen'의 지시적(외연적) 의미는 '13'을 뜻하지만 이 어휘가 불길한 함축적 의미를 나타낼 수도 있다.[2] 또한 'smile'과 달리 'smirk'는 '능글능글 (히죽히죽) 웃다'라는 기분 좋지 않은 어감을 나타낸다.

다음의 예 (a)에서 'mushroom'은 '버섯'이라는 지시적 의미를, (b)에서는 비유적으로 사용되어 'growing rapidly'라는 의미를 그림같이 생생하게 나타낸다.

예 (a) On our hike we picked berries, *mushrooms*, and other wild plants.
(b) Sometimes a minor border incident *mushrooms* into a major international crisis.

---

[2] This number [thirteen] is thought to be unlucky by many people (*Longman Dictionary*, 1992)

또한 다음의 예(a)에서 'cross that bridge'는 '다리를 건너다'라는 지시적 의미를 나타내지만, (b)에서는 비유적 의미로 사용되어 이 문장은 '상황이 벌어지지 않았는데 미리 걱정할 필요는 없다'라는 의미를 나타낸다.

> 예 (a) When we *cross that bridge*, we will be in New York.
> (b) Don't *cross the bridges* before we come to them.

또한 'film star'의 지시적 의미는 'a famous movie star'이지만 여기에 함축되어 있는 의미는 ' celebrity, very wealthy, probably good looking' 등이라고 할 수 있다.

함축적 의미에는 긍정적이거나 호의적인(favorable) 경우, 부정적이거나 비호의적인(unfavorable) 경우, 중립적인 경우가 있다. 예를 들면 'treasure', 'freedom', 'joy', 'sunshine' 등은 긍정적인, 'torture', 'bankruptcy', 'starve', 'slum' 등은 부정적인, 'specimen' 등은 중립적인 함축적 의미를 가진다.

함축적 의미는 어감과 유사한데 어감(말맛, 語感)은 말이 주는 느낌을 말하며 어휘에 따라 다를 수 있다.

> 예 (a) 'father, dad, the old man'은 모두 동일인을 지시할 수도 있으나 이 세 어휘의 어감 혹은 연상은 다르다.
> (b) 'humane (kind and merciful)'은 좋은 어감을, 'braggart (boastful person)'는 좋지 않는 어감을, 'search'는 중립적인 어감을 나타낸다.
> (c) 'kid'와 'child'는 동일한 대상을 지칭하지만 'kid'는 격식이 낮은 일상어이고 'child'는 비교적 격식성이 있고 중립적이다.
> (d) 'learners'에 비하여 'students'와 'pupils'는 수동적인 어감을 가지고 있다.
> (e) 'vagrants'보다는 'homeless'가 좀 더 긍정적인 어감을 나타낸다.
> (f) 'famous'와 'notorious'는 'well-known'이라는 동일한 의미를 지니고 있지만 후자의 함축적 의미(connotative meaning)는 부정적이다.
> (g) 'skinny'는 'slim'에 비해, 'fat'은 'plump'에 비해 부정적인 의미를 함축한다.[3]

---

[3] 'skinny'에는 '건강하지 않게 혹은 매력 없이 보일 정도로 야윈'이라는 함축적 의미가 있다. 또한 'fat'는 '살쪄서 보기 싫게 뚱뚱한'이라는, 'plump'는 '좋은 뜻으로 포동포동하게 살찐'

또한 문맥에 따라 어감이 달라지기도 하는데 다음의 예에서 'illegible'은 부정적인 어감을 나타낸다.

예 She died because of a mistake caused by the doctor's *illegible* handwriting.

5.1.2. 의미자질

의미자질(의미표지, semantic feature, semantic marker)이란 의미의 최소 단위를 말하며 이러한 의미자질의 결합으로 단어의미가 결정된다. 따라서 단어의 의미는 의미자질로 분석하여 보다 더 정확하게 나타낼 수 있다. 예로 'mother'는 [HUMAN], [FEMALE], [ADULT], [HAVE CHILD] 같은 의미자질을 지니고 있다고 할 수 있다.

의미자질의 분석은 이분법 (+, -)으로 이루어지며 각 자질은 [   ]로 표시된다.

예 (a) boy [+HUMAN] [-ADULT] [+MALE]
    (b) girl [+HUMAN] [-ADULT] [-MALE]
    (b) man [+HUMAN] [+ADULT] [+MALE]

다음의 예와 같이 의미자질 분석을 활용하면 동의나 반의 관계 및 의미의 차이를 분명하게 인지할 수 있다.

예 bachelor: [+MALE] [+ADULT] [+HUMAN] [-MARRIED]
    spinster: [-MALE] [+ADULT] [+HUMAN] [-MARRIED]

의미 자질의 분석(semantic feature analysis, SFA)을 통한 학습은 세상지식을 활용함으로써 유사한 어휘의 의미 차이를 정확히 알 수 있고 다른 어휘의 학습에 도움을 줄 수 있는 방법이다.

이라는 함축적 의미를 나타낸다.

의미자질의 분석에는 격자(grid)를 활용할 수 있는데 예로 'cat'의 의미자질을 다음과 같이 나타낼 수 있다 (Nagy, 1988, p. 15).

예 'cat'의 의미자질

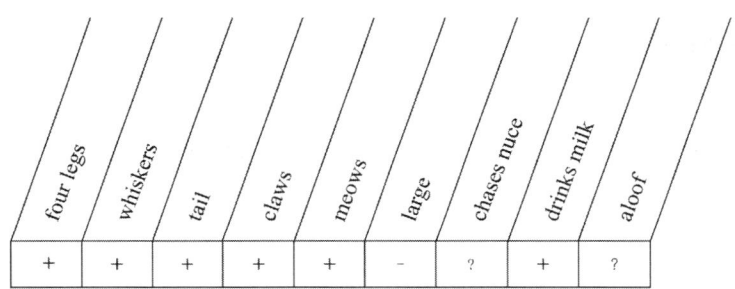

또한 'dwelling'과 관련된 어휘들의 의미자질은 다음과 같은 표로 비교하여 제시할 수 있다.

표 5-1 'dwelling' 관련 어휘의 의미자질

kinds of dwelling	for people	for animal	permanent	portable
barn	-	+	+	-
house	+	-	+	-
shack	+	-	?	-
tent	+	-	-	+

의미자질의 수가 많아질수록 어휘의 지시영역은 작아진다. 예로 'mansion'은 'house'에 [BIG], [FANCY]라는 의미자질이 첨가되어 그 지시영역이 '대저택'으로 한정된다.

5.2. 다의성

하나의 어휘는 문맥과 상황에 따라 서로 관련되었지만 다소 다른 다양한 의미를 가질 수 있는데 이를 어휘의 다의성(多義性, polysemy)이라고 한다.

    polysemy: the phenomenon of words which have two or more related meanings
(Jeffries, 1998. p. 261)

영어어휘에는 이러한 다의성을 지니어 두개 이상의 의미를 나타내는 많은 다의어(多義語, polysemes)가 있으며 사전에 하나의 표제어 내에 번호로 분리하여 등재되어 있다.

다음의 예 (Evans, 2009, p. 151)에서 'over'는 서로 관련은 되어 있지만 (a)에서는 'above', (b)에서는 'on the other side', (c)에서는 'above and beyond'로 다소 다른 의미를 나타내므로 이를 'over'의 다의성이라고 한다.

    예 (a) The picture is *over* the wall.
       (b) The ball landed *over* the wall.
       (c) The arrow flew *over* the target and landed in the woods.

또한 'paper'는 '신문', '서류', '강의록'의 의미를 나타내는데 이 세 의미는 모두 '공적인 목적을 위한 중요한 인쇄물'이라는 중심의미를 가지고 서로 연관되어 있으므로 'paper'의 다의성이라고 한다. 다음의 예에서도 'smart'는 (a)에서 'clever', (b)에서는 'neat, stylish'의 의미로 서로 간에 의미의 연관성은 있지만 다소 다른 의미를 나타낸다.

    예 (a) The dog is a *smart* animal.
       (b) You look very *smart* in that new shirt.

다음의 예에서 'time'은 (a)에서는 시간, (b)는 시대, (c)는 횟수, (d)는 배수를 나타낸다. 또한 (e)에서는 동사로 '시기를 맞추다'는 의미이다.

예 (a) *Time* will tell.
 (b) In ancient *times,* people ate more fruit.
 (c) How many *times* have I told you?
 (d) He is about two *times* as heavy as you.
 (e) You should *time* your visit to fit his convenience.

다음 예에서 'hand'도 다의적으로 서로 관련된 의미를 지닌다.

예 (a) They shook *hands* with each other. (손)
 (b) We need more *hands* to carry the stuff. (일손, 노동력)
 (c) He writes a good *hands*. (글씨)
 (d) The store changed *hands* last month. (소유권)
 (e) *Hand* me the book. (건네주다)

'killer'도 다음의 예와 같이 다의적이다.

예 (a) The police finally arrested the *killer*. (a person who kills or has killed someone.
 (b) Cancer is the number one *killer*. (a thing that causes death)
 (c) The movie star (talent) is a *killer*. (미 속어, 경이적인 사람, 끝내주는 사람)

또한 다음 예에서 'catch'도 서로 관련 있는 다양한 의미를 지니고 있다.

예 (a) That house is for sale very cheaply; there must be a *catch* in it somewhere. (a hidden or awkward difficulty)
 (b) I failed to *catch* the last train by three minutes. (be in time for)
 (c) She didn't *catch* my drift. (understand)
 (d) The dog *caught* the ball in it's mouth. (to get hold of)
 (e) Mother *caught* me stealing from the hop and scolded me severely. (to find unexpectedly, discover by surprise)
 (f) I *caught* him on the head with a heavy blow. (to hit, strike)

다음의 표는 'board'의 다의성을 표로 예시한 것이다. 'board'는 '판자'라는 의미에서 의미파생을 통하여 탁자, 회의, 위원회, 위원 등의 여러 의미를 지니게 되었다.

〈표 5-2〉 'board' 의 의미 파생에 따른 다의성

```
board: A   판자(a long thin flat piece of cut wood)
       A + B   판자로 만든 탁자 (a flat piece of hard material used for putting a food on)
           B   탁자(table)
           B + C   탁자에 둘러앉아서 하는 회의(a round-table conference)
               C   회의(conference)
               C + D   특수 목적의 회의, 위원회(a committee)
                   D   위원(a member of committee)
```

이러한 다의성은 거의 무한한 사물이나 인간의 생각과 느낌을 한정된 단어로 표현해야 하기 때문에 발생되어 왔다고 본다. 다시 말하면 하나의 어휘가 일정한 시간에 걸쳐 은유적으로 의미가 확대되어 새로운 다양한 의미를 가지게 되었다.

가장 일반적이고 빈도가 높은 어휘들이 다의적이다. 예를 들어 'come'은 8개 이상의 의미를, 'go'는 10개 이상의 의미를 지닌다. 또한 영어 기본단어 850개의 의미는 12,425개에 이르며 (Nation, 1990 참고), Webster 사전 상의 6만개 단어 중 40%에 해당되는 21,488개의 단어가 둘 이상의 관련된 의미를 가지는 다의어이다 (Ravin & Leacock, 2000 참고). 다소 극단적으로 말하면 단의어는 전문용어에만 해당된다고 할 수 있다. 일반적인 어휘는 동일한 의미를 지녔더라도 문맥과 상황에 따라 정확히 동일하다고 보기는 어려울 수 있기 때문이다.

어휘의 의미는 은유(metaphor) 혹은 관용적 용법에 의해 확대되어 다의적으로 되는 경우가 있다. 예로 'hiss'는 뱀이 내는 소리지만 다음의 예와 같은 경우에는 사람이 말하는 모습이나 소리를 은유적으로 묘사하고 있다.

예) "Don't move or you're dead." she *hissed*.

다음의 예와 같이 관용적 표현에 의하여 의미가 확대될 수도 있다.

예 (a) to fish in troubled water (= to take advantage of troubled or uncertain conditions for personal profit)
　　(b) to rain cats and dogs (= to rain very heavily and steadily)

다의적 어휘의 구체적인 의미는 다음의 예 (Evans, 2009, p. 10)에서의 'open'과 'expire'와 같이 문맥과 상황에 의하여 결정된다.

예 (a) ⓐ The discussant *opened* the conversation.
　　　 ⓑ John *opened* a bank account.
　　　 ⓒ John *opened* a dialogue.
　　　 ⓓ The Germans *opened* hostilities against the Allies in 1940.
　　　 ⓔ The skies *opened*.
　　　 ⓕ He *opened* his mind to a new way of thinking.
　　　 ⓖ He finally *opened* up her.
　　(b) ⓐ On May 1st my grandfather *expired*. (an event involving death)
　　　 ⓑ On May 1st my driving licence *expired*. (expiry of the term)

다음의 예와 같이 동일한 철자와 발음을 지녔더라도 의미에 관련성이 없는 경우는 다의성이 있다고 보지 않고 동음이의어(homonym)라고 하며 다른 어휘로 보고 사전에 각기 다른 표제어로 제시된다.

예 (a) ⓐ bank (강기슭, land along the side of a river, lake, etc.)
　　　 ⓑ bank (은행, an institution which deals in money)
　　(b) ⓐ fair (박람회, a large show of goods, advertising, etc.)
　　　 ⓑ fair (공정한, free form dishonesty or injustice)

다음의 예에서 'ring'은 동음이의어와 다의어 두 개의 성격을 모두 가지고 있다. ring 1과 ring 2는 동음이의어로 사전에 각기 다른 표제어로 되며 ring 1은 'sound'와, ring 2는 'circular shape'와 관련된 다의적 의미를 지니고 있으며 이러한 의미는 문맥에 의해 결정된다.

예 (a) ring 1   make sound of bells/metal
              phone up
              sound like
   (b) ring 2   to make a circular mark round something
              to encircle
              an item of jewellery worn on the finger

또한 다의어이었던 단어가 의미의 변화에 따라 동음이의어로 분류되기도 한다. 예로 체스 게임에서 유래된 'check (장군)'가 '수표', '확인'의 의미로 나뉘어 동음이의어가 된 것을 들 수 있다.

5.3. 어휘장과 계층구조

5.3.1. 어휘장

어휘장(語彙場, lexical fields)은 서로 연관된 일련의 낱말들이 속하는 범주를 말한다. 예로 'black. white, blue, purple, green, yellow' 등은 모두 색깔과 관련되므로 하나의 어휘장에 속한다. 또한 다음 예의 어휘들은 (a) weather, (b) fishing, (c) beverage, (d) kinship의 범주에 속하므로 각 어휘장에 해당된다.

예 (a) (weather) cold, warm, snow, broadcast
   (b) (fishing) line, rod, bait, reel, net
   (c) (beverage) drink, tea, cocktail, coffee
   (d) (kinship) mother, daughter, father, son, sister, brother, mother-in-law, aunt uncle, cousin

아울러 다음의 예들은 모두 미 육군의 계급에 해당되는 단어들이므로 하나의 어휘장에 속한다.

예) General of the Army, General, Lieutenant General, Major General, Brigadier General, Colonel, Lieutenant Colonel, Major, Captain, 1st Lieutenant, 2nd Lieutenant, Chief Warrant officer, Warrant officer, Sergeant Major, 1st Sergeant, Sergeant 1st Class, Staff sergeant, Sergeant, Corporal, Private 1st Class, Private

다음의 예문(Thornbury, 2002, p. 10)에서 'Christmas Eve', 'fireplace', 'lights', 'carols,' 'snow,' 'icicles'들은 모두 크리스마스와 관련되는 어휘(Christmas-themed word)이므로 하나의 어휘장에 속한다고 할 수 있다.

예) We were at my sister's house for *Christmas Eve*, fire in the *fireplace*, *lights* on the tree, Christmas *carols* playing on the stereo. Outside the window a light *snow* blew down. *Icicles* hung from the gutters and in the yard the grass looked sprinkled with powder. By morning everything would be white.

또한 어휘장은 한 단어에 대하여 연상이 쉽게 되는 단어들이라고 할 수도 있다. 예로 'needle'에 대해서는 'thread, sharp, sew(s), pin(s)'라는 단어들이 연상되므로 이러한 단어들은 하나의 어휘장에 포함된다.

이러한 어휘장에 대한 이해는 하나의 문단이나 글을 읽을 때 생소한 어휘의 의미를 유추하는데 유용하다.

5.3.2. 어휘의 계층구조

단어들 간에는 계열관계(paradigmatic relation)와 결합관계(syntagmatic relation)가 있는데, 전자는 동의관계, 반의관계, 계층적 관계를 말하며 후자는 연어 즉 어휘들이 어울러 쓰이는 관계를 의미한다.

일부 어휘들 간에는 계층적으로 이루어진 계열관계가 있는데 다음의 예를 보면 위로 올라 갈수록 아래의 요소를 포괄하고 있고 이러한 관계를 어휘의 계층구조라고 한다.

예 (a)

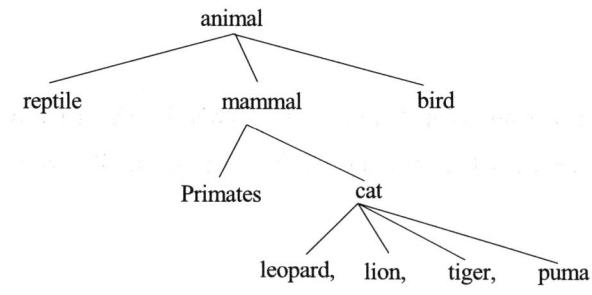

(b)

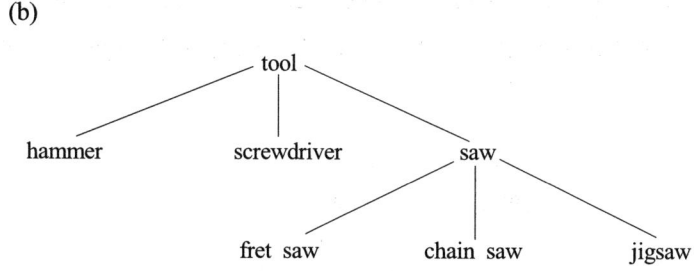

(c)

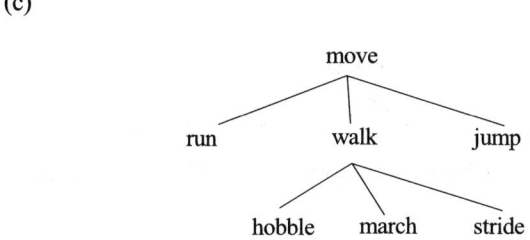

또한 의미자질의 수에 따라 계층을 구분할 수 있는데 다음의 예에서 보면 'rose'보다는 'flower'가 의미자질의 수가 적어서 더 포괄적이다.

예

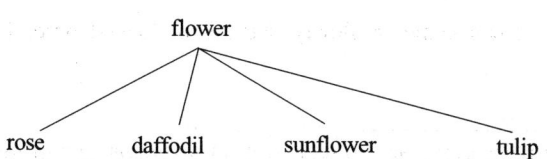

한 어휘의 의미가 다른 어휘의 의미를 포함하는 관계를 하의관계(hyponymy)라고 한다.

 hyponymy : a relationship between two words, in which the meaning of one of the words includes the meaning of the other word (Richards, Platt, Weber, 1985, p. 131).

이러한 관계에 따라 어휘를 하위어(hyponym)와 상위어(superordinate)로 나눌 수 있다. 다음의 예에서 'vehicle'은 'bus', 'car', 'van'을, 'building'은 'house', 'school' 등을 포괄하므로 상위어이고 포괄되는 어휘들이 하위어이다.4

예 (a)

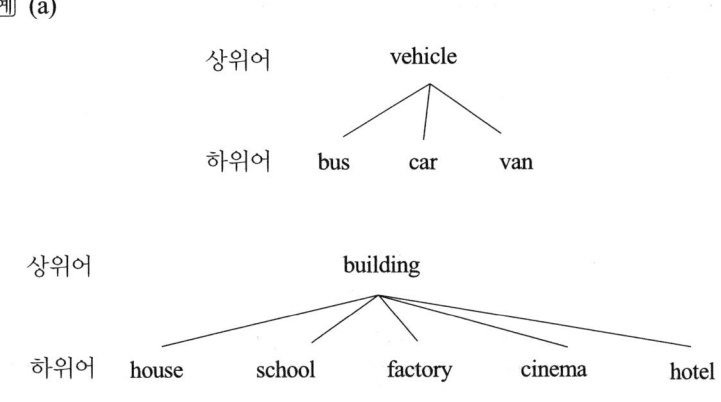

이러한 어휘의 계층구조에 대한 이해는 어휘력의 향상과 글의 논리적 구성을 위해 필요하다. 다음의 예에서 (b)는 'Mrs. Kim'이 'the woman'을 포괄하고 있지 못하므로 글의 구성에 문제가 있다.

 예 (a) Mrs. Kim came in slowly. The woman looked tired, I thought.
   (b) The woman came in slowly. Mrs. Kim looked tired, I thought.

---

4 하위어와 상위어에 대해서는 제 7장에서 보다 더 상세하게 다루어진다.

또한 다음의 예문에서도 'tulip'이 'flower'를 포괄하지 못하므로 글의 구성이 논리적이지 못하다.

예 (?) Mrs. Kim had tulips in her basket, but no flower.

5.4. 어휘의 의미 변화

어휘의 의미는 고정되어 있지 않고 여러 요인으로 계속해서 변화를 거친다. 다음은 고대영어에서의 의미가 현대영어에서 변화된 예들이다.

예 (a) OE brēad 'bit, piece' → Mod. E bread '빵'
  (b) drēam 'joy' → dream '꿈'
  (c) mōd 'heart, mind, courage' → mood '기분; 감정'
  (d) winnan 'fight' → win '승리하다'

일반적으로 어휘의 의미는 사용되는 문맥, 지시 대상, 상황, 지역에 따라 변화한다. 예를 들면 'starve(OE steorfan)'는 'die'의 뜻에서 16세기에 'die of hunger'라는 의미로 축소되었는데 그 이유는 이 어휘가 식량의 결핍을 다룬 문맥에서 주로 사용되었기 때문이다. 또한 Latin의 'penna'는 'feather'의 의미였으나 '깃털로 글자를 쓴다'라는 연상에 의하여 영어에서 'pen'을 의미하게 되었다. 아울러 'smoke'는 '연기, 연기를 내다'라는 의미만 있었으나 Columbus(1446?~1506)가 아메리카 대륙에서 담배를 도입한 이후에는 '담배를 피우다'라는 뜻으로도 확대되었다. 또한 어휘는 사용되는 환경에 따라 지시 대상이 변화되기도 한다.

예 hall(OE heall, *Beowulf*) 'a very large roofed place'[5]
  → 미국영어 'a narrow passage way leading to rooms (복도)'
  → 영국영어 'vestibule (현관)'

---

[5] OE 'heall'은 Beowulf가 Gredel을 상대로 싸웠던 '지붕이 넓은 장소'를 의미한다. Beowulf는 8세기 초의 고대 영어로 된 서사시의 제목이자 그 주인공이다.

어휘의 의미는 의의(意義, sense)와 연상(聯想, association)의 두 면에서 변화되고 강의어(intensifier)는 시간이 감에 따라 약화되기도 한다. 아울러 다양한 원인에 의하여 어휘의 의미가 확대되거나 축소되기도 한다.

1) 의의(sense)의 변화

의의는 자의적 의미(字義的 意味; literal meaning) 혹은 지시적 의미나 개념적 의미(conceptual meaning)에 해당된다. 이러한 의미는 일반화, 특수화, 전이의 과정을 거쳐 변화한다.

(1) 일반화

의미의 일반화(보편화; generalization, widening)란 의미가 확대되는 것을 말한다. 다시 말하면 의미자질(semantic feature)이 적어져서 지시영역이 넓어지는 현상을 말한다. 예로 'manage'를 보면 원래 그 의미가 'handle a horse'이었으나 [HORSE]라는 의미자질이 없어져서 'to handle anything difficult successfully'로 그 의미가 확대되었다. 또한 'veteran'은 Latin어의 'vetranus (vetus 'old')'에서 유래된 말로 '늙도록 복무한 사람'의 의미였으나 [OLD]라는 의미자질이 선택적으로 됨에 따라 'young veteran', 'a veteran politician', 'a veteran golfer' 등에서도 사용되게 되었다. 다른 예들을 보면 다음과 같다.

예 (a) barn 'bere barley' + ærn 'house, a storehouse for barley'
　　→ [− BARLEY] 'a storehouse for any kind of grain'
　　→ [− GRAIN] 'a place for housing livestock'
(b) bird 'young fowl' → [-YOUNG] 'all fowl'
(c) mill 'a place for making things by the process of grinding'[6]
　　→ [− GRINDING] 'a place for making things, a factory'
　　(a steel mill. a wooden mill)

---

[6] A *mill* was earlier a place for making things by the process of grinding, that is, for making meal. The words *meal* and *mill* are themselves related, as one might guess from their similarity (Pyles & Algeo, 1993, p. 241).

(d) pigeon 'young bird, esp. young dove'
  → [-YOUNG] '(일반적인) 비둘기'
(e) pipe 'musical instrument'
  → [-MUSICAL] 'any pipe'
(f) tail OE tægl 'hairy caudal appendage, as of a horse'
  → [-HAIRLINESS (HORSINESS)] 'caudal appendage(꼬리)'

(2) 특수화

의미의 특수화(specialization, narrowing)는 의미자질이 첨가되어 지시영역이 줄어드는 현상을 말한다. 예로 'wife'는 원래 'any woman'의 의미였으나 [MARRIED]라는 의미자질이 더해짐에 따라 'married woman'의 의미로 축소되어 특수화되었다. 다른 예로 Shakespeare의 작품에서는 'deer'(OE dēor)는 'animal, game'의 의미였으나 후에 [CERVINE(사슴의)]라는 의미자질이 첨가되어 특정한 동물인 '사슴'만을 의미하게 되었다.

예 But mice, and rats, and such small *dear* (*King Lear*, 3, 4, 136).

또 다른 예를 보면 다음과 같다.

예 (a) hound 'dog'
  → [+HUNTING] hunting dog
(b) starve[7] OE steorfan 'to die'
  → [+OF HUNGER] → to die of hunger only

(3) 의미의 전이

어휘의 의미는 공간적 개념에서 시간적 개념, 하나의 감각기관에서 다른 감각기관, 구체적인 의미에서 추상적인 의미 등으로 전이(transfer)되어 사용되기도 한다.

---

[7] 'starve'는 'I'm starving (I'm very hungry)'에서와 같이 과장법(hyperbole)으로 사용되기도 한다.

(가) 공간적 개념(spacial concept)에서 시간적 개념(temporal concept)으로 전이

예) long, short → a *long* time, a *short* while

(나) 하나의 감각기관에서 다른 감각기관으로 전이(공감각; 共感覺; synesthesia)

예) (a) clear (sight) → *clear*-sounding (hearing)
    (b) loud (hearing) → *loud*-colors (sight)
    (c) sweet (taste) → *sweet* music (hearing)
                    a *sweet* person (all senses at once)
                      smell sweet (smell)
    (d) warm, cold (feeling) → *warm* colors (sight)
                      a *warm* welcome, a *cold* welcome

(다) 구체적인 의미에서 추상적인 의미로 전이

예) (a) chair (furniture, seat) → the position or official seat of a meeting
        Mr. Shin was elected *chair* of the city council
    (b) grasp 'to keep a firm hold of' → to succeed in understanding, understanding
        He has a good *grasp* of his subject.
    (c) hand (part of the body) → applause, help
        Let's give the singer a big *hand*.
        Could you give me a *hand* with this heavy table, please?
    (d) understand 'to stand among, close to' → to know the meaning of, to know closely the nature of
        I can't *understand* him when he behaves so badly.

(라) 추상적인 의미에서 구체적인 의미로 전이

예) (a) beauty (state) → something (usually woman) or something beautiful
                    (미인, 아름다운 것)
    (b) youth (state) → a young person (especially a young male) (청년)

2) 연상의 변화

연상은 함축적 의미를 말하며 이러한 의미는 악화되기도 하고 양화되기도 한다.

(1) 의미의 악화

어휘가 나타내는 연상은 악화(pejoration, Latin pējor 'worse')되기도 하는데 이러한 현상은 흔히 윤리적 혹은 도덕적 동기 때문에 일어난다.

예 (a) OE sǣlig 'timely' → silly 'innocent, simple'
   (b) OE cnafa 'boy' → knave '악한, a dishonest man, whose actions are deceitful'

미국영어에서 'politician'도 연상이 악화된 예이다. 또한 다음의 예는 의미의 협소화와 악화가 동시에 일어났다고 볼 수 있다.

예 (a) accident 'a happening' → 'unplanned, unfortunate event'
   (b) censure 'opinion(일반적인 의견)' → 'bad opinion'
   (c) criticism → 'adverse judgment'

(2) 의미의 양화

의미의 양화(amelioration)는 연상적 의미가 좋은 쪽으로 변화하는 현상을 말하는데 예를 들면 'knight'는 'servant'라는 뜻이었지만 '군주로부터 작위를 받은 자(者)'라는 존귀한 의미로 사용되게 되었다. 또한 'nice'도 다음과 같은 양화의 과정을 거치었다.

예 Latin nescius 'ignorant' → OF 'simple' → 'foolish particular' → nice 'particular', 'pleasant', 'proper'

3) 강의어의 약화

강의어(强意語, intensifier)는 형용사, 부사, 동사 등을 수식하여 그 의미를 강하게 하는 어휘를 말하며 주로 부사이다. 다음 예에서 'very', 'completely', 'absolutely', 'most'가 강의어에 해당된다.

예 (a) It is *very* good.
    (b) It was *completely* destroyed.
    (c) I *absolutely* detest it.
    (d) It was a *most* enjoyable evening

이외에도 'horribly', 'exceedingly', 'enormously', 'terribly', 'tremendously', 'awfully' 등이 강의어로 사용된다.

이러한 강의어는 자주 사용되어 강조의 효과가 약화됨으로 계속하여 다른 강의어로 대치되게 된다. 예를 들면 'very'는 'truly'의 의미였으나 빈번한 사용으로 인하여 의미 강화의 효력을 상실하게 되었다.[8] 따라서 다음과 같이 보다 더 강한 강의어를 사용하는 예가 많다.

예 (a) a very pleasant evening → an awfully pleasant evening
    (b) very nice → terribly nice

4) 의미의 확대

제한된 수의 어휘로 다양한 대상과 다변화되는 사회현상을 표현하기 위하여 어휘의 의미가 확대되어 왔으며 특히 최근에 컴퓨터의 발달로 이러한 현상은 더 커졌다.

---

[8] 다음 예에서 'very'는 형용사로 'truly'의 의미를 유지하고 있다.
　예) the *very* heart of the matter
　　　the *very* thought of you
또한 다음의 예(a)에서는 'precise, particular', (b)에서는 'mere', (c)에서는 'actual', (d)에서는 'true, genuine'의 의미를 나타낸다.
예) (a) That is the *very* item we want.
　　(b) The *very* thought of it is distressing.
　　(c) He was caught in the *very* act of stealing.
　　(d) a *very* fool

예 (a) monitor → computer screen
 (b) mouse → device used to move a pointer around on the computer screen
 (c) portal → virtual gateway between computer systems
 (d) notebook → mini all-in-one portable with computer system unit, screen and keyboard

제6장
어휘와 문화 및 담화

제 6 장에서는 어휘와 문화의 관계, 완곡어법을 논의하고, 담화 속에서의 어휘의 쓰임새를 알아보기 위하여 결합성, 연결사, 스타일과 사용역을 다루고자 한다.

6.1. 어휘와 문화

문화란 인간과 사회의 모든 양상 즉 개인의 사고, 태도, 행동양식, 가정, 사회적 관계, 도덕, 사회규범, 전통, 예술, 문학, 역사 등을 모두 포함하는 개념이다. 그러므로 인간사회의 의사소통의 수단인 언어는 문화와 불가분의 관계가 있으며 언어는 그 언어를 사용하는 사회의 문화를 반영하고 있다. 따라서 어휘에는 해당 사회의 문화가 녹아져 있다고 할 수 있다. 예를 들면 영어 'rice'에 해당되는 한국어 어휘는 '쌀, 모, 벼, 쌀밥(이밥)'으로 다양한 데 이러한 현상은 한국에서의 '쌀'이 가지는 사회적 중요성이 영어권 사회보다 크기 때문이다. 또한 영어 'aunt'는 한국어에서는 '아주머니, 이모, 고모, 숙모', 영어 'uncle'은 '아저씨 백부, 숙부, 외숙부'로 다양한 어휘가 있는데 이는 한국사회의 친족 관계가 영어권 사회 보다 더 세분화된데 기인한다고 본다. 아울러 Zaire 등의 눈(snow)이 내리지 않는 나라에는 '눈'에 해당되는 단어 자체가 없으나 에스키모의 언어에서는 'falling snow, snow on the ground, fluffy snow, wet snow' 등에 해당되는 별도의 어휘들이 있다. 또한 영어의 'garden'은 '화초를 기르는 곳'의 의미이지만 한국어의 '정원'은 '밭 혹은 텃밭'의 의미도 포괄한다고 할 수 있다. 이러한 문화 차이 때문에 외국어로 영어를 배우는 학습자들에게는 영어 어휘의 정확한 이해와 적절한 사용에 어려움이 있을 수 있다.

동일한 언어 사용권에서도 세대, 지역, 교육수준, 직업에 따라 사용하는 어휘가 다르다. 또한 어휘의 지시적(referential) 의미는 문화에 따라 차이가 적으나 함축적(connotative)의미는 차이가 클 수 있다. 유사한 문화권에서도 특정한 어휘의 함축적 의미가 다를 수 있는데 예를 들면 'breakfast'의 지시적 의미는 'the first meal in the morning'으로 동일하지만 영국에서는 '비교적 다채로운 음식', 미국에서는 '가볍게 혼자 먹는 음식'을 의미한다.

관용어의 함축적 의미도 한 사회의 문화적 가치 판단을 반영한다 (Lakoff & Johnson, 1980 참고). 예를 들면 돼지(hog, pig)의 특성에 대한 사회집단의 인식에서 다음과 같은 다양한 관용어가 생겨났다.[1] 일반적으로 돼지에 대한 인식은 'selfish, unrestrained eater'이다.

예 (a) to eat like a pig
   (b) to go (the) whole hog (= to do something throughly, or too well)
   (c) to live high on the hog (= to be in prosperous circumstances)
   (d) to make a pig of oneself (= to eat too much)
   (e) to pig out (= to overindulge in eating) (slang)
   (f) road hog (= a driver who endangers others on the roads by his careless behaviour)

또한 어감 혹은 함축적 의미는 사회나 환경에 따라 다를 수 있다. 예를 들면 'wall'에 대해 느끼는 감정은 언어권에 따라 다르다. 예로 대부분의 영어사용권 사회에서는 길거리에서 집이나 정원을 들여다 볼 수 있으므로 담을 쌓는 행위는 영어원어민들에게는 비우호적인 인상을 줄 수 있다.

예 Our neighbors have built a wall around their house.

---

[1] 미국영어에서 일반적으로 새끼 돼지는 'pig', 성장한 돼지는 'hog'라고 한다.

언어는 인간의 사고방식과도 밀접한 관계가 있는데 언어 상대성가설(Sapir-Whorf hypothesis, linguistic relativity, linguistic determinism)은 언어가 인간의 사고에 영향을 준다는 것이다. 예를 들면 'the'와 'some'이 사용된 예(a)가 부정관사와 'any'가 사용된 (b)보다는 긍정을 답을 얻을 수 있는 가능성이 크다는 것이다.

예 (a) Did you see the broken headlight?
　　　Did you see some people watching the accident?
　　(b) Did you see a broken headlight?
　　　Did you see any people watching the accident?

또한 언어는 종교와도 관련이 많다. 영국의 경우를 보면 로마의 Gregory Ⅰ세 시대에 파견된 St. Agustine과 40여명의 선교단이 Canterbury를 본거지로 선교활동을 실시하여 7세기경에 기독교화 되었고 그 이후 사회와 문화 및 언어에 끼친 기독교의 영향이 지대하였다. 언어에 대한 기독교의 영향중의 하나로 상당한 수의 숙어나 관용어가 성경에서 유래되어 사용되어 왔다. 예로 'wisc as Solomon (having good sense, cleverness, having the ability to decide on the right action, like Solomon)', 'Benjamin's mess(largest share)', 'build on sands(to be unstable)', 'change one's skin(change completely)' 등을 들 수 있으며 이러한 어구의 출처를 보면 다음과 같다.

예 (a) But once he is dead, were he as brave as Hercules or *as wise as Solomon*, he is soon forgotten (Stevenson, *The Sire de Maletroit's Door*).
　　(b) And he took and sent messes unto them from before him: but *Benjamin's mess* was five times so much as any of theirs. And they drank, and were merry with him (*King James Version*, Gen 43:34).
　　(c) And every one that heareth these sayings of mine, and doeth them not, shall be likened unto a foolish man, which *built* his house *upon the sand* (*King James Version*, Matthew 7:26).
　　(d) Can the Ethiopian *change his skin*, or the leopard his spots? then may ye also do good, that are accustomed to do evil (*King James Version*, Jer. 13:23).

영어어휘에는 역사 혹은 일화(逸話)가 반영되어 있기도 하다. 다음 예문에서 'white elephant'는 '성가신 물건, 돈만 많이 드는 무용지물'의 의미인데 옛날 샴(Siam, Thailand의 옛 명칭)에서 국왕이 마음에 안 드는 신하에게 흰 코끼리를 하사하여 사육비로 골치를 앓게 했다는 이야기에서 유래 되었다.

예 (a) The new airport is a *white elephant* and nobody likes it.
(b) Sometimes CALL(computer assisted language learning) is 'the future of language teaching' and at other times a fairly expensive *white elephant*.

또한 'salary (급여)'는 로마군에서 급여로 소금(salt)을 지급한데서 유래되었다.

6.2. 완곡어법

문화권에 따라 도덕에 반하거나 불결, 불쾌, 재앙을 불러 온다고 여겨 사용을 꺼리거나 피하는 어휘들이 있는데 이러한 어휘들을 금기어(禁忌語, taboo)라고 한다. 특히 종교나 성, 죽음 등에 관련된 어휘나 속어가 여기에 해당된다. 금기어는 시간이 흐름에 따라 변화하기도 한다. 예를 들면 19세기 Victoria 시대까지는 여성의 다리를 'leg'로 지칭하는 것은 금기되어 그 대신 'limb' 이 사용되다가 현대에 와서는 여성의 각선미를 나타낼 때 'million dollar legs'라는 표현도 사용된다.
이러한 금기어를 사용하지 않기 위하여 둘러말하는 표현법을 완곡어법(婉曲語法, euphemism 이라고 한다.[2]

A euphemism is a word that sounds good that replaces something that sounds less pleasing (Henry and Pongratz, 2007, p. 42).

금기어와 그에 대한 대안적 어휘를 보면 다음의 예와 같다.

---

[2] euphemism 'good-sounding' = ed- 'good' + phem (Greek phon) 'sound'

예 (a) die → go on a journey
　　　　　go over to the (great) majority
　　　　　go the way of all flesh
　　　　　go to sleep
　　　　　go to their Great Reward
　　　　　join the (great) majority
　　　　　pass away
　　(b) the old → senior citizen
　　(c) garbage man → sanitary engineer

질병에 대해서도 'heart condition', 'kidney condition' 등의 순화된 병명이 사용되고 있으며 Hitler시대의 학살 장소(death factory)에서 유태인 대량학살을 'final solution'으로, '정당한 이유 없는 공격'을 'preventive war(예방적인 전쟁)'로, 군대(軍隊)가 약해서 후퇴할 때에 'strategic withdrawal'로 표현하는 것도 중립적이고 순화된 표현이라고 할 수 있다.

또한 다음의 예와 같이 보다 더 중립적인 어휘로 말하는 경향이 있다.

예 (a) kill → take out
　　(b) lynching → neck-tie party
　　(c) ugly → plain

한국어에서 완곡어의 예를 들면 다음과 같다.

예 (a) 천연두(天然痘, smallpox) → 손님
　　(b) 청소부 → 환경미화원

완곡어는 오랜 세월이 지나면 다시 의미가 악화되어 또 다른 완곡어를 요하게 된다. 예를 들면 프랑스어에서 온 'toilet (화장실)'은 '옷을 싸는 천', '화장대 가리개천', '화장대 자체'의 의미였으나 'privy (옥외변소)'에 대한 완곡어로 쓰이게 되었다가 이 어휘도 의미가 다소 악화됨에 따라 'rest room', 'little boys'(girls') room', 'bathroom' 등이 사용되고 있다.

애매모호한 말 혹은 둘러말하기(double-speak, double-talk)도 일종의 완곡어법이라고 할 수 있다.

6.3. 어휘와 담화

담화(discourse)는 일정한 전갈(message)을 지닌 말이나 글의 연속체를 말하며 담화에는 결합성과 일관성이 있어야 한다. 담화의 예로 하나의 문단(文段, paragraph), 대화, 이야기(narrative) 등을 들 수 있다.[3]

어휘가 담화 속에 사용되고 담화는 어휘로 구성되므로 담화와 어휘는 불가분의 관계가 있다고 할 수 있다. 어휘와 담화의 관계를 논의하기 위해 결합성과 일관성, 연결사를 나누어 다루고자 한다.

6.3.1. 결합성과 일관성

결합성은 말과 글의 문법적·어휘적 관계를, 일관성은 의미의 연결 관계를 의미한다. 결합성은 어휘와 직접적인 관계가 있으며 일관성은 어휘보다는 글의 내용전개와 관계되지만 결합성과의 비교를 위해 함께 논의하고자 한다.

1) 결합성

결합성(응집성, cohesion)은 언어의 요소들 간의 문법적, 어휘적 관계(the grammatical and/or lexical relationships between the different elements of a text)를 말한다. 다시 말하면 문법적 관계에 초점을 둔 글의 연결성을 의미한다. 다음 예문(a)에서

---

[3] '문단(paragraph)'이라는 개념은 Greek시대의 교사들이 독자와 학습자의 편의를 위하여 글에서 새로운 내용이 시작되는 부분마다 '시작(para)'의 '표시(graph)'를 한데서 유래되었다. 또한 문단의 유형에는 기술수집유형(collection of description), 인과유형(causation), 문제해결유형(problem-solving), 비교유형(comparison) 등이 있다.

'Seoul'과 'there,' (b)에서 'securing the lives, property, and well-being of the governed'와 'this'가 일치해야 문장으로 성립한다.

> 예 (a) If you are going to *Seoul*, I can give you the address of a good hotel *there*.
> (b) Government becomes an instrument for *securing the lives, property, and well-being of the governed*, and *this* without enslaving the governed in any way.

또한 결합성은 다음 예문들과 같이 문장 단위를 넘어서 혹은 대화에서도 요구되며 글에서 이러한 관계가 명확해야 글이 담화로써 성립한다.

> 예 (a) We found our boxes and baskets of berries and walked across the fields to the *barn*. When we got *there*, Mr. Gunby counted them and paid us the money we had earned. ('The Strawberry Season' by E. Caldwell)
> (b) Then where did this *myth* about the spiritual East and the material West come from? *It* has its roots in a sort of truth, and this truth can be simply stated: People in the East like to enjoy life. ('East and West' by Pearl Buck)
> (c) Wash and core *five cooking apples*. Put *them* into a fireproof dish.
> (d) A: Is *Jenny* coming to the party?
> B: Yes, *she* is.
> (e) A: Would you tell me the way to *Kangwon National University*?
> B: All right. Turn left at the next corner. You'll see *it* ahead. You can't miss *it*.
> (f) A six-year-old boy recently gave *a performance of the Beethoven concerto*. *This feat* was reported in the press.

다음 예문에서는 문장단위를 넘어서 'she'와 'so'에 결합되는 어휘나 구절이 있어야 이해가 가능하다.

> 예 However, she naturally did so.

또한 다음 대화문(Schmitt, 2000, p. 106)에서는 'they'가 'fast cars'를 지칭하고 'BMW', 'one', 'Beamer'가 동일한 유형의 자동차를 의미해야만 이 대화가 결합성이 있어 담화로 성립한다. 또한 일반적으로 하나의 담화에는 동일한 어휘의 반복 사용이 바람직하지 않으므로 'expensive'를 동일한 의미를 지니는 'costly'로 변경하여 사용되었다.

예 A: I really like *fast cars*.
B: Yes, I'd like to buy a *BMW* myself. But *they* are too <u>expensive</u>.
A: You have a good job. Wouldn't the bank lend you money to buy *one*?
B: Maybe. But don't forget the maintenance on *Beamers* is also <u>costly</u>.

이러한 결합성에는 지칭(reference)과 대치(substitution)같은 대 형식(pro-form), 생략(ellipsis), 연결(conjunction), 어휘적 결합성(co-referring expressions, lexical cohesion)등이 해당된다.

글에서는 불필요한 반복을 줄이기 위해 대 형식(pro-form)이나 생략(ellipsis)이 사용된다. 대 형식에는 대치와 지칭이 해당되는데 지칭은 역행 대용어(逆行代用語, cataphora)와 대용어(代用語, anaphora)로 분류할 수 있다. 역행 대용어는 다음 예문과 같이 지칭 받는 어휘가 뒤에 오는 경우를 말한다.

예 (a) Nobody seemed to know where *they* came from, but there *they* were in the forest: *Kango and Boby Roo*.
(b) *It* never should have happened. Mrs. Kim went out and left the baby unattended.

대용관계는 대화나 문맥 내에서 사용된 단어나 구를 뒤에서 다시 지시하게 되는 단어나 구의 사용을 말하며 대명사적 대용어, 동사적 대용어, 총괄적 대용어 등의 세 가지 유형이 있으며 생략을 대용어의 범주에 포함시킬 수도 있다.

(1) 대명사적 대용어

대명사적 대용어는 명사를 대신하여 사용된 대용어를 말하며 예는 다음과 같다.

예 (a) Most people would like *a vehicle* which is self-propelled, has no running costs, does not depreciate, and travels at up to 80 mph. I'd like *one* too.
　(b) I have picked a rotten *apple*. I must get a good *one*.

(2) 동사적 대용어

동사적 대용어는 동사를 대신하여 쓰인 대용어를 말하며 그 예는 다음과 같다.

예 A: Do you *like* mangoes ?
　B: Yes, I *do*.

(3) 총괄적 대용어

총괄적 대용어는 앞의 내용을 총괄하여 나타내는 어휘를 의미하며 'former', 'latter', 'problem', 'case', 'affair', 'idea', 'business', 'process', 'so' 등이 여기에 해당된다.

예 (a) The heart of all innovative conceptions lies in the borrowing from, adding to, or changing of old ideas. If creation is accomplished by accident, people might call it luck. Do it intentionally and people regard it as creative. All of us have the ability to create ideas, but to formulate good and useful ideas, we must understand *the process*.
　(b) A: Does she say there is going to be a lecture ?
　　B: Yes, she says *so*.

또한 불필요한 반복을 줄이기 위해 생략(ellipsis, omission)이 사용된다. 생략은 형태적으로 완전한 문장에서 의미전달에 지장이 없는 경우에 일부 단어 혹은 어구 등을 표현하지 않는 것을 말한다. 생략은 명령문이나 감탄문에서 특히 많이 사용되며 일상적인 대화에서 필수적이지 않은 부분은 생략하여 새로운 정보를 부각시키는 효과를 얻을 수 있다.

생략에는 예(a)와 같은 동사 생략(verbal ellipsis), 예(b)와 같은 명사 생략(nominal ellipsis), 예(c)와 같은 대명사 생략(pronominal ellipsis), 예(d)와 같은 절의 생략(clausal ellipsis) 등이 있다.

[예] (a) ⓐ The days are hot and the nights ∧ cool.
　　　 ⓑ John brought some mangoes, Mary ∧ some apples.
　　(b) I looked everywhere for apples but I couldn't find any ∧ .
　　(c) John and Sue talked about ∧ getting married.
　　(d) ⓐ I wanted to tell her how nice-looking they were but I did not dare to ∧.
　　　 ⓑ I left my books here and somebody came in and either borrowed them or put them back on the shelf but didn't say a word to me. I wish I could find out who ∧.

아울러 담화에 사용된 어휘 간에는 일정한 연결성과 사용 순서가 있어야 담화가 성립되는데 이를 어휘적 결합성(lexical cohesion)이라고 한다. 다음 예문에서 'house'와 'little dwelling'은 동일한 대상물을 지칭하므로 어휘적 결합성이 있다.

[예] *The house* stood at the end of a quiet neat street. *The little dwelling*, however, looked neglected and cheerless.

일반적으로 담화에서 하위어가 쓰인 다음에 상위어가 사용된다. 다시 말하면 특정한 어휘에서 포괄적인 어휘의 순서로 사용되는 것이 논리 전개상 자연스럽다. 예로 'dog'가 나온 후에 'animal', 'creature'가 사용되고 'Sonata' 후에 'car', 'vehicle' 등이 제시된다.

글에서는 특정한 정보에서 포괄성의 순서로, 다시 말하면 하위어 다음에 그것을 포함(inclusion)할 수 있는 상위어의 순서로 어휘나 어귀가 사용되어야 한다.

따라서 다음의 예(Mackey, 1987, pp. 250~251)에서 괄호 속에는 'massive and durable pieces of junk', 'debris', 'waste'의 순서로 채워져야 한다. 앞의 어구가 뒤 어구를 포괄하고 있기 때문이다.

> 예 The dumping of (   ), like the hulks of old vehicles and abandoned kitchen equipment, has become a nuisance. This (   ) is a menace to the farmer, destroys amenities, and costs money to the individuals or the local authorities who have to clean it up. Hence this problem cannot be allowed to expand in parallel with growth in the number of vehicles in service or with the increase in the total amount of household equipment produced. Dumping of (   ) by people in this way is already illegal and prosecutions are brought from time to time. Moreover, all local authorities have established and advertised the existence of tips to which those who are not prepared to incur the cost of a special collection can bring bulky objects for disposal. Therefore, the solution appears to be in the further development of the current threefold approach of legislative penalty, improved public services, and increased public awareness.

다음 예문에서 특정한 대상을 나타내는 'the eight-story warehouse'와 포괄적인 어휘인 'a construction'의 순서가 바뀌고 'the' 와 'a'도 서로 바뀌어 'an eight-story warehouse'가 먼저 오고 'the construction'이 뒤에 와야 글이 논리적으로 바람직하다.

> 예 Last night *a construction* was gutted by fire in the dock area of Singapore. Firemen fought the blaze for six hours but were unable to save the building. Early this morning what was left of *the eight-story warehouse* was declared a public hazard and the authorities have granted permission for its demolition.

또한 글을 쓸 때 동일한 어휘의 반복을 피하고 같은 의미를 지닌 다른 어휘로 교체하여 사용하는 것이 바람직하다. 다음 예에서 'a book', 'the work', 'the volume'은 동일한 대상을 지칭한다.

예) Before accepting information published in *a book*, you should spend a few minutes examining its structure. *The work* is likely to be authoritative if published by a publisher who specializes in the subject of the book. The foreword, preface or instruction will often summarize the purpose of *the volume*.

특정한 어휘들은 글의 다른 부분에 설명이 되어 있거나 독자 혹은 청자가 배경지식을 가지고 있어야 의미를 이해 할 수 있다. 예를 들면 다음 (a)에서 'issue'나 'methods'는 글이나 말 중에 이들에 대한 정보가 있어야 한다. 또한 (b)에서는 독자나 청자는 'events'나 'Tom's view'에 대한 선행지식을 가지고 있어야 이해할 수 있다.

예) (a) The *issue* will not be resolved by such *methods*.
(b) Recent *events* suggest that *Tom's views* are correct.

2) 일관성

일관성(통일성, coherence)은 담화나 문장들 간의 의미를 연결해주는 관계(the relationships which link the meaning of utterances in a discourse or of the sentences in a text)를 말한다. 다시 말하면 글의 논리 정연한 흐름을 의미한다. 글의 일관성은 화자 간 혹은 저자와 독자 간에 공유한 지식(shared knowledge)에 근거하며 구조적 의미(signification)보다는 맥락의미(value)에 관계된다.

다음 예 (a)에서 A와 B의 대화에서 문장 간에 문법적으로나 어휘관계로 연결된 것은 없지만 A와 B의 동생의 집 방향이 다르다는 공유된 지식이 대화자 상호간에 있으면 이 대화가 일관성을 지니고 하나의 담화를 이룬다. 또한 예(b)에서는 B가 A의 질문에 부정적인 답을 하고 있음을 세상지식을 통해 이해할 수 있다.

예) (a) A: Could you give me a lift home?
B: Sorry, I'm visiting my younger brother.
(b) A: Can you go to Jeju Island tomorrow?
B: The flight attendants are on strike.

독자나 청자는 문장 간에 결합관계 즉 문법관계가 없어도 세상지식을 통해서 대화나 글에 일관성을 부여하여 이해할 수 있다. 다음의 예문 (a)에서 B가 어떤 약속에 늦지 않으려고 A의 제의에 망설인다면 이 대화는 일관성이 있으므로 담화로 성립된다고 할 수 있다. 또한 (b)에서 독자는 세상지식을 통하여 둘째 문장이 첫 문장의 원인을 제시하고 있다고 이해할 수 있다.

> 예 (a) A: I'd love a cup of coffee.
> B: It's half four already.
> (b) The picnic was ruined.
> No one remembered to bring a corkscrew.

또한 다음 예문 (a)에서는 'screaming'이 위험과 연관된다는 글쓴이와 독자 사이에 공유된 세상지식이 있으므로 일관성이 있는 담화로써 성립한다. 그러나 만일 그 다음의 내용이 (b)와 같이 King Lear가 단검을 빼서 주위에 있는 바위에 그의 이름을 새겼다는 내용이면 일반적인 상식과 배치됨으로 글은 일관성을 잃고 유머를 나타낸다.

> 예 (a) Suddenly from the dark road ahead came a terrible screaming. King Lear's hand tightened on his dagger.
> (b) King Lear took out his dagger and carved his name on a rock.

다음 예 (a)의 세 문장은 결합성과 일관성이 부족하여 담화를 이루지 못하지만 (b)와 같이 변경하여 담화로 만들 수 있다.

> 예 (a) A man put a Swiss watch into a drawer.
> Brown forgot about a Swiss watch.
> A man bought a watch for Mrs Brown.
> (b) One day Brown bought a Swiss watch for his wife. However, he put the present into a drawer and forgot about it.

6.3.2. 연결사

문장이나 문단은 연결사(connectives) 혹은 담화표지(discourse marker)를 통해서 논리가 연결되는데 이러한 다양한 연결사와 담화표지의 의미와 기능의 이해는 독해력의 신장에 필수적인 요소이다.4 연결사는 문장의 문맥적 의미(functional value)와 글의 일관성(coherence)과 관계되며 내용 예측에 도움이 된다. 예를 들면 'thus'가 사용되면 다음의 내용이 결과에 관한 언급이고, 다음 예문과 같이 'however'나 'in contrast'가 쓰였으면 그 다음에 대조를 이루는 내용이 나타날 것을 독자는 기대하게 된다.

예) Mr. Brown is always optimistic; in contrast, his brother is . . . .

연결사는 단어, 구, 절을 연결하는 등위접속사(co-ordinate conjunction), 종속접속사(subordinate conjunction)와 그와 유사한 기능을 하는 어휘를 말하며 다음과 같이 분류할 수 있다 (Yorkey, 1970, pp. 110-113 참고).

〈표 6-1〉 연결사의 유형

연결사의 유형	연결사의 예
결과(result)	therefore, thus, after all, hence, consequently, accordingly
대조(contrast)	nevertheless, however, still, but
첨가(addition)	again, furthermore, moreover, in addition to
시간적순서(time sequence)	one, two, first(ly), second(ly), then, next, at last, lastly

담화표지는 연결사와 유사하지만 보다 포괄적인 용어로 말이나 글이 진행되는 방향을 나타내주는 어휘나 구, 접속사를 말하는데 Mackey(1987, p. 254)를 참고하여 분류하면 다음과 같다.5

---

4 연결사는 'transition', 'discourse connectives', 'logical connectors', 'connecting words' 등으로도 칭해진다.
5 담화표지는 주로 구어(spoken form)에 사용되는 용어지만 글에도 관계되며 'oh, well, you see, I mean' 같은 메우기 말(filler)도 포함되는 개념이다.

〈표 6-2〉 담화표지의 유형

담화표지의 유형	세부 유형	담화표지의 예
열거(enumerative)		first(ly), second(ly), one, two, next then, finally, to begin with, subsequently, in the end, eventually, to conclude
첨가(additive)	강화(reinforcing)	again, also, moreover, above all furthermore, in addition, what is more
	유사(similarity)	equally, likewise, similarly, in the same way, correspondingly
	단계변화(transition)	now, well, incidently, by the way, OK
논리적 연속 (logical sequence)	요약(summative)	so, so far, altogether, overall, then, thus, to sum up, therefore, in short
	결과(resultative)	so, as a result, consequently, hence now, thus, as a consequence
설명과 다시 명확히 말하기(explicative)		namely, in other words, that is to say, better, rather, by (this) mean
예증(illustrative)		for example, for instance
대조(contrastive)	대체(replacive)	alternatively, (or) again, (or) rather, (but) then, on the other hand
	반대(antithetic)	conversely, instead, then, on the contrary, by contrast, on the other hand
	양보(concessive)	anyway, however, still, yet, nevertheless, though, nonetheless, notwithstanding

6.4. 어휘의 스타일과 사용역

어휘는 글과 말의 스타일(style)과 언어사용역(register)에 따라 다르게 사용되기도 한다.

1) 스타일

스타일은 언어사용의 목적, 독자나 청중 및 상황에 따라 다양하게 나타나는 언어사용의 양태를 말하며 사회적 방언이나 지역적인 방언과는 다르다. Joos(1967)에 의하면 격식(formality)을 기준으로 다음과 같이 다섯 가지 유형으로 스타일이 구분되고 이러한 구분은 말 뿐 만아니라 글에도 적용되며 글에서는 말보다 더 신중한 문체가 사용된다. 또한 비언어적(non-verbal) 의사소통행위에서도 격식에 따른 차이가 있다.

(1) 연설 스타일(oratorical style)

공적인 연설에 사용되는 스타일로 사용언어는 사전에 신중하게 계획되고 억양은 다소 과장되며 어휘선택이 신중하다.

> 예 Ladies and gentlemen, it is a pleasure to be here today. For score and seven years ago our father brought forth on this continent a new nation . . .

(2) 신중한 스타일(deliberative style)

연설 스타일과 유사하지만 격식이 덜하다. 대학 강의나 처음 만난 사이 등에서 사용되는 언어를 예로 들 수 있다.

> 예 (a) May I help you?
> (b) We may not see one another for sometime.

(3) 상담 스타일(consultative style)

사용할 말의 내용과 어휘를 조심스럽게 선택하며 필요한 다소의 격식을 갖추는 스타일로 사업상의 거래 및 의사와 환자 사이의 대화에서 그 예를 찾을 수 있다.

> 예 (a) Yes, that's right.
> (b) Oh, I see.
> (c) Yes, I know well.

(4) 일상적 스타일(casual style)

정보를 많이 공유한 가족이나, 친구 사이에 사용되는 스타일로 말의 내용과 어휘선택에 비교적 제한이 없다. 이 스타일에서는 단축형과 생략형이 많이 사용된다.

例 (a) Friend of mine saw it.
　　(b) (The) Coffee's cold.
　　(c) Seen John lately?

(5) 친밀한 스타일(intimate style)

제약이나 격식이 전혀 없는 스타일로 가족, 연인 사이에 사용된다. 이 스타일에서는 단축형과 생략형이 일상적인 스타일에서 보다 더 자주 사용되는데 그 이유는 공유한 지식(shared knowledge)이 많기 때문이다.

例 (a) Where to?
　　(b) What for?
　　(c) In a hurry?

다음의 예에서 (a)는 일반적이고 중립적인 표현으로 어휘도 'cigarette'가 사용되었으나 (b)는 친밀한 스타일이며 친한 친구 간에 쓰일 수 있는 표현으로 속어 어휘인 'fag'가 사용되었다.

例 (a) Would you like a *cigarette*?
　　(b) Want a *fag*?

바람직한 스타일의 말을 하고 글을 쓰기 위해서는 명료하고 직접적인 어휘를 쓰고 필요한 어휘 보다 더 많은 어휘들을 사용하지 말아야 한다. 또한 가능하면 수동형보다는 능동형을 사용하는 것이 효과적이다.

be plain; be direct; use no more words that are necessary; search your vocabulary for the right word; use active verbs whenever you have a choice (Burton & Humphries, 1992, p. 91)

2) 사용역

언어사용역(register, 言語使用域)은 전공 분야, 직업집단, 사회경제적 집단 등에 따라 다르게 사용되는 언어의 이형(異形)을 말한다. 좀 더 세분하여 말하면 메시지의 내용, 전달자와 수용자, 목적, 의사소통방식, 대화자 간의 사회적 역할관계, 문어체와 구어체에 따라 다르게 쓰이는 언어를 말하며 지역 방언, 사회계층에 의한 방언도 여기에 포함된다.[6]

언어사용역으로 인하여 특정인의 사회적 신분이 나타날 수 도 있고 이를 통하여 특정한 집단과 자신을 동일시하거나 유대감을 가질 수도 있다. 예를 들면 교사 집단의 언어표현양식과 어휘선택은 다른 집단과 다소 다르다. 또한 교회에서 'brethren', 'beloved' 등의 어휘가 일반사회에서의 의미와는 다르게 사용된다.

사회계층에 따른 사회적 변이형을 보면 'woman' 보다는 'lady', 'sofa'보다는 'settee'가 더 높은 계층에서 사용된다. 또한 분야에 따라서도 사용어휘가 달라지는데 예로 'tablespoonful'은 요리나 약국 처방에서, 'neckline'은 양재(洋裁)에서 주로 사용된다. 아울러 과학논문은 30~50%가 수동구문으로 작성되고 인칭대명사의 사용이 적으며 'I'보다는 'we'가 선호된다. 이러한 현상은 학술적인 영역에서 객관성을 유지하기 위해서이다.

영국영어와 미국영어, 호주영어 등에서와 같이 지역적 차이 또는 지역적 방언 때문에 어휘선택이 달라질 수도 있다.

---

[6] 문어체와 구어체에 따라 어휘사용의 빈도도 달라지는데 CANCODE 코퍼스에 의하면 'yeah'는 구어체에서 빈도가 8번째이지만 문어체에서는 빈도가 매우 낮게 나타나 있다.

제7장
영어어휘의 규모와 학습어휘의 선정

제 7 장에서는 영어어휘의 전체적인 규모를 알아보고 핵심어휘에 관한 논의를 통하여 학습어휘의 선정기준을 연구한다. 또한 교육과정을 참고하여 초·중등학교에서의 학습어휘에 관해 논의하고자 한다.

7.1. 영어어휘의 규모

영어어휘 수는 가늠하기 어려울 정도로 많으며 외국어의 영향, 사회의 변화, 과학문명의 발달, 학문의 다원화 등으로 인해 계속하여 그 수가 증가하고 있다. 어휘의 수는 헤아리는 방법에 따라 다를 수 있으므로 학자에 따라 영어어휘의 규모에 대한 주장도 일치하지 않는다. Claiborne(1983)은 40만개 내지 60만개로, Crystal(1988)은 50만 개 내지 2백만 개로 보고 있다. 아울러 Bryson(1990)은 일반적으로 사용되는 어휘의 수는 20만이며 기술적인, 과학적인 용어들을 포함하면 그 수가 100만에 이른다고 주장하고 있고 Goulden, Nation, and Read(1990)는 *Webster's Third International Dictionary*(1963)에 고유명사를 제외하고 5만 4천 개의 어휘군이 수록되어 있다고 보고 있다.

Nation(1990)은 영어 모국어 화자의 경우에 5세에 1,500개, 6세에 2,500개의 단어를 익히고 대학생은 20,000개의 단어를 알고 있다고 주장했고 Lieber(2010)에 의하면 모국어 화자는 6세에 약 10,000개, 고등학교 학생들은 약 60,000개의 단어를 알고 있다고 한다. 또한 일반적으로 대학졸업자나 교육받은 원어민 화자는

2만 개의 어휘군 혹은 5만 개의 어휘를 알고 있다고 한다.

7.2. 핵심어휘와 학습어휘의 선정

7.2.1. 핵심어휘

학습할 어휘를 선정하기 위하여 핵심어휘에 대한 논의가 필요하다. 핵심어휘(core vocabulary)는 일상생활에서 원어민화자가 사용하는 기본적인 어휘 및 핵심적이고 중심적인 의미를 가진 어휘들을 말하며 학습에서 우선되어야 한다. 핵심어휘는 일반적으로 3,000개에 이르는데 Cambridge First Certificate Exam(CFCE)에서는 5,000개의 어휘를 핵심어휘로 제안하고 있으며 표현행위에 사용되는 능동적(active) 어휘는 2,500개로 보고 있다.

핵심어휘는 일상생활을 위한 기본 어휘 이외에 중심개념, 정의 어휘, 기준어와 대조어, 원형이론의 관점에서 논의할 수 있다. 첫째로 핵심어휘에는 유사한 의미를 지닌 어휘들에서 중심개념을 나타내는 어휘가 해당된다. 다음의 예에서 (a)는 'fat', (b)는 'house'가 핵심어휘에 해당된다.

> 예 (a) fat - corpulent, stout, overweight, plump, obese
> (b) house - abode, domicile, residence, dwelling

또한 다음의 예에서 'laugh'가 'giggle'보다 더 핵심적이고 포괄적이므로 (a)는 가능하지만 (b)는 의미상 문장으로 성립하기가 어렵다. 따라서 'laugh'가 'giggle'의 중심개념이 된다.

> 예 (a) A *giggle* is a kind of *laugh*.
> (b) (??) A *laugh* is a kind of *giggle*.

둘째로 핵심어휘는 동일한 의미 범주에 속하는 어휘를 정의하는데 사용될 수 있다. 다음의 예에 제시된 어휘들은 'eat'를 기본의미자질로 사용하여 정의할 수 있으므로 'eat'가 핵심단어이다. 다시 말하면 다른 어휘들은 'eat'를 함의하지만 'eat'는 다른 어휘들을 함의하지 않는다.

> 예 eat, gabble, dine, devour, stuff, gormandize

또 다른 예로 'chuckle, giggle, jeer, laugh, snigger'에서 핵심어휘는 'laugh'이며 이를 통하여 다음과 같이 다른 어휘의 정의를 제시할 수 있다.

> 예 (a) chuckle : laugh quietly
> (b) giggle : laugh continuously in a manner of suggestive of uncontrollable amusement (esp. by young girl)
> (c) jeer : laugh rudely (at)
> (d) snigger : laugh in a disrespectful more or less secret way

또한 다음 예에서 (a)는 'jump', (b)는 'run', (c)는 'walk'가 핵심어휘이다. 다른 어휘를 정의할 때 사용될 수 있기 때문이다.

> 예 (a) jump, vault, leapfrog, hurdle, leap, spring, bound
> (b) run, jog, sprint, trot, scurry, scamper, scuttle
> (c) walk, amble, hobble, limp, stroll, swagger, stalk

Longman Dictionary of Contemporary English(1976)에는 다른 어휘를 정의하기 위해 사용된 정의어휘(defining vocabulary)에 대하여 2,000개로 제한하고 있는데 이러한 어휘들을 영어교육에서 핵심어휘라고 할 수 있다. 따라서 외국어로서의 영어(English as a foreign language) 학습에서 필수적인 어휘는 대체적으로 2,000개로 보고 있다.

세째로 어휘를 기준어와 대조어로 나눌 수 있는데 기준어가 핵심어휘에 속한다고 할 수 있다. 기준어가 대조어에 비해 2배~8.2배의 빈도를 보이고 있으며 (Carroll, Davies and Richman, 1971 참고) 대조어보다 더 중점적이다(Lyons, 1977참고). 다시 말하면 기준어가 무표적(unmarked) 어휘이고 대조어가 유표적(marked) 어휘라고 볼 수 있다.

예) 기준어 beautiful - 대조어 ugly
　　　 big　　　　　　little
　　　 deep　　　　　 shallow
　　　 long　　　　　 short
　　　 old　　　　　　young

따라서 다음 예에서 각 항목의 뒤에 제시된 문장은 일반적이지 못한 문장이 된다.

예) (a) How big is this?　　　　　　(?) How little is this?
　　(b) How long is this?　　　　　 (?) How short is this?
　　(c) How old is this girl?　　　　 (?) How young is this girl?
　　(d) How well do you play the guitar? (?) How badly do you play the guitar?

넷째로 핵심어휘를 원형이론(prototype theory, Rosch, 1977)으로 판단해 볼 수도 있는데 원형(prototype)은 동일한 범주에 속하는 어휘들을 대표하는 어휘를 의미한다. 다시 말하면 원형이란 가장 적합한 예(best example)를 말한다. 또한 원형성(protptypicality)는 적형성, 전형성, 질에 따라 판단되어 진다.

(1) 적형성

적형성(well-formedness)은 형태, 기능, 행동 능력 등에서 적절하고 표준적인 자질을 말한다. 예로 새는 다리가 두 개이며 날 수 있다는 특성이 적형성에 속한다.

(2) 전형성

전형성(typicality)은 원형 내의 개별적인 특성을 말하는 것으로 예를 들면 타조는 다리가 둘이고 새에 속하지만 날 수는 없는 특성이 있는 것이다.

(3) 질

동일한 범주에 있더라도 원형의 판단 기준은 질(quality)에 따라 달라질 수 있다. 예로 영국인들은 과일의 원형으로 망고와 사과 중에 사과를 선택하지만 사과라도 맛과 즙이라는 질적 조건에 따라 망고를 선택할 수도 있다.

이 이론에 의하면 어린이들이 모국어의 어휘를 습득할 때 인간의 마음속에 자리 잡고 있는 원형적 이미지와 개념을 현실적으로 가장 잘 나타내는 어휘들을 먼저 배운다. Katamba (2004, p. 123)가 California대학생들을 대상으로 조사한 바에 의하면 새(鳥, bird)에 대하여 'robin, sparrow, dove, canary, owl' 등의 순서로 원형을 제시하였고 습득 순서도 이러한 순서라고 볼 수 있다. 한국어의 경우에 참새나 제비 등이 타조나 펭귄보다 더 새의 원형에 가깝다고 할 수 있고 따라서 '참새'나 '제비'에 해당되는 어휘를 먼저 배울 가능성이 더 높다고 볼 수 있다. 다른 예로 어린이들은 개, 승냥이, 여우 등을 모두 '개'로 인식하여 쉽게 습득한다. 이러한 현상은 일상생활에서 무수한 어휘의 의미를 파악할 때 범주화(categorization) 과정을 거치게 됨을 의미하며 원형이론은 이러한 범주화의 일종이라고 할 수 있다. 또한 원형이론은 한 어휘가 다의적이라도 하나의 원형적인 의미를 통하여 다른 어휘의 의미를 이해하고 인지하는데 도움을 줄 수 있으므로 원형은 핵심어휘에 속한다고 판단할 수 있다. 그러나 이러한 원형도 사회의 변천에 따라 달라질 수도 있다고 본다. 최근의 어린이들은 일상생활에서 참새나 제비를 실제로 보기가 어려울 수도 있기 때문이다.

다음은 원형적 이미지를 나타내는 어휘들을 기본어(basic level term), 상위어(superordinate term), 하위어(subordinate term)의 세 단계로 분류한 표(Cook, 2001, p. 65 참고)이다. 기본어는 일상적으로 사용되는 어휘, 상위어는 보다 포괄적인 어휘, 하위어는 보다 특수한 어휘를 의미한다.

〈표 7-1〉 어휘 계층구조의 예

상위어	furniture	bird	fruit	vehicle
기본어	table, desk chair	sparrow robin	apple, grape strawberry	car
하위어	coffee table armchair stool	field sparrow house sparrow	Golden Delicious wild strawberry	Ford Sonata SM 3

Cook(2001)에 의하면 모국어로 영어를 습득하는 어린이들은 원형적 이미지를 현실적으로 구현하는 어휘들인 'table/chair', 'sparrow', 'apple' 등의 기본어를 하위어나 상위어보다 먼저 배운다고 한다. 외국어 학습의 초기에는 그림으로 알기 쉽게 표현되는 어휘들부터 학습하는 것이 효과적인데 그 이유는 그러한 어휘들의 원형적 이미지 즉 핵심적인 개념을 학습자들이 알기 쉽기 때문이다. 예로 '의자' 그림이나 실물을 보고 '의자(chair)'를 인지하기는 쉽지만 상위어인 'furniture'나 하위어인 'stool'을 인지하기는 쉽지 않다. 따라서 EFL교육에서 위의 세 수준의 어휘를 한 단원에서 동시에 학습하는 것보다는 'chair' 'desk', 'grapes', 'strawberry', 'car'와 같은 기본어를 상위어인 'furniture', 'animal', 'fruit' 혹은 하위어인 'armchair', 'field sparrow', 'Golden Delicious'보다 먼저 익히는 것이 효과적이다.

7.2.2. 학습어휘의 선정

제한된 시간에 필요한 모든 어휘를 학습할 수는 없으므로 일정한 기준으로 어휘를 선정하여 학습해야 한다. 또한 EFL상황에서는 영어에 노출될 수 있는 기회가 제한되어 있으므로 경제적인 학습방법과 어휘의 적절한 선정이 필요가 있다.
비원어민 화자에게 필요한 공통핵심어휘를 파악하려는 다양한 시도가 있어 왔으나 그 연구 결과는 일치하지 않는데 대략적으로 2,000~7,000개로 보고 있다. 유럽회의(the Council of Europe)에서는 생존에 필요한 단어의 수를 1,000개, 기본 의사소통에 필요한 단어를 2,500개, 고급수준의 영어구사능력을 위해서는 7,000

개의 단어가 필요하다고 보고 있다. 일반적으로는 교육받은 제2언어 화자는 5,000개의 어휘군을 알고 있다고 한다. Honeyfield (1977, p. 318)에 의하면 입문단계(threshold level)의 비원어민이 사용빈도가 높은 핵심어휘(core vocabulary) 3,000개를 알고 있으면 대부분 교재에 사용된 어휘의 80~90%는 이해할 수 있고, 나머지 10~20%는 문맥 속에서 유추하도록 노력하는 것이 바람직하다고 한다.[1] 또한 Nation(1990, p. 19)은 빈도가 높은 2,000개의 어휘를 알면 일반적인 텍스트의 85%를 이해할 수 있다고 한다. 유사하게 British National Corpus(BNC)에서도 2,000개의 단어로도 원어민화자들의 일상대화의 98%를 이해할 수 있다고 주장하고 있다.

그러나 이러한 어휘의 양은 단어군(word family)을 말하는 것이므로 실제로는 더 많은 단어를 알아야 한다. 또한 학문적인 목표를 지닌 학습자는 빈도수가 비교적 낮은 전문 영역의 단어들을 많이 숙지해야 하므로 2,000개 혹은 3,000개의 단어를 아는 것으로는 부족하다. Schmitt(2000)는 일상적인 대화에는 2,000개의 단어가 필요하지만 학문적인 텍스트의 이해에는 10,000개의 단어를 숙지해야 한다고 했다.

외국어로서의 영어 학습에 필요한 어휘를 개별 어휘의 수보다는 단어군의 수로 가늠하는 것이 더 합당하다. 비원어민 영어학습자는 기본적으로 2,000개의 단어군을 알도록 권장되고 있으며 이는 일반적인 텍스트에 있는 10개의 어휘 중 9개의 비율로 어휘를 안다는 것을 의미한다.

> Learners need a threshold vocabulary of at least 2,000 word families, and that this would provide familiarity with roughly nine out of ten words in a non-specialist text (Thornbury, 2002, p. 148).

읽기에 기본적으로 3,000~5,000개의 어휘군, 대학의 교재를 읽기위해서는 10,000개의 어휘군, 원어민화자의 수준에 이르기 위해서는 15,000~20,000의 어휘군(Nation & Waring, 1997 참고)의 숙지가 요구되고 있다.

---

[1] 입문단계(threshold level)는 외국어구사능력의 최소한의 수준을 말한다.
 Threshold level is the 'lowest level of foreign-language ability to be recognized' (van Ek, 1975, p. 8).

우선 초급단계에서는 구체적인 어휘를 학습하고 수준이 높아감에 따라 추상적 어휘를 첨가하는 것이 바람직하다. 또한 학습 어휘 선정은 사용빈도, 이용도, 사용 범위, 치환성, 학습용이성, 영상성, 돌출성, 기본형 등을 기준으로 하는 것이 효과적이고 경제적이다.

1) 사용빈도

사용 빈도(빈출도, frequency)는 하나의 단어가 모국어 화자에 의해 어느 정도로 자주 사용되는가를 나타내는 것으로 학습 어휘 선정에서 가장 중요한 기준 중의 하나이다. 다시 말하면 사용되는 빈도가 높은 어휘는 빈도가 낮은 어휘보다 우선해서 학습해야 한다. 그러나 사용빈도는 구어와 문어, 전공영역, 직업 등에 따라 다를 수 있음을 유의해야 한다.

영어에서 사용빈도가 비교적 높은 어휘는 10,000개이다. 가장 빈도가 높은 어휘는 'the'이며 텍스트의 6~7%를 차지한다(Nation, 2005, p. 581). 빈도수가 높은 10개의 단어가 텍스트의 25%, 100개의 단어가 일반적인 글의 50%에 사용되며 대부분의 기능어는 여기에 해당된다. 또한 빈도가 높은 300개의 단어가 글의 65%에, 1,000개의 단어가 70~80%에 해당된다. 아울러 사용빈도가 높은 2,000개의 어휘를 이해하면 글에 사용된 약 90%의 어휘를 알 수 있다.

> A passive knowledge of the 2,000 most frequent words in English would provide a reader with familiarity with nearly nine out of every ten words in most written texts (Thornbury, 2002, p. 21).

동일한 단어라도 문장 중에서 수행하는 기능과 품사에 따라 빈도가 차이가 난다. 예를 들면 'certain'과 'certainly'는 다음과 같이 기능에 따른 사용빈도의 차이가 있다 (Sinclair and Renouf, 1988, pp. 147-148 참고).

예 (a) *certain*
　　Function 1. (60% of occurrences) Determiners as in:

ⓐ a *certain* number of students

ⓑ in *certain* circles

Function 2. (18% of occurrences) Adjectives as in:

ⓐ I'm not awfully *certain* about . . . .

ⓑ We've got to make *certain*.

Function 3. (11% of occurrences) Adjective, in phrase 'A + certain + noun', as in:

ⓐ . . . has a *certain* classy ring

ⓑ There is a *certain* evil in all lying

(b) *certainly*

Function 1. (98% of occurrences) as in:

ⓐ It will *certainly* be interesting.

ⓑ He will almost *certainl*y launch into a little lecture . . . .

영어에서 20개의 빈도가 가장 높은 어휘는 다음과 같다.

the, of, and, to, a, in, that, is, was, he, for, it, with, as, his, on, be, at, by, I (Kucera & Francis, 1967 참고)

the, of, and, to, a, in, that, I, it, was, is, he, for, you, on, with, as, be, had, but (Sinclair & Renouf, 1988 참고)

British National Corpus(BNC)에 나타난 빈도 순 50개의 단어는 다음과 같은데 대부분 기능어, 정관사 'the,' 부정관사 'a(an),' 대명사 'it,' 조동사 'would', 'be'동사, 인칭대명사 등이다.

〈표 7-2〉 The fifty most frequent words in English

1	the	11	I	21	are	31	which	41	their
2	of	12	for	22	not	32	or	42	has
3	and	13	you	23	this	33	we	43	would
4	a	14	he	24	but	34	an	44	what
5	in	15	be	25	's (poss.)	35	n't	45	will
6	to	16	with	26	they	36	's(verb)	46	there
7	it	17	on	27	his	37	were	47	if
8	is	18	that (conj.)	28	from	38	that (det.)	48	can
9	was	19	by	29	had	39	been	49	all
10	to (prep.)	20	at	30	she	40	have	50	her

다음 표는 BNC에 나타난 명사, 동사, 형용사의 각 빈도순 20개의 단어목록이다. 명사에는 'people', 'thing'과 같이 전반적인 의미를 나타내는 단어들이 있고 많은 단어가 'seem,' 'available' 같이 추상적인 의미를 나타내거나 'think,' 'good'처럼 주관적인 평가를 나타내는 단어들이다. 또한 BNC에 의하면 빈도순으로 상위 100 단어가 전체 사용빈도의 45%에 이른다. 이러한 점을 초급단계 학습자의 교재 선정과 학습에 고려해야 한다.

〈표 7-3〉 The twenty most frequent nouns, verbs and adjectives in English

	Nouns				Verbs				Adjectives		
1	time	11	part	1	say	11	give	1	new	11	British
2	people	12	number	2	know	12	want	2	good	12	possible
3	way	13	children	3	get	13	find	3	old	13	large
4	year	14	system	4	go	14	mean	4	different	14	young
5	government	15	case	5	see	15	look	5	local	15	able
6	day	16	thing	6	make	16	begin	6	small	16	political
7	man	17	end	7	think	17	help	7	great	17	public
8	world	18	group	8	take	18	become	8	social	18	high
9	work	19	woman	9	come	19	tell	9	important	19	available
10	life	20	party	10	use	20	seem	10	national	20	full

다음은 Birmingham Corpus (Sinclair & Renouf, 1988, p. 149)에 제시된 200개의 빈도가 높은 어휘이다. 이 어휘 빈도표에 의하면 현재형보다 과거형이 더 자주 사용됨을 알 수 있다. 예를 들면 'had'는 19위이지만 'has'는 61위이다. 이 표를 근거로 한다면 동사의 현재형부터 학습하는 방법은 올바르다고 볼 수 없다.

〈표 7-4〉 어휘 빈도표

1	the	41	what	81	because	121	come	161	last
2	of	42	their	82	two	122	work	162	great
3	and	43	if	83	over	123	made	163	always
4	to	44	would	84	don't	124	never	164	away
5	a	45	about	85	get	125	things	165	look
6	in	46	no	86	see	126	such	166	mean
7	that	47	said	87	any	127	make	167	men
8	I	48	up	88	much	128	still	168	each
9	it	49	when	89	these	129	something	169	three
10	was	50	been	90	way	130	being	170	why
11	is	51	out	91	how	131	also	171	didn't
12	he	52	them	92	down	132	that's	172	though
13	for	53	do	93	even	133	should	173	fact
14	you	54	my	94	first	134	really	174	Mr
15	on	55	more	95	did	135	here	175	once
16	with	56	who	96	back	136	long	176	find
17	as	57	me	97	got	137	I'm	177	house
18	be	58	like	98	our	138	old	178	rather
19	had	59	very	99	new	139	world	179	few
20	but	60	can	100	go	140	thing	180	both
21	they	61	has	101	most	141	must	181	kind
22	at	62	him	102	where	142	day	182	while
23	his	63	some	103	after	143	children	183	year
24	have	64	into	104	your	144	oh	184	every
25	not	65	then	105	say	145	off	185	under
26	this	66	now	106	man	146	quite	186	place
27	are	67	think	107	er	147	same	187	home
28	or	68	well	108	little	148	take	188	does

29	by	69	know	109	too	149	again	189	sort
30	we	70	time	110	many	150	life	190	perhaps
31	she	71	could	111	good	151	another	191	against
32	from	72	people	112	going	152	came	192	far
33	one	73	its	113	through	153	course	193	left
34	all	74	other	114	years	154	between	194	around
35	there	75	only	115	before	155	might	195	nothing
36	her	76	it's	116	own	156	thought	196	without
37	were	77	will	117	us	157	want	197	end
38	which	78	than	118	may	158	says	198	part
39	an	79	yes	119	those	159	went	199	looked
40	so	80	just	120	right	160	put	200	used

사용빈도에 관한 논의에서 고빈도 동사에 대한 관심도 필요하다. Cook(2001)에 의하면 영어 동사의 빈도는 다음과 같은 순서이다.

> say, know, get, go, see, make, think, take, come, use, give, want, find, mean look. begin, help. become, tell, seem

빈도가 높은 어휘가 학습자에게 반드시 가장 유용하거나 필요한 어휘는 아닐 수도 있다. 따라서 빈도수만으로 지도어휘를 선정하는 것은 문제가 있으며 적용 범위, 교육목적, 학습용이성 등도 함께 고려되어야 한다.

2) 이용도

이용도(상황적 빈도, 유용성, availability)는 하나의 단어가 특정한 상황에서 연상되거나 필요한 정도를 말하며 쉽게 기억되고 회상되는 단어의 이용도가 높다. 생활 관련 단어와 스포츠 용어들이 이용도가 비교적 높다고 할 수 있다. 예로 신체부위에 관해서는 'leg,' 'hand,' 'eye,' 'nose,' 'ear' 등의 단어가, 학교에 관해서는 'classroom,' 'teacher,' 'library' 등의 단어가 쉽게 연상된다. 'blackboard'나 'eraser'는 일반사회에서는 사용빈도가 낮으나 교실 상황에서는 자주 사용된다. 따라서 이러한 어휘는 '교실 내에서의 의사소통 유용성(classroom communication usefulness)'이 높다고 할 수 있다. 또한 'spud'(colloquial)보다는 'potato'(neither colloquial nor formal)가, 'medical practitioner'(formal)보다는 'doctor'(neither colloquial nor formal)가 더 이용도가 높다.

이용도는 어휘선정에서 사용빈도를 보완해 줄 수 있는 기준이 되며 '상황적 빈도'라는 용어로도 사용된다.

3) 사용범위

사용범위(분포범위; range)는 단어가 얼마나 다양한 문맥과 텍스트에서 사용되는가에 대한 척도이다. 제한된 글과 말에서만 쓰이는 단어보다는 여러 형태의 다양한 글과 구어에서 사용되는 단어를 선정하여 학습하는 것이 효과적이다. 예를 들면, 높은 사용빈도를 가지고 있으나 사용범위가 제한되어 구어 혹은 속어에만 제한적으로 사용되는 어휘가 있는데 이러한 어휘는 기본필수어휘에 포함되지 않는다.

> 예 cool (멋지네), buck (달러)

또한 사용범위는 지역과 전공영역에 따라 다른데 예로 'kiwi'(키위 새, 특정한 과일, 뉴질랜드인)는 뉴질랜드에서는 사용빈도가 높지만 기타 지역에서는 그렇지 않으므로 사용범위가 넓다고 할 수는 없다.

4) 치환성

치환성(적용범위, coverage)은 하나의 단어나 구조가 유사한 의미를 지니는 다른 단어나 구조를 대신하거나 포괄해서 사용될 수 있는 정도, 혹은 관련된 다른 단어와 결합되어 쓰이는 정도를 말한다.[2] 다음의 예에서 'seat'와 'bag'은 다음과 같은 다른 단어의 의미를 포괄해서 사용될 수 있으므로 치환성이 크다.

---

[2] 치환성은 언어구조에도 해당되는데 다음 예에서 문장 (a)가 문장 (b)를 대신하여 쓰일 수 있으므로 치환성이 높으며 치환성이 높은 구조를 우선하여 학습하는 것이 바람직하다.
(a) What time is it please?
(b) Could you kindly tell me the time?

예 (a) seat: chair, bench, stool
　　(b) bag: suitcase, handbag, sack, valise

또한 다음의 예와 같이 'book'과 'get'은 다른 단어와 결합하여 쓰이는 경우가 많으므로 치환성이 다른 단어보다 높다.

　　(a) book: notebook, exercise book, textbook
　　(b) get: get ahead, get around, get at, get away with, get on, get off

치환성이 큰 어휘일수록 유용성이 크다.

A word is more useful if it covers more things than if it only has one very specific meaning (Harmer, 1991, p. 154).

5) 학습 용이성

학습 용이성(learnability)은 배우고 가르치는데 얼마나 쉬운가를 나타내는 말이며 학습의 용이성이 큰 단어들을 우선적으로 학습 어휘로 선정하는 것이 바람직하다. 다음의 예들은 한국사회의 일상생활에서 사용되므로 쉽게 배울 수 있다.

예 bus, computer, group, pop song, restaurant, taxi, television, truck

'buffalo'보다는 'cow, hen' 등이 일상생활에서 볼 확률이 더 많으므로 학습이 더 쉽다. 아울러 'blackboard, desk, window, wall, desk, chair' 등은 실물이 교실에 있어 학습이 더 용이하다. 또한 'blue, red, white'등은 학습자에게 색상을 보여 줄 수 있으므로 'happiness, punish, charity' 등의 추상적 단어보다는 이해가 더 쉽다. 따라서 구체적인 어휘는 초급단계에서 학습하고 추상적인 단어는 추후에 배우는 것이 바람직하다.

목표어권과의 문화나 어휘개념의 차이 때문에 학습 용이성이 영향을 받을 수도 있다.

6) 영상도와 상황도

영상도(imageability)는 특정한 단어에 대하여 그 모습이나 그림이 떠 올릴 수 있는 정도, 상황도(context availability)는 단어가 사용될 수 있는 사례, 상황 등을 떠올릴 수 있는 정도를 말하며 일반적으로 구체적 어휘가 추상적 어휘보다 더 영상도와 상황도가 커서 학습에 용이하다. 이러한 기준도 어휘 선정에 참고하는 것이 바람직하다.

7) 돌출성

돌출성(saliency)은 학습자에게 두드러져 보이는 정도를 말하며 빈도 다음으로 어휘습득에 영향을 준다. 돌출성이 있다면 학습자의 관심과 주의를 끌기가 쉽기 때문이다. Brown(1993)에 의하면 출현빈도가 높은 어휘, 교사가 초점을 두어 지도하는 어휘, 메시지 전달에 반드시 필요한 어휘 등이 돌출성이 크다.

8) 기본형

어휘교육에서 기본형(unmarked form)을 유표형(marked form)에 앞서 학습하는 것이 바람직하다.[3] 기본형이 더 자주 사용되고 다음과 같이 기본형을 토대로 파생, 합성 등의 과정을 거쳐 관련된 다른 어휘가 형성되거나 적합한 형태로 변화되어 사용되기 때문이다.

(a) 기본형 + 비교급/최상급어미
(b) 기본형 + 복수어미
(c) 기본형 + 과거 어미
(d) 기본형 + 여성명사 어미

그러나 유표형도 사용빈도, 학습용이성 등을 고려하여 우선적으로 학습할 필요가 있는 경우도 있다.

---

[3] (Markedness is) a theory that in the languages of the world certain linguistic elements (unmarked forms) are more basic, natural, and frequent than others which are referred to as 'marked' (Richards, Platt and Weber, 1985, p. 171).

7.2.3. 학교급별 학습어휘

학교급별 학습어휘는 교육과정의 변천에 따라 소폭이지만 변화해 왔다. 2007교육과정까지는 각 학년별로 학습 어휘의 수를 제시하였다.

〈표 7-5〉 제 7차 교육과정의 학년별 지도어휘의 수

학교급별	단계(학년)	지도할 어휘의 숫자
초등학교	3단계(초등3)	80~120
	4단계(초등4)	80~120
	5단계(초등5)	90~130
	6단계(초등6)	90~130
	소 계	450개 내외
중등학교	7단계(중1)	200개 내외
	8단계(중2)	250개 내외
	9단계(중3)	350개 내외
	10단계(고1)	450개 내외
	소 계	1,200개 내외
계		1,700개 내외

그러나 2009개정 교육과정에서는 다음의 표와 같이 학년군별로 어휘수를 지정하고 있다.

〈표 7-6〉 학년군별 어휘수 지정

학년군별	어휘수
초등 3-4학년군	240 낱말 내외
초등 5-6학년군	260 낱말 내외
(누계)	500 낱말 내외
중학교 1-3학년군	750 낱말 내외
(총계)	1250 낱말 내외

위 <표 7-6>에서 '낱말 내외'라는 의미는 '5% 범위 이내에서 가감하여 사용할 수 있음'을 의미하며 기본 어휘 목록에 제시된 어휘 중에서 학년군별 권장 어휘수

의 80% 이상을 학습할 것을 권장하고 있다. 고등학교의 경우 영어교과의 내용에 따라 기초 영어는 1,300 낱말 이내, 실용 영어 I은 1,600 낱말 이내, 실용 영어 회화는 1,200 낱말 이내, 실용 영어 독해와 작문은 1,800 낱말 이내, 실용 영어 II는 2,000 낱말 이내, 영어 I은 1,800 낱말 이내, 영어 회화는 1,500 낱말 이내, 영어 독해와 작문은 2,200 낱말 이내, 영어 II는 2,500 낱말 이내, 심화 영어는 2,800 낱말 이내, 심화 영어 회화 I은 1,800 낱말 이내, 심화 영어 회화 II는 2,000 낱말 이내, 심화 영어 독해 I은 3,300 낱말 이내, 심화 영어 독해 II는 3,500 낱말 이내, 심화 영어 작문은 2,300 낱말 이내로 제시되어 있다.

위에서 제시된 학습 어휘 수에서는 어휘의 대표형만을 헤아린 것이다. 따라서 다음 예에서 괄호에 제시된 것과 같은 변화형 및 파생어들은 각각 별도로 계산되지는 않았다.

> 예 be(am, are, is, was, were, been, being)
> book(books), foot(feet), leaf(leaves)
> have(has, had, having), write(writes, wrote, written, writing)
> they(their, them, theirs, themselves)
> tall (taller, tallest), good(better, best), happy(unhappy), realize(realization)
> emotion (emotional)

또한 동일어의 의미 변화 및 문법 기능상 차이가 있는 경우는 원칙적으로 하나의 낱말로 셈하였다.

> 예 back (부사, 명사, 동사)
> bat (명사, 동사)
> close (부사, 형용사, 동사)

인명, 지명, 국가명 등 고유 명사, 기수, 서수, 로마자화된 우리말 단어는 새로운 어휘로 간주하지 않는 것을 원칙으로 했다. 단 빈도수가 높고 학습에 필요한 일부 기수와 서수의 경우 기본 어휘 목록에는 대표형만 제시하고, 대표형은 다음과 같이 변화형을 포함하는 것을 원칙으로 한다.

> 예) three (thirteen, thirty, thirteenth, thirtieth)
> four (fourteen, forty, fourteenth, fortieth)
> nine (nineteen, ninety, ninth, ninetieth)

생활 주변에서 흔히 사용하고 있는 아래의 78개의 낱말들은 외래어로서 새로운 어휘로 간주하지 않는다.

> 예) album, apartment, badminton, banana, bench, bus, cake, card, cheese, chess, chocolate, coat, coffee, computer, crayon, cream, cup, curry, dollar, doughnut, elevator, film, fork, game, graph, guitar, gum, hamburger, hockey, iguana, Internet, jacket, jam, jean, juice, kangaroo, kiwi, lemon, marathon, melon, notebook, orange, pajama, panda, party, pen, piano, pie, pizza, plastic, pool, program(BE programme), quiz, racket, ribbon, robot, rocket, salad, sandwich, scarf, shirt, skate, ski, snack, soup, spaghetti, steak, sweater, taxi, television/TV, tennis, tomato, truck, T-shirt, violin, website, X-ray, zipper

제8장
어휘능력과 어휘학습의 방향

제 8 장에서는 어휘능력에 대한 논의를 통하여 어휘학습의 목표와 방향을 제시하고 문맥 속에서의 어휘학습과 문맥을 고려하지 않는 계획적 어휘학습을 비교하여 다루고자 한다.

8.1. 어휘능력

외국어 학습에서 어휘는 가장 중요한 부분 중의 하나이며 어휘를 안다는 것은 어휘의 형태와 의미, 쓰임새 및 어감을 이해하고 해당 어휘를 사용할 수 있는 능력(productive knowledge)을 가지고 있음을 의미한다. 또한 어휘지식을 어떻게 보느냐에 따라 어휘능력의 규정, 측정 및 학습의 방향이 달라진다.

Nation(1990, p. 31)은 어휘지식을 다음과 같이 8개의 영역으로 제시하고 있다.

(a) the meaning(s) of the word
(b) the written form of the word
(c) the spoken form of the word
(d) the grammatical behavior of the word
(e) the collocations of the word
(f) the register of the word
(g) the associations of the word
(h) the frequency of the word

여기서 어휘의 문법이란 문장 내에서 어휘의 쓰임새 혹은 어휘가 쓰이는 구조를 말한다. 예로 다음 (a)에서 'man'이 동사로 쓰이는 경우에는 생명이 있는 (animate) 주어가 사용되고 목적어가 있어야 한다. 또한 (b)에서 'emphasis' 다음에는 'on'이 사용되어야 하지만 'emphasize' 다음에는 필요 없다.

예 (a) Soldiers *manned* barricades around the city.
　　　*It *manned* the barricades.
　　　*They *manned*.
　　(b) This dictionary puts a special *emphasis on* grammar.
　　　Few people *emphasized* it.

유사하게 Harmer(1991, p. 158)는 어휘지식의 영역을 다음 표와 같이 제시하고 있다.

〈표 8-1〉 어휘지식의 영역

MEANING	Meaning in context
	Sense relations
WORD USE	Metaphor and idiom
	Collocation
	Style and register
WORD INFORMATION	Parts of speech
	Prefixes and suffixes
	Spelling and pronunciation
WORD GRAMMAR	Nouns: countable and uncountable, etc.
	Verb: complementation, phrasal verbs, etc.
	Adjectives and adverbs: position, etc.

또한 어휘 지식을 폭(넓이, breadth), 깊이(depth), 유창성(fluency)으로 나누어 논의할 수도 있다 (Daller, Milton & Treffers-Daller, 2007 참고). 폭은 아는 단어의 수를 말하고 깊이는 한 단어에 대하여 얼마나 알고 있는 것을 말하며 쓰임새, 연어 등에 관한 지식이 여기에 포함된다. 또한 유창성은 어휘 사용의 용이성과 속도를 의미한다. 효과적인 의사소통을 위하여 이러한 어휘지식의 3요소가 필요하며 그림으로 나타내면 다음과 같다.

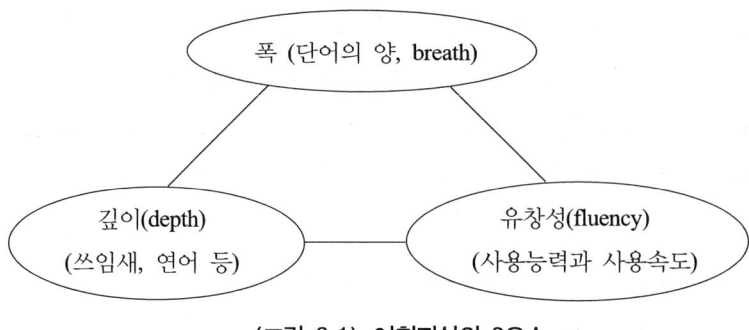

〈그림 8-1〉 어휘지식의 3요소

어휘 사용의 관점에서 어휘능력은 수동적 어휘능력과 능동적 어휘능력으로 나눌 수 있다.

1) 수동적 어휘 능력

수동적 어휘(receptive, passive vocabulary)에 대한 이해능력을 수동적 어휘능력이라고 한다. 수동적 어휘는 수용(receptive)기능인 듣기나 읽기 이해에는 필요하지만 표현 기능에 사용되는 빈도는 극히 드문 어휘를 말한다.

> Words that they could not readily produce, but would understand, are said to be in student's receptive(or passive) vocabulary (Cross, 1991, p. 15).

> [It] refers to words that the students will recognize when they meet them but which will probably not be able to produce (Harmer, 1991, p. 159).

수동적 어휘는 능동적 어휘의 약 2.2배이 이르며 독자나 청자는 능동적 어휘보다 수동적 어휘를 더 많이 알고 있다.

2) 능동적 어휘 능력

어휘에 대한 사용능력을 능동적 어휘능력이라고 한다. 능동적 어휘(productive, active vocabulary)는 이해기능 뿐만 아니라 쓰기나 말하기 같은 표현(productive)기능에서 사용되는 어휘를 말한다. 능동적 어휘는 수동적 어휘에 비해 그 수가 적지만 일상생활과 교실활동에서 더 자주 사용하므로 더 많은 활용 연습이 필요하다.

Words that are internalized and can readily be produced are said to be in the student's active vocabulary (Cross, 1991, p. 15).

[It] refers to vocabulary that students have been taught or learnt - and which they are expected to be able to use (harmer, 1991, p. 159).

초급단계에서는 의사소통에 직접 활용할 수 있는 능동적 어휘 능력의 신장에 더 비중을 두고 차츰 수동적 어휘의 학습으로 비중을 옮겨 가는 것이 바람직하다. 그러나 능동적 어휘능력과 수동적 어휘능력의 구분은 절대적이지 않으며 수동적 어휘는 학습자의 세상지식과 언어능력이 신장됨에 따라 능동적 어휘로 변화된다. 또한 학습자가 수동적 어휘에 자주 노출되면 이 어휘가 능동적 어휘로 될 수 있다.

Continued exposure to the language is the best way to transform receptive words into active ones (Nuttall, 1988, p. 64).

따라서 새로운 어휘를 다양한 문맥과 상황에서 표현해 보는 활동을 통하여 수동적 어휘능력과 능동적 어휘능력의 격차를 줄여가는 것이 바람직하다.

The ideal is constantly to narrow the gap between our active vocabulary and an ever-growing vocabulary (Burton & Humphries, 1992, p. 66).

요약하면 어휘능력이란 어휘의 형태, 의미, 사용에 대한 수동적 능력과 능동적 능력을 말한다. 다시 말하면 낱말과 숙어(익은 말)의 의미를 이해하며 어휘의 철자, 발음, 의미, 쓰임새, 구성성분을 알고 문맥 속에서 적절하게 사용할 수 있는 능력을 의미한다.

8.2. 어휘학습의 목표와 방향

어휘 학습의 목표는 학습자가 자율적으로 자기 나름의 학습전략을 통하여 독립적인 학습자가 되게 하는데 있다. 그러나 어휘의 학습 방법에 대해 다양한 상황에서 모든 학습자에게 효과적인 방법을 찾기는 쉽지 않으며 전반적으로 인정되는 이론은 정립되지 못했다.

> [T]here isn't an overall theory of how vocabulary is acquired. Our knowledge has mainly been built up from fragmentary studies, and at the moment we have only the broadest idea of how acquisition might occur . . . . There are still whole areas which are completely unknown (Nation, 1995, p. 5).

어휘 학습에서는 의미이해 −이해점검 −강화 −표현 연습의 단계가 바람직하다.

〈표 8-2〉 어휘 학습의 단계

단계	학습 방법
의미 이해	실물, 그림, 상황, 의미관계의 활용 등
이해 점검	신체활동으로 표현하기, 질문기법 등의 활용
강화	과업활동, 게임, 노래 등의 활용
회상과 표현	표현 활동, 스토리텔링 등의 활용

어휘 학습의 일반적인 방향을 정리하면 다음과 같다.[1]

(1) 새로운 어휘를 문맥 속에서 이해하는 방법이 바람직하므로 학습자가 듣기・읽기활동 전후에 구어적, 문어적 문맥 속에서 해당 어휘를 가능한 많이 접한다.

---

[1] Brown (2001, p. 377)은 어휘 교육의 방향을 다음과 같이 제시하고 있다.
(1) Allocate specific class time to vocabulary learning.
(2) Help students to learn vocabulary in context.
(3) Play down the role of bilingual dictionary.
(4) Encourage students to develop strategies for determining the meaning of words.
(5) Engage in "unplanned" vocabulary teaching.

Plentiful exposure plus consciousness-raising[2] is a key principle underlying what has come to be known as a lexical approach (Thornbury, 2002, p. 111).

(2) 일정한 범주나 주제에 속하는 어휘들을 한 번에 학습한다. 다시 말하면 개별 단어 보다는 어휘군(word family)을 학습하는 것이 효과적이다.

We can also maximize vocabulary learning by teaching word families instead of individual word forms. Teachers can make it a habit when introducing a new word to mention the other members of its word family (Schmitt, 2000, p. 148).

이렇게 하면 하나의 어휘학습이 다른 어휘의 학습을 강화시킬 수도 있고 학습자가 특정한 영역에 속하는 어휘들을 학습했다는 성취감을 느낄 수도 있기 때문이다.

(3) 초급단계에서는 의사소통에 직접 활용할 수 있게 능동적 어휘를 학습하고 단계가 높아짐에 따라 수동적 어휘를 적절하게 가미하는 방법이 바람직하다. 또한 구체적인 의미를 지닌 어휘를 먼저 학습하고 학습자의 수준과 인지발달정도를 고려하여 추상적인 어휘를 학습한다.

(4) narrow/broad 등과 같은 반대말이나 다음의 예와 같이 두 가지 이상의 기능을 가진 어휘의 의미를 동시에 학습하는 것은 바람직하지 않다.

예 (a) *There* is a very big tree in the park.
　　(b) Can you see the big tree *there*?

---

[2] 문법의식상승(grammar conscious-raising)은 학습자가 언어의 규칙성과 형태에 대해 인식하고 관심을 갖도록 하는 것을 말한다.
　'[Grammar] Consciousness-raising' means drawing the learners' attention to the patterns and regularities of the language - helping them to notice these regularities (Thornbury, 2002, p. 109).

(5) 어휘의 의미를 배경지식이나 학습자의 경험과 연결시키고 새로운 어휘의 의미는 형태, 문맥단서나 세상지식 등을 통하여 유추한다. 다시 말하면 새로운 어휘의 의미를 초급단계에서는 다양한 기법을 통하여, 중급단계부터는 기존의 어휘지식과 세상지식 등을 통하여 유추하려는 노력이 필요하다. 어휘의 의미를 유추하기 위하여 다음 그림과 같은 다양한 단서가 개별적으로 혹은 동시에 이용될 수도 있다.

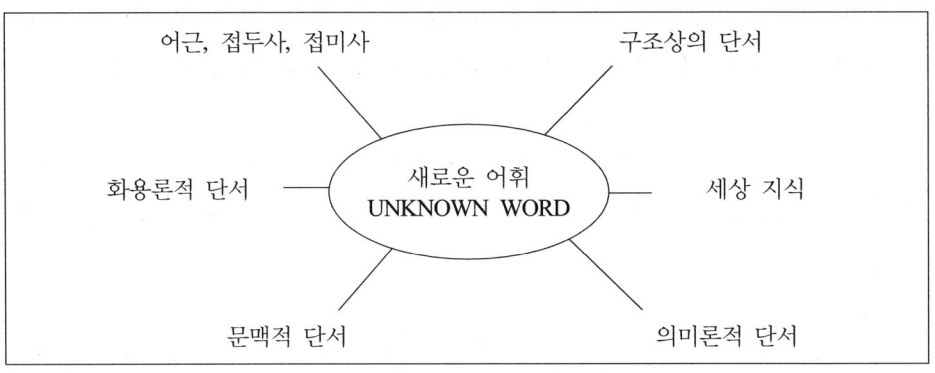

〈그림 8-2〉 어휘의 의미 유추에 관련되는 요소

(6) 대역사전(bilingual dictionary)의 사용을 가능한 자제한다. 특히 사전을 읽기 중에 이용하면 읽기 속도를 낮추고 사고의 자연스러운 흐름을 방해할 수 있다.
(7) 독립적이고 적극적으로 자기 나름의 학습전략을 활용한다.
(8) 영어어휘의 발음을 철자에 앞서 먼저 학습하는 것이 바람직하다. 발음에 앞서 문자를 먼저 학습하면 철자에 따라 발음(spelling pronunciation)할 가능성이 많다.
(9) 표현할 때 해당어휘가 미처 생각나지 않을 경우에 대처할 수 있는 방법을 터득한다.

초급단계의 외국어 학습자는 모든 단어를 한 단어씩 이해해 가는(word-by-word processing) 상향과정에 의존함으로 예습활동이 어휘학습에 집중되고 어휘를 문맥과는 별도로 학습하는 경향이 있을 수 있다. 이러한 어휘 학습은 대부분의 학자들이 그 효과에 대해 비판적이지만 EFL 상황에서는 간과(看過)될 수는 없다고 판단된다. 어휘에 대한 최소한의 지식이 있어야 문장을 이해하기 시작할 수 있기 때문이다.

8.3. 어휘의 문맥분리학습과 문맥통합학습

어휘의 문맥분리학습은 어휘를 문맥에서 분리하여 어휘만을 별도로 학습하는 방법을 말하며 문맥통합학습은 문맥 속에서 다른 언어요소들과 통합하여 학습하는 방법을 말한다. 또한 문맥분리학습은 명시적(explicit), 의도적(intentional), 직접적인(direct) 방법이며 문맥통합학습은 부수적(incidental)이고 간접적(indirect), 암시적(implicit) 방법과 일맥상통한다고 볼 수 있다.

1) 문맥분리학습

어휘의 문맥 독립적 학습은 어휘를 문맥에서 분리하여 어휘만을 학습하는 어휘 직접학습방법이다. 이러한 방법은 명시적인 학습(explicit learning)에 해당되며 학습자에 의해 설계, 계획되는 직접적이고 의도된 체계적인 방법이다. 20세기 후반부에 이르러 부수적이고 간접적인 학습의 한계가 제기되면서 이러한 학습의 효율성이 부각되게 되었다. 다시 말하면 어휘직접학습은 일정한 시간 내에 어휘력을 증진시키는데 유용하다고 보게 되었다.

> Toward the end of the twentieth century, we saw a revival of systematic attention to vocabulary learning across a number of proficiency levels and contexts (Brown, 2001, p. 376).

어휘목록의 작성과 암기, 어휘연습문제 활용, 접사와 어근의 활용 등이 여기에 속한다. 이러한 방법을 통하여 학습자가 보다 체계적이고 집중적으로 어휘를 학습할 수는 있다. Devine(1981)도 다음과 같이 계획적인 어휘 학습의 유용성을 제시하고 있다.

Research finding indicates, however, that formal instruction in vocabulary is markedly more effective than informal, unplanned instruction. Students, under the guidance of an informed teacher, can learn and remember words faster than on their own. Direct instruction is more effective than incidental acquisition. (p. 123)

추상명사나 난해한 어휘는 문맥에서 분리하여 직접적으로 학습하는 것이 더 효과적일 수 있다. Channel(1981)도 어휘는 정보처리과정에서 독자성을 띠고 있으므로 일반적인 의사소통활동과 반드시 통합할 필요는 없다고 했고 복잡한 개념을 가지고 있는 어휘는 직접적 학습이 더 유용하다고 주장하였다.

EFL상황에서는 학습 초기 혹은 초등학교 수준에서는 이러한 계획적, 문맥분리 어휘 직접 학습 방법이 필요하다. 어휘능력을 눈사람 만들기에 비유하면 일단은 작은 눈덩이를 단단하게 만들어야 스스로 굴러가면서 더 큰 눈덩이가 되어 눈사람을 만들 수 있는 것과 같이 어휘능력도 처음에 기본 어휘에 대해 확실한 어휘능력이 있어야 더 큰 능력을 신장시킬 수 있기 때문이다.

문맥에서 분리하여 어휘만을 학습하기 위해서는 어휘 목록을 활용할 수 있는데 이 방법은 짧은 시간 내에 다양한 많은 어휘를 학습할 수 있어 경제적인 장점이 있고 자율 테스트로도 이용할 수 있다. 그러나 장기기억과 실제 사용에 대한 효과에는 의문이 있을 수 있으므로 보충적으로 활용해야 한다.

어휘 목록을 이용할 경우는 상호 연관된 어휘들보다는 관련이 없는 어휘들을 묶어 학습하는 것이 효과적이라는 의견도 있다.

One research, by T. Tinkham, compared the rate of learning of words organized into lexical sets (*apple, pear, nectarine, peach, etc.*) with sets of unrelated words (*mountain, shoe, flower, mouse, sky, television*). The study showed a better learning rate for the latter organization than for the former (Thornbury, 2002, p. 37).

또한 어휘를 문맥에서 분리하여 별도로 학습하는 방법에서 유의해야 될 사항은 다음과 같다.

- (a) 새로운 어휘는 기존에 알고 있던 어휘와 연결시킨다. (Integrate new words with old.)
- (b) 하나의 단어를 여러 번 접한다. (Provide a number of encounters with a word.)
- (c) 새로운 어휘를 학습자의 입장과 연계하여 실감나게 한다. (Make new words "real" by connecting them to the student's world in some way.)
- (d) 의미를 마음에 그려본다. (Facilitate imaging.)
- (e) 다양한 기법을 활용한다. (Use a variety of techniques.)
- (f) 자기 나름의 어휘학습전략을 기른다. (Encourage independent learning strategies.)

그러나 어휘의 문맥독립학습의 문제점은 대부분 탈맥락화(decontextualized)되어 이루어지므로 어휘의 실제 활용에는 효과가 적고 학습자의 어휘기억 및 의사소통적 목적에 도움이 되지 않는다는 것이다. 가장 이상적인 방법은 특정 어휘를 빈번하게 접하고 다양한 문맥 속에서 어휘를 학습하는 것이지만 언어입력이 적은 EFL 상황(input-poor environment)에서 어휘의 직접적인 어휘학습방법도 보충적으로 활용할 필요가 있다.

2) 문맥통합학습

어휘를 실제 사용할 수 있는 능력을 기르기 위해서는 문맥에서 분리하지 말고 문맥 속에서 학습하는 방법이 가장 이상적이다. 언어생활은 어휘만으로 이루어지는 것이 아니고 어휘는 문맥 속에서 사용되기 때문이다. 또한 어휘의 의미는 문맥에서 결정되는데 다음의 예에서 보면 'conductor'의 정확한 의미는 각 문장에 따라 다르다.[3]

---

[3] 'conductor'는 예 (a)에서는 '(음악) 지휘자', (b)에서는 '(버스, 전차 등의) 차장', (c)에서는 '(물리) 도체'를 의미한다.

예 (a) Mr Pike is the *conductor* of the New York Symphony Orchestra.
  (b) The *conductor* asked the passengers to produce their ticket.
  (c) Gold and silver are good *conductors*.

특정한 어휘의 의미가 문맥에 따라 다른 예를 더 들며 다음과 같다.

예 (a) ⓐ The play was *dammed* by all the critics. (헐뜯다, 악평하다)
    ⓑ Where's that *damn* book? (빌어먹을)
    ⓒ It's *damn* cold. (지독하게)
    ⓓ I don' give a *damn* any more. (욕설)
  (b) ⓐ She's nice but her husband is such a *bear* that nobody likes him.
      (난폭한 사람, a bad-mannered man)
    ⓑ A *bear* is a large, strong wild animal with thick fur and sharp claws.
      (곰)
  (c) ⓐ You'll have to *book* early if you want to see that show.
      (예약하다, to arrange in advance to have something)
    ⓑ We *booked* him for speeding.
      (경찰의 기록에 올리다, to enter charges against)
    ⓒ The parcel is *booked* for you tomorrow. (탁송하다)
  (d) ⓐ It's *good* day for a drive. (적합한, suitable, favourable)
    ⓑ His passport is *good* through May, 2017. (유효한, valid)

문맥(文脈, context)이란 글의 맥락을 의미한다. 다시 말하면 인접한 어휘나 그 어휘를 수식하는 어휘들, 글이나 말의 전반적인 흐름과 주제를 말하며 그림, 사진, 차트, 그래프 등도 포함된다고 볼 수 있다. 또한 문맥은 언어적 문맥 뿐 만아니라 언어 환경, 상식, 세상지식 등의 언어 외적 상황이 모두 포함되는 개념이며[4] 문맥 속에는 형태론적 정보, 구문론적 정보, 의미론적, 담화론적 정보 등의 정보가 담겨 있으므로 문맥을 통해 어휘의 의미를 파악할 수 있다.

---

[4] 언어적 문맥은 외적 문맥과 내적 문맥으로 구분할 수 있는데 전자는 시각 단서, 인과관계 등을, 후자는 어근, 접사, 형태론적 구조 등을 말한다.

문맥통합학습이란 텍스트의 메시지를 이해해 가거나 의사소통을 목적으로 언어를 사용할 때 일어나는 자연스러운 어휘학습이다.

> Learning from context is taken to mean the incidental learning of vocabulary from reading or listening to normal language use while the main focus of the learners' attention is on the message of the text (Nation, 2001p. 232).

이러한 학습은 비교적 시간이 많이 걸리고 비체계적이며 점진적이므로 체계적인 어휘직접학습과 병행하는 것이 효과적이다. 일부 기본적인 어휘는 어휘만을 분리하여 체계적으로 학습하고 나머지 어휘는 가능한대로 문맥 속에서 통합하여 학습하는 방법이 바람직하다. 어휘를 문맥에서 분리하여 학습하면 어휘가 다른 어휘와 어울려 쓰이는 연어 현상의 숙지 및 문맥 속에서 어휘의 의미 파악이 어렵기 때문이다.

문맥통합학습이 효과를 거두기 위해서는 해당 어휘에 가능한 많이 노출되어야 한다.

> In contrast to explicit approaches [(formal learning in vocabulary)] to vocabulary teaching and learning, the key to an incidental learning [(learning vocabulary in context)] approach is to make sure that learners get maximum exposure to language (Schmitt, 2000, p. 149).

문맥통합학습의 가장 전통적인 도구는 읽기자료이다. 듣기활동을 통해서도 어휘학습의 효과를 기대할 수는 있지만 반복의 용이성 때문에 읽기자료가 더 적합하다. 또한 구어와 달리 문어에는 사용빈도가 적은 어휘들이 포함되어 있으므로 이러한 어휘들의 의미를 문맥 속에서 유추해 보려는 시도가 필요하다.

어휘문맥통합학습은 일종의 간접적인 어휘학습방법이라고 볼 수 있다. 다시 말하면 이러한 어휘학습은 학습한다는 의도나 인식 없이 어휘의 의미를 알아가는 방법이다. 또한 어휘간접학습은 많은 양의 언어자료에 대한 노출과 문맥 속에서 어휘의미유추연습으로 효과를 얻을 수 있으며 학습자의 수준과 글의 내용 등에 따라 어휘직접학습과 절충적이고 상호보완적으로 이루어질 수 있다. 특히 초등학교 학생들은 기본적인 어휘능력이 부족하기 때문에 문맥을 이용한 어휘학습에는 어려움이 많다. 따라서 그림, 신체로 표현하기, 실물 등을 활용하는 것이 바람직하다. 이러한 자료들로도 문맥 혹은 상황을 제시할 수 있기 때문이다.

모국어 습득의 경우를 보면 대부분의 어휘가 문맥 속에서 습득되고 이렇게 습득됨으로 어휘의 활용이 용이해진다. 의사소통중심 외국어교수법에서도 맥락 속에서의 단어 의미를 파악하게 하는 암시적 학습 방법을 강조해 오고 있다. 그러나 외국어 학습의 경우에 수많은 어휘를 문맥 속에서 학습하게 하는 것은 시간이 많이 소요되고 학습자가 의미의 정확한 이해에 한계가 있을 수 있다. 따라서 문맥통합학습과 문맥분리학습에는 각각의 장점과 문제점이 있으므로 상호 보완적으로 사용하는 방법이 바람직하다. 아울러 저빈도 어휘는 암시적이고 간접적인 방법을, 고빈도 어휘는 직접적이고 명시적인 방법을 사용하는 것이 이상적이다(Nation and Newton, 1997 참고).

제9장
어휘학습기법 I

제 9 장에서는 번역과 설명, 어휘의 구성성분 분석을 통한 어휘학습에 관하여 논의하고자 한다. 이러한 기법은 전통적으로 가장 흔하게 사용되어온 어휘의 학습방법이며 제한적이지만 어휘의 이해 단계에서 효과가 있다.

9.1. 번역을 통한 어휘학습

번역(interlingual translation)은 한 언어를 다른 언어로 옮기는 것을 말한다.[1] 번역을 통한 어휘학습은 가장 직접적으로, 신속하게 어휘의 의미를 이해할 수 있는 장점이 있으나 장기 기억과 회상에는 한계가 있으며 어휘의 실제 사용에는 별로 도움이 되지 않는다.

> An over-reliance on translation may mean that leaners fail to develop an independent L2 lexicon, with the effect that they always access L2 words by means of their L1 equivalents, rather than directly. Also, because learners don't have to work very hard to access the meaning, it may mean that the word is less memorable. A case of 'no pain, no gain' (Thornbury, 2002, p. 77).

---

[1] 번역(translation)은 다른 언어로 옮기는 언어 간 번역 (interlingual translation), 동일언어 내에서 다른 말로 바꾸는 언어 내 번역(intralingual translation), 다른 기호체계(그림, 행동 등)로 옮기는 기호 번역(intersemiotic translation)으로 나눌 수 있다.

또한 새로운 어휘를 접했을 경우 성급하게 사전에 의존하든가 번역을 통해 학습하면 의미 파악의 속도는 빠르지만, 그 어휘의 쓰임새를 이해 못하게 되고 외국어를 항상 모국어로 번역하여 이해하려는 습관이 형성될 수 있다. 아울러 번역은 양 언어권의 문화적 차이로 모국어로 정확하게 번역하기가 어려울 수도 있다. 예를 들면 '오다'는 'come', '가다'는 'go'이지만 기다리는 상대에게 '지금 갑니다.' 라고 할 때 영어는 'I am going'이 아니고 'I'm coming'이라고 하는데 이는 기준을 어디에 두느냐에 달린 문제로 문화와 관계가 있다. 또한 'wear'는 '(양발을)신다', '(장갑을)끼다', '(모자를)쓰다', '(옷을)입다' 등의 의미를 나타내므로 번역에 신중을 기하여야 한다.

영어어휘를 번역을 통하여 학습하기 위해서는 다음의 예와 같이 번역 전에 목표어에 많이 노출되는 것이 보다 더 바람직하다.

> 예 T: What's this? (pointing to picture of 'cucumber'). Do you know what this is in English? No? Listen, it's a 'cucumber'. 'cucumber'. Repeat.
> S: Cucumber.
> T: How do you say 'cucumber' in Korean?
> S: 오이.
> T: That's right.

일부 학자들은 모국어 번역이 첨부된 단어목록은 학습과 기억에 효과적일 수도 있다고 주장하고 있다 (Nation, 1990 참고). 따라서 교육상황에 따라 번역을 통한 어휘 학습의 효과를 간과하지 말고 모국어로 번역한 후에 상황 속에서의 활용을 통하여 어휘력을 강화시킬 수 있는 방향을 모색할 수도 있다.

9.2. 설명을 통한 어휘학습

목표어 어휘의 의미를 설명이나 정의를 통하여 학습할 수 있다. 예로 학습자가 'father,' 'mother,' 'person'의 의미를 알면 'parent'를 다음과 같은 설명을 통하여 알 수 있다.

[예] A *parent* is a person's mother or father.

또한 'gymnasium'은 다음과 같은 설명을 통해서 의미를 이해할 수 있다.

[예] The *gymnasium* of schools has to be larger than the other rooms of the school because students from several classes sometimes meet there at the same time for physical exercise. There is usually a *gymnasium* in every school building, including elementary schools as well as secondary schools.

특정한 어휘의 정의를 알기 위하여 *Oxford Student's Dictionary of American English* 등과 같은 학습자용 사전을 활용한 것이 바람직하다. 또한 설명을 통해 어휘를 이해하기 위해서는 더 쉽고 기본적인 영어를 사용해야 하는데 다음 예에서 'to drown'을 설명한다면 (a)는 (b)에 비하여 부족한 면이 있지만 학습자의 수준에 따라 의미제시 단계에서 더 유용할 수 있다.

[예] (a) to die by being under water for a long time
(b) to be suffocated by immersion in water or other liquid; to sink and perish in water

중급단계 이후는 어휘의 쓰임새를 영어를 사용하여 설명할 수도 있다.

[예] (a) say: *V that* as in 'She says (that) she is cold.'
(b) tell: *V N that* as in 'He told me (that) he was broken.'
(V= verb, N =noun)

경우에 따라서 모국어 설명을 통하여 이해할 수 있으나 이 방법은 의미의 신속하고 정확한 이해에는 도움을 줄 수 있으나 실제 어휘사용능력의 신장에는 효과가 적다고 본다. 또한 문화적 차이로 인하여 영어의 어휘를 한국어로 정확하게 설명하기가 어려운 경우도 있다.

9.3. 어휘구성의 이해를 통한 학습

어휘는 주로 파생과 합성에 의하여 형성되는데 이러한 어휘들의 구성 성분을 분석하여 학습하면 어휘력을 향상시킬 수 있고 어휘의 의미와 품사에 대한 예측이 가능해져 장기 기억에 효과적이다 (Laufer, 1997 참고). 다시 말하면 형태론에 관한 지식이 어휘 학습에 도움을 줄 수 있다는 것이다.

> 예 (a) 접두사 'tele-'(far away)에 의한 어휘형성
> telepathy, telegram, television, telegraph, telescope, telephone 등
> (b) 접미사 '-scope'(see)에 의한 어휘형성
> telescope, stethoscope, microscope

또한 접미사 {-ful}(having the qualities of)의 의미를 이해하면 'useful'과 'wonderful'의 의미를 쉽게 알 수 있다. 또한 굴절 접미사에 대한 지식은 단어군을 알 수 있게 해준다. 이러한 기법은 문맥에서 의미를 유추하는 전략, 기억전략과 함께 어휘학습의 세 가지 주요 전략 중의 하나이다 (Nation, 1990, pp. 168~174 참고).

그러나 예외가 있어 상당한 주의가 필요하다. 예로 'novel*ist*, pessim*ist*, pian*ist*, special*ist*'는 가능하지만 '*act*ist'라는 어휘는 존재하지 않는다. 또한 {-er}을 첨가하면 '~ 하는 자'라는 의미가 되지만 다음과 같은 어휘에서는 의미를 혼동할 수 있다.

> 예 cook (a person who prepares and cooks food)
> cooker (an apparatus on which food is cooked)

합성의 경우에는 'outline'을 'out of line'으로 잘못 이해할 수 있다. 따라서 어휘의 구성요소를 통한 의미이해는 문맥에서 모르는 어휘의 의미를 유추한 후 확인전략으로 사용하는 것이 바람직하다 (Clarke and Nation, 1980 참고).

빈도가 높은 접두사와 접미사를 파악하여 어휘학습에 참고할 필요가 있다. 이

를 위하여 미국 3~9학년까지의 교재에서 사용된 접두사의 누적 백분율 85%까지를 보면 다음과 같다 (White and Yanagihara, 1989, p. 303 참고).

〈표 9-1〉 빈도가 높은 접두사

순위	접두사	백분율	누적백분율
1	un	26%	26%
2	re	14%	40%
3	in, im, ir, il (= not)	11%	51%
4	dis	7%	58%
5	en, em	4%	62%
6	non	4%	66%
7	in, im (= in or into)	4%	70%
8	over (= too much)	3%	73%
9	mis	3%	76%
10	sub	3%	79%
11	pre	3%	82%
12	inter	3%	85%

미국 3~9학년까지의 교재에서 사용된 접미사의 누적 백분율 85%까지를 보면 다음과 같다(White and Yanagihara, 1989, p. 303 참고). 여기에는 굴절 접미사와 파생 접미사가 모두 포함되어 있다.

〈표 9-2〉 빈도가 높은 접미사

순위	접미사	백분율	누적백분율
1	s, es	31%	31%
2	ed	20%	51%
3	Ing	14%	65%
4	ly	7%	72%
5	er, or (agentive)	4%	76%
6	ion, tion, ation, ition	4%	80%
7	ible, able	2%	82%
8	al, ial	1%	83%
9	y	1%	84%
10	ness	1%	85%

9.4. 의미자질의 분석을 통한 학습

어휘를 표 혹은 의미 요소 나누어 제시하기, 개념질문 등의 형태로 의미자질을 분석하여 학습할 수 있다. 다음의 표는 요리와 관련된 동사의 의미자질(James, 1980, p. 93)을 나타낸 것인데 이러한 표를 통하여 어휘들 간의 의미 차이를 분명하게 인식할 수 있다. 여기서 의미성분은 물의 사용, 기름의 사용, 오븐의 이용, 불과의 접촉, 불과의 접촉 강도를 기준으로 구분되어 있고 (+)는 해당의미자질을 '갖는다'는, (-)는 '갖지 않는다'는 표시이며 (0)는 어휘 간의 구분과 무관하다는 표시이다.

〈표 9-3〉 요리 관련 어휘의 의미자질

의미자질 어휘	with water	with fat	in oven	contact with flame	gentle
boil	+	-	-	+	-
simmer	+	-	-	+	+
fry	-	+	-	+	0
roast	-	-	+	-	0
toast	-	-	-	+	0
bake	-	-	+	-	0

또한 'chair,' 'bench,' 'stool'은 다음과 같이 등받이 유무와 사용인원에 따라 그 의미의 차이점을 알 수 있다. 다시 말하면 'chair'는 1인용이고 등받이가 있으며 'bench'는 2인용이고 등받이는 있을 수도 있고 없을 수도 있다. 또한 'stool'은 1인용이고 등받이가 없다.

〈표 9-4〉 의자 관련 어휘의 의미자질

	with a back	for one person
chair	+	+
bench	+/-	-
stool	-	+

아울러 다음의 예에서와 같이 어휘의 의미 요소를 나누어 제시하면 어휘의 의미를 번역을 통하지 않고 영어를 사용하여 학습할 수 있다.

예 watch: It tells you the time.
　　　　　It is small.
　　　　　You wear it on your arm.

다음의 예와 같이 개념질문(concept question)을 통하여 어휘나 숙어의 의미를 인식할 수도 있다 (Scrivener, 1994, pp. 126~128 참고). 개념질문이란 어휘의 의미성분을 나누어 질문의 형태로 제시하고 답함으로 의미를 정확하게 이해하는 방법을 말한다.

예 (a) Dr. Jackson *pretended* that he had a lot of knowledge.
　　　　Did Dr. Jackson have a lot of knowledge? (no)
　　　　Did Dr. Jackson have the intention of deceiving? (yes)
　　(b) She *managed* to see the governor.
　　　　Did she try? (yes)
　　　　Was it difficult? (yes)
　　　　Did she see the governor eventually? (yes)

제10장
어휘학습기법 II

제 10 장에서는 초급 학습자가 사용될 수 있는 기법으로 실물과 시각자료, 신체활동, 다매체를 통한 어휘학습기법을 논의하고자 한다. 이러한 기법은 어휘이해 단계에 유용하며 여러 방법 중에 한 가지만 사용하지 않고 두 가지 이상의 방법을 동시에 활용하면 이해에 더 효과적이다. 예를 들면 'smile'은 얼굴표정, 사진, 그림 등을 이용하여 학습할 수 있다. 또한 'cloud'를 실물, 칠판 그림, 사진 및 설명 등의 다양한 방법을 사용하면 한 가지 방법의 사용보다는 학습자가 그 의미를 더 용이하게 이해할 수 있다.

10.1. 실물과 시각자료의 활용을 통한 학습

어휘학습에서 실물(realia), 그림, 도표, 사진 활용 등의 시각적 방법은 초급단계에 효과적이고 유용하다고 판단될 경우에 중·고급단계에서도 사용될 수 있다. 목표어 어휘의 의미를 모국어로 번역하지 않고 사물과 목표어를 바로 연결시키면 유의미학습에 도움을 줄 수 있기 때문이다.

1) 실물, 모형의 이용

이 방법은 구체적인 의미를 지닌 어휘의 의미를 보다 더 분명하게 해주고 사물과 어휘를 직접 연결시켜줄 수 있다.

예 (a) (실물) bag, coin, door, pencil, ruler, wall, window 등
　　(b) (모형) boat, car, train 등

또한 온도계를 통하여 'hot, warm, cool, freezing' 등의 어휘를, 사람의 신체 혹은 모형을 통하여 'hand, face, ear, mouth, ear'등의 어휘를 학습할 수 있다. 아울러 다음의 예와 같은 달력을 통하여 'last week, last month, yesterday, tomorrow, the day after tomorrow, the day before yesterday, month, week, Sunday, Monday, holiday, Children's Day, Buddha's Birthday' 등의 다양한 어휘를 학습할 수 있다.

예 Calender (MAY, 2015)

SUN	MON	TUE	WED	THU	FRI	SAT
			1	2	3	4
5	6	7	8	9	10	11
12	13	14	15	16	17	18
19	20	21	22	23	24	25
26	27	28	29	30		

이러한 방법으로 어휘를 학습한 후에 연이어 해당 어휘가 포함된 문맥 속에서 확인하면 효과적이다. 예로 'plane, car, train, bus'를 모형이나 그림을 통해 학습한 후 다음의 예와 같은 글을 읽으면 해당 어휘에 이해를 강화할 수 있다.

예 Kim went to Busan by *plane*, then he rented a *car* to drive to Dajen. On the return journey he took the *train* to Dagu, flew back to Busan, and caught the airport *bus* . . . .

또한 다양한 색깔을 제시할 때 실물을 사용할 수 있고 다음의 예와 같은 문장을 실물 혹은 그림 등과 함께 보면 효과적이다.

예 (a) This box contains chalk.
　　(b) That bottle contains water.
　　(c) Handbags often contains money and many other things.

2) 그림, 막대그림의 이용

그림이나 막대그림(stick figure)을 활용하여 어휘를 학습하면 언어상황의 이해와 기억에 도움을 줄 수 있을 뿐만 아니라 흥미 유발에도 유용하다.

Pictures contribute to: interest and motivation, a sense of the context of the language, a specific reference point or stimulus (Wright, 1989, p. 2)

예를 들면 'bus, truck, convertible, station wagon' 등은 그림이나 사진을 통하여 시각적으로 접하면 학습자가 그 차이를 분명하게 인지할 수 있다. 또한 다음과 같은 그림을 통하여 'beacon'과 'lighthouse'의 의미를 모국어로 번역하지 않고도 이해할 수 있다.

〈그림 10-1〉

lighthouse

다음과 같이 막대그림을 이용하면 더 용이하게 'say'와 'tell'의 차이를 이해할 수 있고 모국어의 사용을 줄일 수 있다.¹

예 (a) Chulsoo *says* he likes apples.
　　(b) Chulsoo *tells* Brown he likes apples.

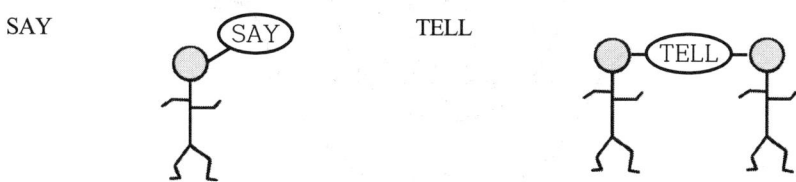

또한 다음과 같은 다양한 막대그림을 활용하여 신체동작이나 운동에 관한 어휘를 이해할 수 있다.

예

아울러 전치사는 다음과 같은 그림을 통하여 그 차이를 분명하게 인식할 수 있다.

---

¹ 'say' 유형과 'tell' 유형을 구분하면 다음과 같다.
　say 유형 - admit, explain, report, state, suggest
　tell 유형 - convince, inform, persuade, promise, remind, warn

예

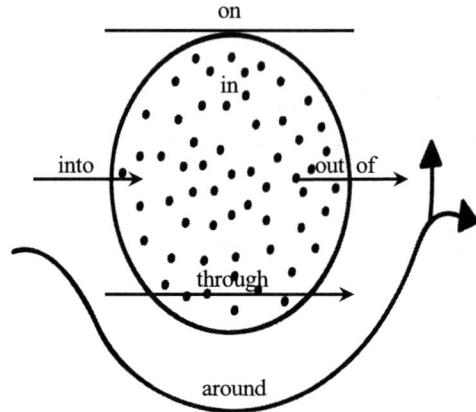

초급 수준의 학습자는 'house, star, sun, flag' 등의 어휘를 학습한 후에 직접 그려보면 기억을 강화할 수도 있다.

10.2. 신체 활동을 통한 학습

얼굴표정, 몸짓, 무언행동(mime)이나 행동을 통해 어휘를 학습할 수 있다. 다음의 예와 같이 감정을 나타내는 어휘는 얼굴표정을 통해 그 의미를 이해할 수 있다.

예 happy, hot, thirsty, angry, tired, smile, laugh

또한 행동이나 양, 부피 등을 나타내는 어휘는 무언행동이나 제스처를 활용하면 효과적이다.

예 (a) (동사) cry, drink, eat, jump, laugh, run, smile, swim, walk, wake up
(b) (부사) angrily, slowly, quickly
(c) (형용사) wide, narrow, small, large, thirsty, tired

아울러 다음과 같은 어구를 행동 혹은 제스처로 표현해 볼 수도 있다.

예 brush (your) teeth, comb (your) hair, wash (your) face, drive a car

그림이나 실물, 혹은 모형을 준비하고 전신반응기법(TPR, Total Physical Response)을 활용하여 다음의 예와 같이 어휘를 학습할 수 있다.2

예 (a) Point to the apple.
(b) Put the banana next to the apple.
(c) Give the apple to Chulsoo.
(d) Offer the banana to Youngsoo.
(e) Walk to the door slowly/quickly.

동일한 어휘가 반복적으로 사용되는 명령문을 활용하고 학습자가 행동으로 이해 여부를 표현하게 하면 학습자의 어휘력을 강화할 수 있다.

예 (a) Touch the floor with one hand.
(b) Touch the floor with both hands.
(c) Touch the floor with your right hand.
(d) Touch the floor under your chair with your left hand.

10.3. 멀티미디어를 통한 학습

멀티미디어(다매체)란 용어는 '멀티(multi)'와 '미디어(media)'의 합성어로서 매

---

2 전신반응기법(total physical response; TPR)은 듣기이해를 우선하는 교수법으로 일종의 이해중심교수법(comprehension approach)에 해당되며 학습자가 말을 듣고 행동으로 그 반응을 표하게 하는 지도방법으로 주로 명령문이 이용된다.
 Total Physical Response(TPR): a language teaching method relying on physical or kinesthetic movement accompanied by language practice (Brown, 2007, p. 391)

체가 통합되어 활용되는 경우를 말한다. 이 용어는 오버헤드 프로젝트, 슬라이드 프로젝트, VCR과 같은 여러 개의 매체가 동시에 사용되는 단순한 물리적 통합을 의미하는 경우로 쓰였으나, 현재에는 여러 가지 속성을 가진 매체가 컴퓨터를 기반으로 통합된 시스템 또는 환경을 의미한다. 멀티미디어를 통하여 디지털화된 음성, 문자, 그래픽, 영상 등의 다양한 유형의 정보를 통합 처리할 수 있다.

어휘학습에 있어서 멀티미디어의 활용은 여러 가지 장점을 가진다. 첫째로 일정한 시간 간격에 걸치어 반복할 수 있는 기회와 어휘를 재생할 기회를 제공함으로써 반복학습이 용이하다. 둘째, 실물이나 사진, 그림 보다 더 생생한 시각적인 수단을 통하여 흥미 유발 및 정확한 의미 이해에 도움을 줄 수 있다. 셋째, 문맥을 다양하게 점차 확대하여 제시하기에 편리하다.

어휘학습에 있어서 인터넷과 CD-ROM을 활용할 수 있다.

1) 인터넷

인터넷은 전 세계의 컴퓨터들을 모아 연결해 놓은 거대한 통신망으로 다양한 정보의 검색, 재생, 인출을 가능하게 해주는 시스템이다.[3] 최근 영어교육 분야에서 인터넷 활용에 대한 관심이 커지고 있으며 이를 통하여 학습의 흥미와 동기를 유발하고 문화적 맥락에서 학습할 수 있는 환경을 제공할 수 있다.

인터넷을 기반으로 하는 다음과 같은 활동을 할 수 있다.

(1) 어휘 탐색 활동

학습자가 인터넷 어휘 관련 자료를 탐색하고 이를 편집하는 활동을 할 수 있다. 이러한 활동을 통하여 폭넓은 자기 주도적 탐구 능력을 신장시킬 수 있다.

(2) 문제해결을 위한 검색

제시된 과제를 해결하기 위하여 게시판이나 북마크 등을 활용하여 필요한 어휘 정보를 검색하는 활동을 할 수 있다.

---

[3] 인터넷(internet)은 미국 국방부(Pentagon) 산하 기관인 ARPA(advanced research project)의 ARPANET에서 1969년 최초로 시작되어 현재 전 세계를 하나로 묶는 거대한 통신망으로 발전하였다.

2) CD-ROM

CD-ROM(compact disc read-only memory)은 텍스트, 사운드, 애니메이션, 영화, 그래픽 등 다양한 매체가 통합되어 여러 가지 정보를 복합적으로 전달하여 단일 매체가 제공하지 못하는 새로운 효과와 풍부한 교수·학습 환경을 창출해 낼 수 있어 어휘학습에 유용하다. 사용자의 응답에 따라 다양한 프로그램이 진행되어 상호작용이 가능하고 방대한 양의 자료를 손쉽게 얻을 수 있다. 또한 인간의 여러 감각기관들을 동시에 자극하여 생생한 정보를 전달하기 때문에 현실과 유사한 경험을 할 수 있게 해 줄 수도 있다. 또한 **CD-ROM**은 잘 훈련된 원어민의 상호작용적 피드백을 받을 수 있으며, 평가에 대한 기록을 추후에 활용할 수 있다.

그러나 **CD-ROM**의 활용은 기계적인 언어 학습이 될 수 있는 문제점이 있으며 정보의 홍수 속에서 혼란을 가져오기도 한다. 아울러 학습자에게 학습동기를 유발하는데 다소의 효과를 기대할 수 있지만 동기와 흥미가 지속되는데 한계가 있을 수 있으므로 적절히 사용되어야 한다.

제11장
어휘학습기법 III

　제 11 장에서는 상황, 의미관계, 문맥을 통한 어휘학습에 관해 논의하고자 한다. 광의로 볼 때 상황과 의미관계도 문맥에 속하지만 여기서는 별도로 나누어 다루고자 한다. 이러한 기법들은 어휘의 이해와 강화 단계에 유용하며 중급 이상의 학습자에게 효과적이지만 기본적인 어휘에 대해서는 초급 단계에서도 활용이 가능하다.

11.1. 상황의 이해를 통한 학습

　해당 어휘가 사용되는 유의적 상황맥락에서 어휘의 의미를 이해할 수 있는데 상황의 설정을 위해서 그림, 칠판에 그리기, 몸짓, 예문의 제시 등이 이용될 수 있다. 다음 예문에서 '나와 엄마가 아픔', '많은 의사와 간호사', '주사 맞음'이라는 상황을 그림 혹은 무언행동 등을 통하여 'hospital'이라는 단어의 의미를 유추할 수 있다.

　　예 Yesterday, I was sick. So I went to the *hospital*. My mom caught a cold, so we went together. There were many doctors and nurses. We got a shot.

　또한 다음 예문에서 'boring', 'grumble,' 'hate,' 'lazy' 등을 번역하지 않고 특정한 상황 속에서 예문을 통하여 의미를 유추할 수 있다.

예 (a) boring: You go to the movies. Sometimes the movie is not very interesting, and you want to sleep. (하품하는 등의 제스처) The movie is very *boring*.
  (b) grumble: Some people *grumble* about everything. For example, they grumble about the weather. If it's sunny, they say 'Oh dear, it's too hot today'; if it's cool. they say, 'Oh, it's too cold.' They're never satisfied.
  (c) hate: My sister *hates* potatoes, but she loves sweet potatoes. She likes carrots, beans and most other vegetables, but she refuses to eat potatoes. She *hates* them.
  (d) lazy: I have a brother. He is very *lazy*. He gets up late and then he does nothing all the day. I advise him not to be *lazy*.

상황을 통한 어휘의 제시는 학습자가 해당 어휘를 다양한 대표적인 상황 속에서 여러 번 들을 수 있고 문법과 사용의 예를 익힐 수 있는 장점이 있다.

One advantage of this [situational] approach is that the learners hear the word several times, increasing the likelihood of retention in memory. Another advantage is that they hear the word in a variety of typical contexts (rather than just one) so they can start to get a feel for its range of uses as well as its typical collocations. Finally, they get information on the word's form and grammar (Thornbury, 2002, p. 82).

또한 다음 예와 같은 상황을 통하여 'embarrassed'와 'embarrassing'의 의미를 비교하여 이해할 수 있으며 몸짓을 같이 사용하면 더 효과적이다.

예 Young-Hee saw a man at the bus stop. His back was turned but she was sure it was her brother, so she tapped him on the shoulder with her umbrella and shouted 'Look out! The police are after you!' The man turned around. He was a complete stranger. *She was terribly embarrassed. It was a very embarrassing experience.*

사전적 정의와 동시에 상황이 제시되거나 if절을 이용하는 것도 효과적인 방법 중의 하나이다.

예 (a) If you feel *petrified*, you are very frightened. Someone can be *petrified* by fear. *Petrified* literally means 'turned to stone'. *Petrified* wood is wood that has become stone. In some places you can see *petrified* forests.
(b) If you are *versatile*, you can do many things well.

11.2. 의미관계의 이해를 통한 학습

어휘들 간의 하의, 동의 및 반의 관계 등의 다양한 의미관계를 통하여 어휘의 의미를 파악하고 학습할 수 있다. 또한 중심개념을 통하여 다의어를 익히고, 어휘들의 관계에 따라 어휘를 확장할 수도 있다. 아울러 어휘망, 그림도식(pictorial schemata) 등을 활용하면 어휘들의 의미관계의 이해에 보탬이 된다.

1) 의미관계
어휘 사이에는 여러 가지 관계가 있는데 이러한 관계의 이해를 통해 어휘학습이 이루어 질 수 있다.

예 (a) *Dentist* is to teeth as *dermatologist* is to skin. (관련성)
(b) Horse is to *stable* as dog is to *kennel*. (관련성)
(c) *President* is to country as *governor* is to state. (관계)
(d) Glove is to *hand* as shoe is to *foot*. (용도)
(e) Leaf is to *tree* as feather is to *bird*. (부분 대 전체)
(f) A *herring* is a kind of *fish*. (하의 관계, superordinate term, hyponym)
(g) 'fancy' - it means 'like'. (동의관계, synonym)
(h) 'outgoing' - it's the opposite of 'shy'. (반의 관계, antonym)

Johnston(1985)의 주장에 의하면 하나의 어휘와 그 반의어를 동시에 학습하는 것은 바람직하지 않다. 학습자들은 하나의 언어형태에 하나의 기능을 관련짓는 경향이 있으므로 한 가지 이상의 기능을 가진 어휘의 경우에 그 기능들을 동시에 학습하는 것은 혼동을 줄 수 있기 때문이다. 예를 들면 'there'를 지도할 때 다음의 두 기능을 시차를 두고 별도로 익히는 것이 효과적이라는 것이다.

예 (a) *There* is a very big tree in the park.
    (b) Can you see the big tree over *there*?

2) 중심개념

다의어는 서로 관련성이 있는 여러 의미를 지닐 수 있으나 여기에는 중심이 되는 개념이 있다. 중심개념(central idea)이란 다의어의 중심이 되는 개념을 말하며 관련되는 어휘들의 중심개념을 가진 어휘는 핵심어휘에 해당된다. 이러한 개념을 통해 관련 어휘를 설명할 수 있는데 예를 들면 'devour, edible, glutton, luscious, palatable, voracious' 등의 중심개념은 'EATING(먹기)'이며 이 어휘들의 의미가 '먹기'와 관계되고 이를 통하여 다른 어휘들을 설명할 수 있다.[1] 또한 중심개념을 통하여 학습하면 학습한 어휘와 의미가 관련되는 다른 어휘의 학습에 도움이 된다.

중심개념과 해당 어휘들의 예를 보면 다음과 같다.

예 (a) 중심개념: courage
       해당어휘: audacious, dauntless, exploit, fortitude, indomitable, plucky, rash
   (b) 중심개념: fear
       해당어휘: apprehensive, cower, craven, dastardly, intimidate, timid

---

[1] (a) to devour : to eat up quickly and hungrily
   (b) edible : eatable
   (c) glutton : a person who eats too much
   (d) luscious : having a very pleasant taste or smell
   (e) palatable : pleasant to taste
   (f) voracious : eating or desiring large quantities of food, from either hunger or lack of self-control

(c) 중심개념: poverty

해당 어휘: destitute, economize, frugal, impoverish, indigence

(d) 중심개념: wealth

해당어휘: affluent, avarice, covet, dowry, financial, fleece, hoard, lavish

다음의 예에서 'fair'는 다의어로 'resonable, quite large, average, pale, beautiful, dry and pleasant' 등의 의미를 가지고 있으나 기본적인 의미(underlying sense)는 'pleasing'이므로 그 의미의 유추가 가능하다.

예 (a) This isn't *fair* on anyone, but it does happen.
(b) We have a *fair* size garden and we may as well make use of it.
(c) She was only a *fair* cook.
(d) The sun's rays can be very harmful, beating on unprotected *fair* skin.
(e) This *fair* city of ours . . .
(f) It will be *fair* and warm.

또한 'run'의 여러 의미는 'to go quickly, smoothly, or continuously'라는 의미와 연관되어 있으며 이 의미가 중심개념이 된다 (Nation, 1990, pp. 72-73 참고).

예 (a) The girl *ran*.
(b) The road *runs* up the hill.
(c) Mr. Brown *runs* a business

다음의 예(a)에서 'eye'는 다양한 의미를 가지고 있으나 그 중심개념은 'sight, center'이며 (b)에 제시된 'white'의 연상이나 함축적 의미(connotation)는 순수성과 순결성에 근거를 두고 있다.

예 (a) human *eye*, potato *eye*, peacock's *eye*, electronic *eye*, *eye* of a dice *eye* of a needle
(b) white lie, white elephant, white night, white wine, white wedding white-collar worker, white magic, white-space[2]

또한 다음의 예(a)에서 'fade'는 그 중심개념 혹은 기본적인 의미가 'go slowly away until it is no longer there'이며 (b)에서 'light'의 중심개념은 'not great in intensity, to only small degree'이다.

예 (a) ⓐ A colour may *fade*.
　　　ⓑ A TV picture *fades*.
　　　ⓒ Light *fades*.
　　　ⓓ Music *fades*.
　　　ⓔ Memories and feelings *fade*.
　　　ⓕ Our looks *fade* (unfortunately)!
　　　ⓖ Smile *fades*.
　　　ⓗ Someone can *fade* into the background.
　　(b) ⓐ a *light* rain (not very great in amount)
　　　ⓑ a *light* blue shirt (weak in color)
　　　ⓒ *light* breeze (blowing gently)
　　　ⓓ *light* voice (not strong in sound)
　　　ⓔ *light* lunch (small in quantity and easily digested)

3) 어휘의 확장

하나의 어휘를 단어군(word family), 어휘장(semantic field), 하의어, 모양의 유사성 등의 의미 관련성을 기준으로 확장하여 학습할 수 있는데 예를 들면 다음과 같다 (Doff, 1988, p. 18 참고).

예 (a) 단어군
　　　work → works, worked, working
　　(b) 어휘장 (관련성)
　　　ⓐ air → airborne, airbus, aircraft, aircrew, airfare, air hostess, airline airplane, airport, airsick, air traffic controller

---

[2] 'white-space'는 인쇄된 종이 위에서 사용되지 않은 흰 부분을 나타내는 전문용어이다.

   ⓑ cook → rice, soup, noodle, sweet and sour pork (kinds of food)
      → bake, fry, boil, grill, roast, braise (ways of cooking)
      → kitchen, stove, stir, spoon, pot (related by context)
   ⓒ marry → wedding, husband, wife, get married, separate, get divorced
   ⓓ swimming → water polo, diving board, deep end, crawl (related by context)
   ⓔ thief → steal, burgle, burglar, crime, criminal, catch, arrest
 (c) 어휘장 (주제)
   ⓐ 의사 유형 : anesthetist, cardiologist, internist, neurologist, pediatrician
   ⓑ 주기 : daily, weekly, biweekly, semiweekly, monthly, bimonthly, semimonthly
     annual, biannual, quarterly, decennial, centennial, bicentenial
     semicentennial, millennial, perennial
   ⓒ 물고기 : goldfish, trout, sole, eel, shark (kinds of fish; co-hyponyms)
   ⓓ 비행기 탑승 : hand luggage, gate number, check in, boarding pass
 (d) 하위어 (hyponym)
   ⓐ fruit → apples, pears, grapes, kiwis, mangoes, bananas
   ⓑ insect → fly, grasshopper, bee, mosquito
   ⓒ vegetable → carrot, cabbage, potato
 (e) 모양의 유사성
   doughnut → a Beatles CD, a wedding ring, file paper
       (things with holes)

4) 어휘망과 그림도식 그리기

의미관계에 따른 어휘망과 그림도식을 통하면 어휘를 보다 더 명확하게 이해할 수 있다.

(1) 어휘망

어휘망(vocabulary network, word map, word spider)을 통한 학습은 어휘 확장기법이나 의미연상기법(semantic association)과 유사한 것으로 주어진 어휘와 다른 어휘의 관련성을 범주화시켜 보여주는 방법이다. 하나의 어휘를 주고 관련된 어휘를 이끌어 내거나(elicit), 토론을 통해서 어휘망을 형성해 보는 과정을 통하여 글의 내용이나 분야와 관련된 모든 단어를 생각해 볼 수 있다.

  이러한 기법들을 읽기 전 활동으로 사용할 경우는 읽기 자료와 관련된 어휘에만 초점을 두는 것이 효과적이다. 또한 학습자의 수준보다 어려운 단어는 모국어나 그림을 이용할 수도 있다.

예 (a)

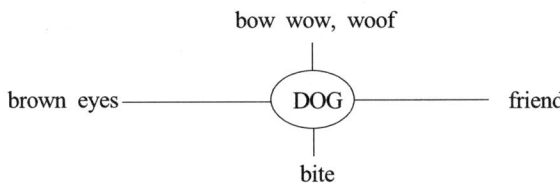

(b)

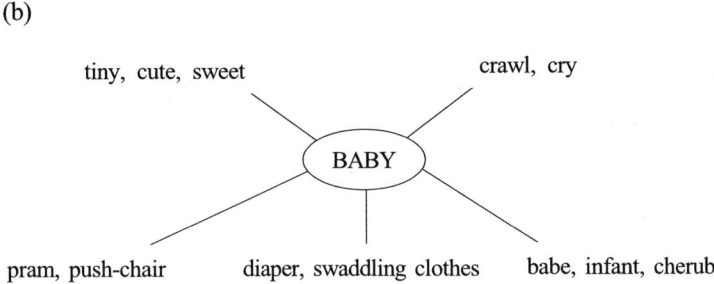

(c)

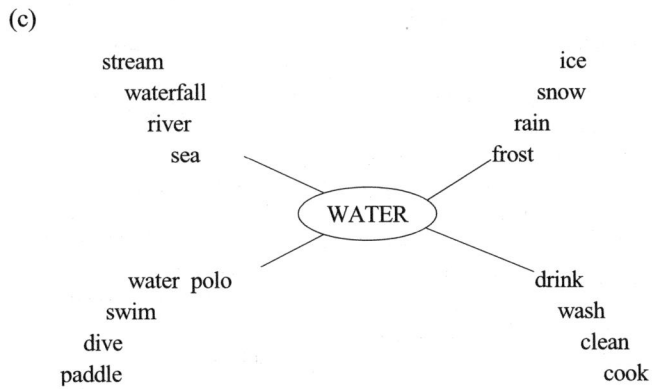

(d)
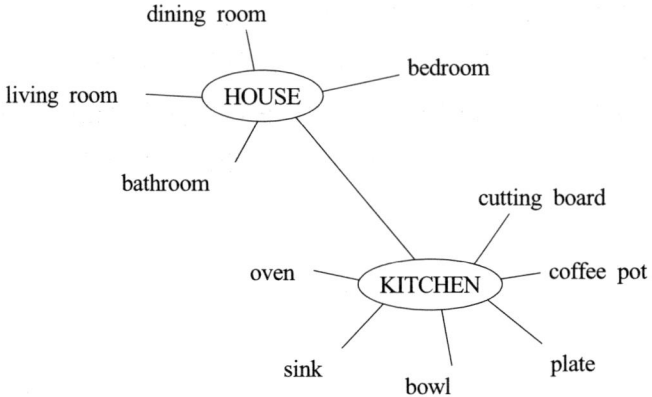

(e)
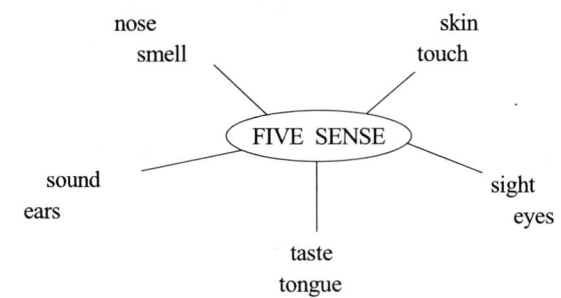

(f)
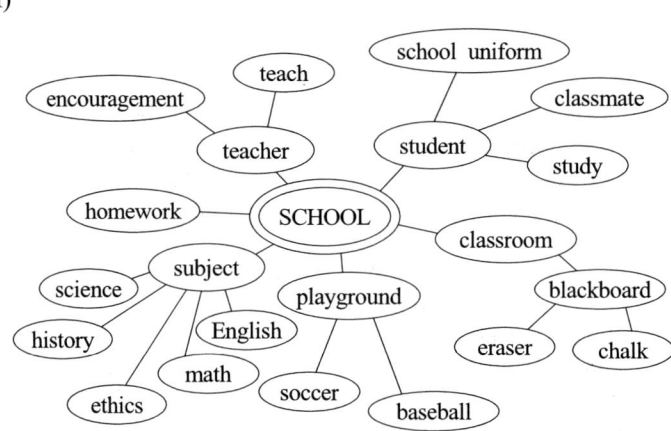

(g)

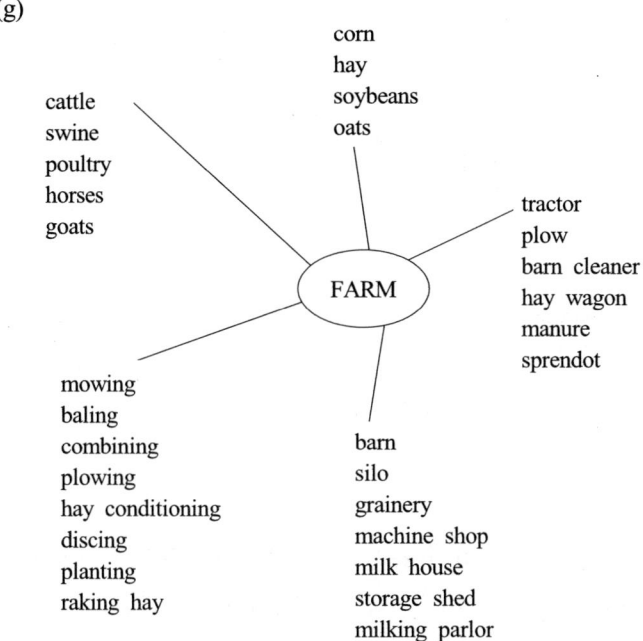

(2) 그림도식

형용사나 부사, 동사 등은 그림도식(pictorial schema)을 통하여 보다 더 정확하게 그 의미를 이해할 수 있다. 그림도식은 계단식 척도(stepped scale), 연속선, 수형도(tree diagram), 바둑판(grids) 등의 다양한 방법을 고안하여 사용할 수 있다.

(가) 계단식 척도

하나의 기준을 정하여 정도에 따라 계단식으로 표시하는 방법으로 말로 하는 설명보다 더 확실하게 의미의 차이를 보여 줄 수 있다.

예 (a)

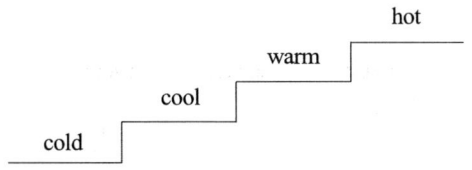

(b)

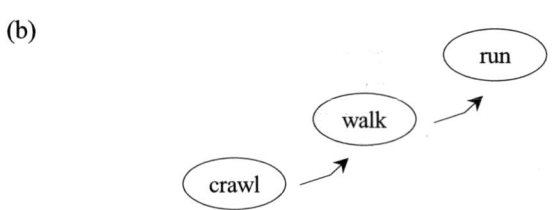

(c)

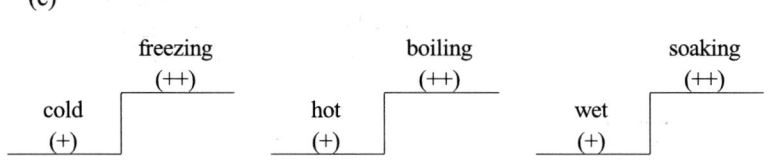

(나) 연속선

하나의 연속선상에 정도에 따라 표시하는 방법으로 구별이 모호한 형용사, 빈도부사, 동사 등의 어휘들의 의미를 보다 선명하게 나타낼 수 있다.

예 (a) 형용사

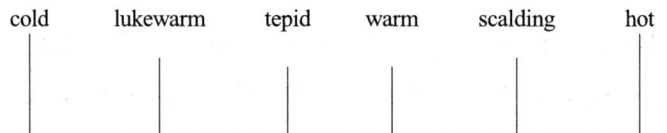

(b) 빈도부사

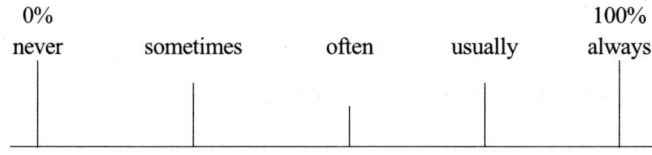

(c) 동사

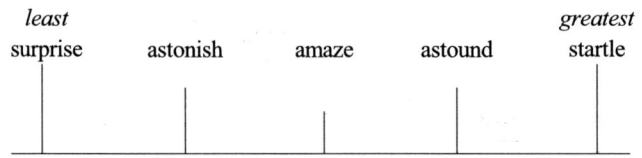

(다) 수형도

수형도(樹型圖)는 나뭇가지 모양의 그림을 말하며 친족관계나 특정한 계열관계를 나타낼 때 유용하다.

예

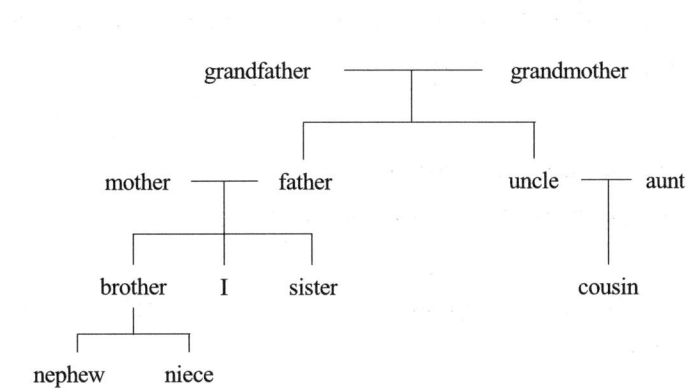

11.3. 문맥단서의 활용을 통한 학습

11.3.1. 문맥을 통한 어휘의 이해

외국어 학습에서 아무리 많은 어휘를 학습한다고 하더라도 모르는 어휘는 항상 있게 마련이다. 따라서 학습자는 문맥을 통하여 새로운 어휘의 의미를 유추할 수 있어야하며 이러한 기법의 활용이 어휘학습에서 가장 중요한 부분 중의 하나이며 해당 어휘의 활용능력 신장에 효과적이다.

> No matter how many words learners acquire, they will always be coming across unfamiliar words in their reading and listening. This is why they will always need to be able to make intelligent guesses as to the meaning of unknown words. Guessing from context is probably one of the most useful skills learners can acquire and apply both inside and outside the classroom (Thornbury, 2002, p. 148).

문맥 단서에는 제목, 소제목 등도 포함되고 그림, 표, 차트 등도 문맥단서에 포함될 수 있으며 의미파악에 참고할 수 있다. 문맥의 단서(context cues)를 이용하기 위해서는 우선 구조적 단서를 고려해야 하며 'but', 'and', 'however', 'so' 등의 연결사를 활용하여 모르는 어휘의 의미를 유추할 수 있어야 한다. 다음의 예(a)에서는 'tired'와 'elated'가 대조를 이루고, (b)에서는 'tired'와 'downhearted'가 유사한 상태를 나타내고 있음을 연결사를 통하여 이해할 수 있다.

예 (a) We got home, tired *but* elated.
　　(b) We got home, tired *and* downhearted.

또한 다음 예의 경우에는 'skylab'의 의미를 연결된 문맥을 통하여 그 의미를 확실하고 자세하게 파악할 수 있다.

예 (a) 'Skylab' is a space station.
　　(b) A rocket takes it into space.
　　(c) It goes around the earth.
　　(d) Astronauts stay on it.
　　(e) It has big solar collectors. Solar collectors change sunlight into electricity.

위의 일련의 문장들을 이해하기 위하여 다음의 예와 같은 그림이 있으면 더 효과적이다. 그림 혹은 상황도 문맥적 단서가 될 수 있기 때문이다.

예

문맥의 단서를 이용하여 어휘의 의미를 유추하는 기법은 학습자의 배경지식을 활성화하고 잉여적 요소나, 기타 다양한 요소에서 단서를 얻는 것이다. 다시 말하면 새로운 단어를 확실하게 이해하기 위해서는 유의적인 상황 속에서 파악해야 한다는 것이다. 이렇게 하기 위해서는 텍스트에 나오는 단어의 95%는 알아야 정확한 의미추측이 가능하다 (Liu and Nation, 1985; Laufer, 1997). 이는 20개 단어마다 한 두 개의 단어를 모를 경우에 한하여 문맥 속에서 어휘의 의미 파악이 가능하다는 것이다. 따라서 초기 단계에서는 명시적 학습이 필요하며 2,000내지 3,000개의 단어를 아는 것은 문맥 속에서의 의미 유추를 가능하게 하는 최소한의 입문단계로 간주된다(Decarrico, 2001 참고). 또한 어휘를 간접적으로 문맥에서 학습할 경우에 유의적 상황 속에서 최소한 5~7회 이상은 반복하는 것이 이상적이다(Conzett, 2000). 또한 듣기에서는 100단어 중 한 두 개, 읽기에서는 50단어 중 한 개 정도를 유추할 수 있고 정독의 경우 95%를 알고 있어야 나머지 생소한 어휘의 의미를 추측해 내는 것이 가능하다.

문맥을 통한 어휘의 이해는 언어자료에 잉여성(redundancy)이 50% 또는 그 이상 있기 때문에 가능하다. 잉여성이란 필요한 량 이상의 정보를 말하며 정의, 동의어, 요약, 문법적 표지 등을 통하여 동일한 정보가 두 번 이상 반복되는 것을 말한다.

> redundancy : the degree to which a message contains more information than is needed for it to be understood. 50% of normal language is said to be redundant. (Richards 등, 1985, p. 241)

다음의 예문에서 복수개념이 'these', 'chairs', 'are'에 잉여적으로 포함되어 있어 한 두 개가 생략되어도 의사소통에 지장이 없다.

  예 These chairs are expensive.

이러한 잉여성은 문맥, 선험지식(선행지식, schema) 등과 더불어 어휘의 의미파악에 기여한다.

어휘의 의미를 문맥 내의 단서를 통하여 학습자 자신이 가진 어휘 지식이나 경험 등과 관련을 지어서 단어의 의미를 추론하는 것을 문맥적 접근이라고 한다. 이 접근법의 단점은 문맥을 통해 낱말의 의미를 유추하는 활동이 낱말의 의미를 불확실한 수준에서 파악하게 하거나 일부분만을 파악하게 할 수도 있다는 것이다. 다시 말하면 단어의 의미를 전혀 모르면 어휘의 의미를 왜곡하여 이해할 수도 있다.

문맥에서 어휘를 익히는 것이 어휘 학습에 많은 도움이 되지만, 하나의 문맥만으로는 어휘의 의미를 완전히 파악하기 어려우므로 다수의 문맥을 접해야 한다. 또한 학습자의 자발적인 주의 집중, 학습 자료에 대한 일반적인 이해와 세부적인 이해 및 흥미가 결합될 때 만족스러운 어휘 학습이 이루어진다.

문맥을 통한 어휘학습이 이루어지기 위한 조건을 정리하면 다음과 같다 (Krashen, 1982 참고).

(a) 학습자의 주된 관심이 텍스트의 메시지 이해에 있어야한다.
(b) 외국어 텍스트를 접하면서 불안감이 없어야 한다.
(c) 텍스트가 학습자의 현재 어휘력보다 약간 더 어렵지만 상황맥락을 통해 이해 가능한 어휘를 포함하고 있어야 한다. 다시 말하면 모른 어휘를 유추할 수 있는 충분한 단서가 포함되어 있어야 한다.
(d) 텍스트에 대한 적절한 배경지식(선험지식, background knowledge, schema)이 있어야 한다. 예를 들면 'desert'에 대하여 일반적인 사실을 알고 있으면 'the arid climate of the desert'의 의미를 알기가 쉽다.

11.3.2. 문맥단서의 유형

문맥단서에는 개요, 제목, 소제목, 삽화, 구두법, 잉여적 정보, 대용어, 등치어/문법적 구조, 음성언어인 경우에는 억양이 모두 포함된다. 여기서는 문맥단서를 다음과 같이 나누어 논의하고자 한다. 어휘의 의미 유추에 2개 이상의 문맥 단서가 동시에 이용될 수도 있다.

(a) 다시 말하기 단서 (restatement clue) : 정의나 동의 표현
(b) 비교와 대조 단서 (comparison or contrast clue) : 유사하거나 대조되는 어귀, 혹은 반의어
(c) 경험 혹은 상식 단서 (experience or common sense clue) : 경험과 상식
(d) 예와 요약 단서 (example and summary clue) : 제시된 예나 내용을 요약한 어휘

1) 다시 말하기 단서

다시 말하기 단서는 특정한 어휘의 정의나 되풀이하여 사용된 동의 표현 어휘를 말하며 이를 통하여 모르는 어휘의 의미를 유추할 수 있다.

(1) 정의

문맥에서 특정한 단어의 정의가 제시된 경우에 이를 통하여 어려운 어휘의 의미를 유추할 수 있다. 정의는 보다 더 쉽고 친숙한 어휘로 제시되는 것이 일반적이다. 다음의 예에서는 'hypochondria(과도한 건강염려증)'이라는 어휘의 정의가 콤마 사이에 보다 더 쉬운 어휘로 제시되어 그 의미를 유추할 수 있다.

[예]

> *Hypochondria*, excessive worry over one's health, afflicts many Korean over forty.

정의 제시에는 콤마, 괄호, 대시(dash), 'or', 'that is', 'be', 'refer to', 'mean', 'be called' 등이 사용된다.

(가) 콤마(comma)
  [예] (a) A number of languages of South Africa have *clicks*, a variety of popping sounds made by forming vacuums between the tongue and the hard or soft palate.
  (b) Mary often serves *glog*, a Swedish hot punch, at her holiday parties.
  (c) Kim's friends believe that *cryobiology*, the science of life at low

temperatures, will someday make possible a workable facsimile of immortality.

(d) Tom Brown was a *nomad*, an incurable wanderer who never could stay in one place.

(나) 괄호

예 (a) A leading cause of heart disease is a diet with too much *cholesterol* (a fatty substance made of carbon, hydrogen, and oxygen).

(b) The *panther* (a large black animal related to a cat) is very dangerous and deadly.

(다) 대시(dash)

예 (a) . . . result of *natural turnover* - the departure of workers through death, retirement, or voluntary decision to seek a job somewhere else, without any forced layoffs.

(b) Even though the patient was *asymptomatic* - not showing any symptoms - after his accident, the doctor decided to keep him in the hospital overnight for observation.

(라) or[3]

예 (a) The spine, or backbone, runs along the back of human beings.

(b) The main character in the novel was an *amalgam*, or combination, of several people the author met during the war.

(c) After sketching out a design, a sculptor may create an *armature*, or rigid framework, to serve as a support for the sculpture.

(d) European countries often have separate secondary schools for boys and girls, but there are also *co-educational* schools or mixed schools for both boys and girls together.

---

[3] 이러한 'or'를 포괄적(inclusive) 'or'라고 하며 동의어를 나타낸다. 이와 달리 선택적 'or'는 다음의 예문과 같이 두 개 사이에 선택을 나타낸다.
예) Mr. Kim or Mr. Lee is the right person for the position.

(e) People who learned to organize their ideas into *sequences* or chains of logic can usually reason their way effectively. (*Reader's Digest*, May, 1980, p. 72)

(f) While hiking in the mountains, they came to a *tarn* or mountain lake.

(마) that is

예 (a) A birthday party is an *observance*, that is, a remembrance of someone's day of birth.

(b) Our earth, you know, *rotates*. That is, it turns on its axis. Do you know what "axis" means? It's an imaginary line running from pole to pole through the earth's center. Like our earth, the moon, too, rotates.

(c) This weed is *dioecious*, that is, it has male and female plants.

(바) be

예 (a) An *Alsatian* is a large, usually fierce dog that is often used to guard buildings or by the police to help find criminals.

(b) An *amphibian* is an animal such as a frog that is able to live on land and in water.

(c) A *corkscrew* is a device for pulling corks out of bottles. It has a spiral-shaped metal rod wit a point that you push into the cork and a handle which you pull to remove the cork.

(d) A *habitat* is the place where an individual or population of a given species lives.

(e) A *polyglot* is a person who speaks a lot of languages.

(f) A *robin* is a small bird with a red neck and breast.

(사) refer to

예 (a) *Expulsion* refers to the remove of a group from the territory in which it lives.

(b) *Corona* refers to the outmost part of the sun's atmosphere.

(아) mean

> 예 *Cold-blooded* means that when the air is warm, their bodies are warm, and when the air is cold, their bodies are cold.

(자) be called

> 예 Broad, flat noodles that are served covered with sauce or butter are called *fettuccini*.

(2) 동의 표현

동일한 사항이 두 개 이상의 단어나 구로 표현될 때 그 중의 하나가 독자와 친숙하다면 다른 단어의 의미를 유추할 수 있다. 다시 말하면 동의어 혹은 유사한 단어/어구를 통하여 어휘의 의미를 유추할 수 있다. 다음 예문에서 'hiatus'는 'break'와 동의어이므로 이를 통하여 그 의미를 유추할 수 있다.

예

> Betsy took *a break* from teaching in order to serve in the Peace Corps. Despite the *hiatus*, Betsy's school was delighted to rehire her when she returned.

또 다른 예들을 보면 다음과 같다.

> 예 (a) The campaign posters in their yard indicate the Walkers are *ostensibly*, or *apparently*, planning to vote for a different candidate from last time.
> (b) When it comes to manufactured goods, there is actually more *diversity* in this country than Europe has ever known. The *variety* of goods carried by our stories is the first thing that impresses any visitor from abroad.
> (c) He's *bound* to win. He can't lose.
> (d) The *house* stood at the end of a quiet neat street. The *little dwelling*, however, looked neglected and cheerless.
> (e) *Rain* had been forecast for the morning; however, by noon no *precipitation* had occurred.

(f) All school officials receive a *salary* except the members of the Board of Education, who serve without *remuneration*.

(g) "He praised her taste, and she *commended* his understanding." (Oliver Goldsmith's *The Vicar of Wakefield*)

(h) Students attending private schools pay *tuition*. In the public schools, however, there is no *charge for instruction*.

(i) I can *dispense with* a midmorning snack, but I cannot *do without* lunch.

(j) The *noise* and commotion in the crowed gymnasium were so great that we could barely make ourselves heard above the *din*.

2) 유사관계와 대조관계

유사관계나 대조관계를 통해 어휘의 의미를 유추할 수 있다.

(1) 유사관계 및 하의관계

어휘의 유사(類似)관계는 서로 비슷한 의미를 나타내는 관계를 말한다. 다음의 예에서 'henbane'은 'poisonous plants'와 유사한 의미를 지니고 하의관계에 있으므로 그 의미를 유추해 낼 수 있다.

예

> Like many other poisonous plants, *henbane* has an unpleasant smell.

유사관계를 나타내기 위하여 'like, likewise, similar to, similarly, in the same way, as' 등이 사용된다.

(가) like

예 Jane: Which do you like better, pizza or *tacos*?
Se-ho: What is a *taco*? I've never seen one.
Jane: It's a Mexican food. It is like *mandu*.

(나) as

> 예 (a) *Dentist* is to teeth as a *dermatologist* is to skin.
> (b) *Sloppy* is to appearance as *rude* is to manner.

(2) 대조관계

대조(對照)관계는 서로 비교될 수 있는 관계를 말한다. 다음 예에서 'experienced driver'와 'novice'는 'but'을 통하여 대조를 이루므로 둘 중에 하나를 안다면 다른 하나의 의미를 유추할 수 있다.

> 예
>
> Ruth is an *experienced driver*, but Brown is a *novice*; he began taking lessons just last month.

대조관계에는 'but, although, though, however, while, in contrast, whereas, in spite of' 등이 사용된다

(가) but (yet)

> 예 (a) New York City is *densely* populated, but a desert is *sparsely* populated.
> (b) Some people are *loquacious*, but others *hardly talk* at all.
> (c) His clothes were *spotless*, but his face is *dirty*.
> (d) Little Tom hid *shyly* behind her mother when she met new people, yet her brother Matthew was very *gregarious*.
> (e) One of the dinner guests *succumbed* to the temptation to have a second piece of cake, but the others *resisted*.
> (g) *Tropical* weather is very hot, but *arctic* weather is very cold.

(나) although(though)

> 예 (a) Although he was accustomed to life in the desert, he could not *endure* the heat of this valley very long . . . . Two more hours of such heat would finish him.

(b) I *loathe* cats even though most of my friends *love* them.

(다) however

예) I am *certain* that the hotel will hold our reservation; however, if you are *dubious*, call to make sure.

(라) while

예) (a) The speaker *denounced* certain legal changes while *praising* other reforms.
(b) While the aunt *loved* Yunhee deeply, she absolutely *despised* her twin brother Culsoo.
(c) While some are suffering *drought*, others are experiencing *heavy rains and floods*.

(마) whereas

예) My uncle is quite *portly*, whereas his wife is very *thin*.

(바) semicolon

예) (a) Some city dwellers are *affluent*; others live *in near poverty*.
(b) A chain reaction can be *initiated* by inserting more and more fuel elements into the reactor until the critical mass is attained; it can be *terminated* by withdrawing the rods.
(c) *Cowards* die many times before their deaths; The *valiant* never taste of death but once. (William shakespeare's *Julius Caesar*)

(사) 기타

예) (a) It has now been found possible to put a hitherto *vague* idea into a *precise* mathematical form.
(b) The lower the magnitude, the brighter the star. A first-magnitude star, for example, is *brighter* than a sixth-magnitude star. Stars *fainter* than six-magnitude cannot usually be seen with the eyes alone. They are brought into view only with the aid of a powerful telescope.

(c) Honeybees do not live *alone*. They live *in colonies*.
(d) When bad weather prevented the bomber from striking the *primary* target, the pilot guided the plane to the *secondary* objective.
(e) "When I was a boy, there was but one *permanent* ambition among my comrades in our village on the west bank of the Mississippi River. That was, to be a steamboatman. We had *transient* ambitions of other sorts... When a circus came and went, it left us all burning to become clowns... now and then we had a hope that, if we lived and were good, God would permit us to be pirates. These ambitions faded out, each in its turn; but the ambition to be a steamboatman always remained." (Mark Twain's *Life on the Mississippi*)

3) 경험과 상식 단서

독자가 직접적이거나 간접적인 경험, 세상 지식 혹은 상식(common sense)을 통해서 어휘의 의미를 유추할 수 있다. 다음의 예에서 'hibernate'의 의미를 곰이나 개구리의 겨울잠에 대한 상식이나 유사어구인 'doser', 'sleeper', 'sleep'를 통하여 유추할 수 있다.

> Some animals seem to *hibernate* at times, but they are not true hibernators. Bears are good examples. Biologists call them dozers, or light sleepers. The polar bear and the big brown bear of Alaska may sleep through part of the winter. They are only sleeping lightly - not hibernating like snakes or frogs.

경험과 상식을 통하여 어휘의 의미를 유추할 수 있는 예는 다음과 같다.

예 (a) The old dog *snuffed* and moped as he slowly walked from the room.
(b) I can't use this knife. It's too *blunt*.
(c) The boxer took a hard punch on the chin. He stood still for a second and then his legs became weak. Almost falling, he started to *stagger* like a drunken man. One more punch and he was down . . . seven, eight, nine, ten. It was a knock-out.

(d) The *sweat* rolled down his face. His entire body was wet, as if he had fallen into a spring . . . . The heat was terrible.

(e) Tom received a new *roadster* for his birthday. It is a sports model, red with white interior and one seat, capable of reaching speeds of more than 150 mph.

(f) "The morning had passed away, and Rip felt *famished* for want of his breakfast."(Washington Irving's *Rip Van Winkle*)

(g) A *frugal* person would never spend money so freely.

(h) A *thrifty* person saves his money. He does not spend it freely.

(i) "I now made one or two attempts to speak to my brother, but in some manner which I could not understand the din had so increased that I could not make him hear a single word, although I screamed at the top of voice in his ear." (Edgar allan Poe's *A Descent Into the Maelstrom*)

(j) The speaker should have used the microphone. His voice was *inaudible*, except to those near the platform.

(k) Our band now has four players and, if you join, it will become a *quintet*.

(l) On hot, humid summer afternoons, I often feel *languid*.

(m) Yunhee poured the water into a *tock*. Then, lifting the *tock*, she drank. Unfortunately, as she was setting it down again, the *tock* slipped from her hand and broke. Only the handle remained in one piece.

(n) Children learn their first language by listening to the language around them. They make sense of what they hear because they hear the language in context. The context provides meaning. Babies spend their first months listening before producing even one syllable. *Toddlers* can understand extremely complex utterances although their utterances may be more simple.

(o) Robert couldn't get to sleep. He didn't know why. At two o'clock in the morning he decided to go down-stairs and get some food from the fridge. Everyone in the house was asleep so he *tiptoed* down the stairs, making as little noise as possible.

(p) In the village, most people were happily getting ready to go skiing. There were only a few people who looked unhappy. They could not go skiing. They had each injured a leg, a knee or an ankle, and were now *limping* around the village with nothing to do.

4) 예와 요약 단서

제시된 예(example) 혹은 일정한 내용의 요약(summary)을 통하여 어휘의 의미를 유추할 수 있다.

(1) 예 (example)

제시되어 있는 예를 보고 해당 어휘의 의미를 파악할 수 있다. 다음 예에서 'including' 다음에 온 'rain, snow, sleet, hail' 통하여 'precipitation(강수, 강우)'의 의미를 유추할 수 있다.

예
> In the past month, we have had almost every type of *precipitation*, including rain, snow, sleet, and hail.

예를 들 경우에는 'including' 이외에 'like, such as, for example' 등이 사용되며 이러한 어휘는 다음에 제시된 하위개념을 포괄한다.

(가) including/include
- 예 (a) David experienced many *traumas* during early childhood, including injury in an auto accident, the death of her grandmother and the divorce of her parents.
- (b) Many *pharmaceuticals*, including morphine and penicillin, are not readily available in some countries.
- (c) Historic examples of *imperialism* include the British and French government policies in Africa and the Americas.

(나) like
- 예 *Newsmagazines*, like Time or Newsweek, are more detailed than newspapers.

(다) such as
- 예 (a) Most *condiments*, such as pepper, mustard, and catsup, are used to improve

the flavor of foods.
(b) Many people have *phobias*, such as a fear of heights, a fear of water, or a fear of confined spaces.

(라) dash and semi-colon
예 (a) Tom's dog was *submissive* - crouching, flattening its ears, and avoiding eye contact.
(b) Mary can be quite *gauche*; yesterday she blew her nose on the new linen tablecloth.

(마) for example
예 Iran is trying to *restore* many of its ancient monuments. Persepolis, for example, is being partly rebuilt by a group of Italian experts.

(바) 기타
예 (a) Every generation in medieval Europe suffered *famine*. The poor ate cats, dogs, and the droppings of birds; some starving mothers ate their children. In the 20th century, period of extreme hunger drove Soviet citizens to cannibalism.
(b) Sumi felt *overloaded* with things to do; she had to clean the room, wash the clothes, pick up the children, buy groceries, and prepare dinner for her guests.
(c) Scrivener is quite *versatile*: he is a good student, a top athlete, an excellent car mechanic, and a gourmet cook.
(d) Roberta Flank, Aretha Franklin, and Olivia Newton-John are popular female *vocalists*.
(e) Corn, barley, oat, rye, rice and wheat are *cereals*.

또한 학습자가 의미를 귀납적으로 유추할 수 있게 하나의 어휘에 대한 다양한 예문을 제시할 수 있다.

예 (a) He's really nice, but I don't *fancy* him.
    (b) I *fancy* eating out tonight. Don't you?
    (c) Do you *fancy* a cup of coffee?
    (d) *Fancy* a drink?
    (e) That guy on the dance floor - he really *fancies* himself.
    (f) I never really *fancied* package holidays much.

(2) 요약

요약(summary)은 제시된 내용을 간단하게 축약하여 제시하는 것을 말한다. 다음의 예에서 'perspiration(땀)'은 다음에 온 내용 전체를 요약한 단어로 의미유추가 가능하다.

예

> Many products are sold to stop *perspiration*. This wetness that comes from your body whenever you are too warm, work very hard. or are afraid, usually doesn't smell very good.

또한 다음의 예에서 'athlete'는 다음에 오는 문장을 요약했다고 볼 수도 있고 이 문장이 'athlete'를 부연(敷衍) 설명하고 있다고 볼 수도 있다.

예

> He's really good *athlete*. He plays sports well.

또 다른 예들을 보면 다음과 같다.

예 (a) My father was a *workaholic*, he worked so long and so hard that we rarely saw him.
    (b) The Spanish word 'ni' means 'nor', but the closest equivalent combination of sounds in English is knee. In Congo Swahili 'ni' is a prefix to affirmative verbs and means 'I', while in Navajo it is a suffix to verbs and indicates

complete action. . . . It is entirely *arbitrary* which sounds are employed to express particular ideas.
(c) My father is a *versatile* man; he is a successful businessman, sportsman, author, and sports car mechanic.

11.3.3. 문맥확대연습과 무의미 어휘의 활용

문맥 단서를 통한 어휘 의미의 유추하는 연습 활동으로는 문맥 확대연습과 무의미어휘의 의미유추하기를 활용할 수 있다.

1) 문맥확대연습

문맥확대연습(context enrichment exercise)은 단계적으로 문맥을 확대하여 제시함으로 어휘의 의미를 유추해 보는 기법으로 학습자가 문맥 속에서 어휘의 의미를 알아보는 효과적인 방법 중에 하나이다 (Yorkey, 1970, p. 67 참고).

다음의 예 (a)에서 'bill'은 '청구서'와 '새의 부리'라는 두 가지 의미를 지니고 있지만 (b)와 같이 문맥을 확대하면 'bill'의 의미가 '청구서' 임을 유추할 수 있다.

예 (a) The *bill* is large.
(b) The *bill* is large, but need not to be paid.

또한 다음의 예에서 'haughty', 'mechanic', 'mug'의 의미를 확대하여 제시된 문맥을 통하여 유추해볼 수 있다.

예 (a) Guess the meaning of the word 'haughty.'
ⓐ Yunhee was *haughty*.
ⓑ She had a *haughty* manner.
ⓒ Her *haughty* manner of continually talking about herself and her accomplishments irritated even her friends.
(b) Guess the meaning of the word 'mechanic.'

ⓐ Scrivener is a *mechanic*.
　　ⓑ He always wears dirty clothes.
　　ⓒ He works in a garage.
　　ⓓ He fixes cars.
(c) Guess the meaning of the word 'mug'.
　　ⓐ She poured the water into a mug.
　　ⓑ Then, lifting the *mug*, she drank.
　　ⓒ Unfortunately, as she was setting it down again, the *mug* slipped from her hand and broke.
　　ⓓ Only the handle remained in one piece.

또한 한 문장 내에서 다음에 올 단어를 유추하는 활동도 어휘의 회상능력을 신장시키는데 효과적이다. 다음의 예문과 같이 한 문장 내에서 다음에 올 단어들을 단계적으로 제시하면서 예측하여 선택하게 한다. 이 방법은 문맥이 확대되어 갈수록 다음 단어를 예측하기가 쉬워지므로 일종의 문맥 확대연습이라고 할 수 있다.

예 Choose the appropriate words to fill in the blanks.
　ⓐ Some (　　)
　　　a. leaves　　b. animal　　c. eat　　d. man　　e. book
　ⓑ Some leaves (　　)
　　　a. existence　b. lives　　c. is　　d. depends　　e. protect
　ⓒ Some leaves protect themselves (　　)
　　　a. on　　b. until　　c. although　　d. against　　e. from
　ⓓ Some leaves protect themselves from the great (　　)
　　　a. creative　b. beautiful　c. heat　　d. water　　e. hit
　ⓔ Some leaves protect themselves from the great heat by not (　　)
　　　a. staying　b. remain　　c. to lie　　d. though　　e. wonderful
　ⓕ Some leaves protect themselves from the great heat by not staying flat in their normal position but by curling up until the (　　)
　　　a. shelter　b. night　　c. morning　　d. sunrise　　e. noon

ⓖ Some leaves protect themselves from the great heat by not staying flat in their normal position but by curling up until the night when it is (　　).
　　a. cooler　　b. hotter　　c. happier　　d. speak　　e. bright

ⓗ Some leaves protect themselves from the great heat by not staying flat in their normal position but by curling up until the night when it is cooler.

위 예의 ⓐ에서 ⓒ까지는 문법개념과 전치사, ⓓ는 문법과 세상지식을 통해 다음에 올 어휘를 예측할 수 있다. ⓔ는 문법관계로 예측할 수 있으며 'remaining' 이나 'lying'도 가능하다. ⓕ와 ⓖ는 세상지식으로 예측 될 수 있으며 ⓕ에는 'night' 이외에 'evening' 혹은 'time'도 올 수 있다. 이러한 방법으로 한 문장에서 다음에 올 수 있는 어휘를 유추해 보는 활동을 거쳐 문장 ⓗ에 이르는 훈련을 할 수 있다.

2) 무의미 어휘의 활용

일정한 수의 무의미(nonsense) 어휘가 포함된 글에서 무의미 어휘의 의미 및 실제 단어를 알아보는 활동도 어휘력 증진에 효과적이다. 무의미어휘의 의미를 알기 위해 우선적으로 구조적인 단서를 활용할 수 있다. 다음 예에서 무의미어휘 'sploony urddle'은 'the'와 동사 'departed' 사이에 사용되었으므로 명사구이고 'sploony'는 '-y'로 끝났으므로 형용사일 가능성이 크다. 만일 'sploony'가 명사라면 'urdle'도 명사로 복합명사를 이룰 수 있다. 이러한 구조상의 단서들은 예문에 있는 무의미어휘의 의미 파악에 도움이 될 수 있다. 또한 'departed'의 의미를 통하여 무의미어휘가 가지고 있는 의미상의 속성을 알 수 있다.

　　예 The *sploony* urdle departed.

아울러 위의 예문에 대하여 다음과 같은 질문을 통하여 무의미 어휘의 파악에 단서를 얻을 수 도 있다.

　　예 (a) Who/What departed?

(b) What did the *urdle* do?

또한 다음 예와 같이 세상지식을 통하여도 무의미 어휘의 의미를 알아 낼 수 있다.

예 (a) Work out what the words in italics mean from the context of the sentence. The words in italics are nonsense words.
ⓐ It was a very cold day so I put a *tribbet* round my neck.
ⓑ I was so *fliglive* that I drank a whole bottle of Coke.
ⓒ I did three *tralets* yesterday but I failed them all because I hadn't studied enough.
ⓓ I did exam very *trodly* because I had a headache.
ⓔ I *scarked* very late at work because I overslept.
(b) *Fleaats* are solar spectra formed as sunlight passes through drops of water. *Fleaats* may be seen when a hose is adjusted to a fine spray. The drops act like prism, refracting sunlight to produce the spectrum. A single, or primary, *fleaat* has red on the outside, violet inside. Its arc, 40 degrees in radius, is always on a line with the observer and the sun. When you see a *fleaat*, the sun is behind you. Sometimes a secondary fleaat forms outside the primary. It is fainter, with colours reversed - red inside, violet outside. The secondary *fleaat* is formed from light reflected twice within drops.

다음과 같이 무의미 어휘들이 포함된 글을 주고 이야기의 전반적인 내용을 파악한 후에 무의미 어휘의 실제 어휘를 알아내게 함으로 일부 생소한 어휘가 있더라도 글의 이해에 지장이 없음을 알게 할 수도 있다 (Doff, 1988, p. 60).

예 ⓐ Read the text and try to understand the *general meaning* of the story. (All the words in italics are nonsense words)
ⓑ Now look at the nonsense words again. Can you guess what they might mean?

> A country girl was walking along the *snerd* with a *roggle* of milk on her head. She began saying to herself, 'the money for which I will sell this milk will make me enough money to increase my *trund* of eggs to three hundred. These eggs will produce the same number of chickens, and I will be able to sell the chickens for a large *wunk* of money. Before long, I will have enough money to live a rich and *fallentious* life. All the young men will want to marry me. But I will refuse them all with a *ribble* of the head - like this . . .'
> And as she *ribbled* her head, the *roggle* fell to the ground and all the milk ran in a white stream along the *snerd*, carrying her plans with it.

또한 다음 예문과 같이 문맥을 확대해 제시하면서 무의미 단어의 의미를 유추하게 하는 방법도 효과적이다.

예 Guess the meaning of the nonsense word 'splurg'. (Scrivener, 1994, p. 66)
(*splurgs* is nonsence word)
ⓐ There are special *splugs* to use in the car.
ⓑ *Splurgs* are usually made mainly of plastic and metal.
ⓒ You can find something made of paper inside them.
ⓓ They need electricity to work.
ⓔ They make a noise when you use them.
ⓕ They usually have long wires.
ⓖ They help to keep a place clean.

아울러 단계적으로 문맥을 확대하여 제시해주면서 무의미 어휘의 의미를 유추하게 할 수도 있다. 다음의 예(Yorkey, 1970, p. 67)에서 'whoosis'의 의미로 (a)에서는 세 개 모두를 선택할 수 있으나 문맥을 조금 더 확대한 (b)에서는 ⓑ와 ⓒ가 해당되며, 문맥을 더 확대하여 제시한 (c)에서는 ⓑ가 가장 적합하다.

예 (a) We had a *whoosis*.
ⓐ an ox
ⓑ an egg beater
ⓒ a leather suitcase

(b) We had a *whoosis*, but the handle broke.
   ⓐ an ox
   ⓑ an egg beater
   ⓒ a leather suitcase
(c) We had a *whoosis*, but the handle broke, so we had to beat the eggs with a fork.
   ⓐ an ox
   ⓑ an egg beater
   ⓒ a leather suitcase

다음 예문은 학습자가 무의미 단어의 의미를 유추하는데 도움을 주기위해 첫 번째, 혹은 첫 번째와 두 번째 철자를 본래의 단어 철자와 동일하게 한 것이다.

예 Can you guess what the nonsense words mean? (All the words in italics are nonsense words)

> When I was a small *bruck* I always wanted to own a *bistref*. All the other *brucks* at *sllink* had *bistrefs* but my *pelkes* were too *peng* to *buttch* me one. So I had to woul to *sllink* while the other *brucks roapp* there on their *bistrefs*.

제12장
어휘학습기법 IV

제 12 장에서는 과업활동과 게임, 노래를 통한 어휘학습에 관해 논의하고자 한다. 과업활동은 어휘 숙달뿐 만아니라 의사소통능력 신장에 큰 보탬을 줄 수 있으며 게임과 노래는 학습자에게 언어학습에 대한 동기와 흥미를 유발시킬 수 있다. 또한 이러한 활동들은 학습자가 언어의 형태보다는 내용 즉 메시지에 관심을 집중할 수 있게 해주며 학습능력이 비교적 부족한 학습자도 게임과 노래를 통하여 학습활동에 적극적으로 참여하게 하는 효과가 있고 반복 활동의 지루함도 덜어 줄 수 있다. 따라서 과업활동과 놀이 및 노래를 통한 어휘의 학습은 어휘력을 강화시키고 유창성(fluency)을 신장시키는 유용한 방법 중의 하나이다.

12.1. 과업활동을 통한 학습

과업중심(task-based)활동은 과업의 수행을 최우선하는 학습 활동으로 의사소통능력의 신장에 유용하다. 또한 학습자의 참여를 유도할 수 있고 학습한 어휘를 유의미한 상황 속에서 사용해 보게 할 수 있기 때문에 어휘의 회상(recall)과 장기기억(long-term memory)에 도움을 준다.

과업중심활동에서는 의미의 전달이 가장 중요하며 해결해야 할 문제가 제시되고 문제의 해결 여부가 평가의 주요한 잣대가 된다.[1] 어휘학습을 위한 과업활동에

---

[1] Skehan (1998, p. 95)은 과업활동의 특징을 다음과 같이 제시하고 있다.
   (a) Meaning is primary.

는 선택, 분류, 나열하기, 연결하기 등이 있으며 게임의 개념을 도입하거나 테스트로 이용할 수도 있다.

1) 선택

선택과업(selecting task)은 다음의 예와 같이 학습자가 해당되는 어휘를 선택하게 하는 과업활동이다.

> 예 Choose three adjectives to describe the person you admire most.
>
> careful, clever, cold, confident, funny, imaginative, intelligent, kind lazy, polite, optimistic, pessimistic, quiet, serious, thoughtful, brave sensitive

2) 외톨이 단어 골라내기

외톨이 단어 골라내기(odd one out)는 일련의 단어들 중에서 동일한 범주에 속하지 않는 단어를 골라내는 과업을 말한다. 과업문제지(worksheet)나 단어카드를 활용할 수 있다.

> 예 Circle the entry that does not fit the rest of the group.
>
> (a) ⓐ table   ⓑ horse   ⓒ chair   ⓓ desk   ⓔ bed
> (b) ⓐ eyes   ⓑ nose   ⓒ shoes   ⓓ mouth   ⓔ ear
> (c) ⓐ editorial   ⓑ business section   ⓒ cartoons
>   ⓓ weather   ⓔ research paper   ⓕ advertisements
> (d) ⓐ court   ⓑ lawyer   ⓒ jail
>   ⓓ author   ⓔ judge   ⓕ jury
> (e) ⓐ flower   ⓑ music   ⓒ perfume   ⓓ skunk
> (f) ⓐ meat   ⓑ butter   ⓒ oatmeal   ⓓ fish oil
> (g) ⓐ clever   ⓑ beautiful   ⓒ handsome   ⓓ cute

(b) There is some communication problem to solve.
(c) There is some sort of relationship to comparable real-world activities.;
(d) Task completion has some priority.
(e) The assessment of the task is in terms of outcome.

또한 다음의 예와 같이 외톨이 단어를 선택하고 선택한 이유를 설명하게 할 수도 있다.

예 Put a circle around the odd word and suggest the reason why it is the odd word.
(a) ⓐ book   ⓑ magazine   ⓒ lettuce   ⓓ newspaper
(b) ⓐ tourist   ⓑ traveller   ⓒ visitor   ⓓ teacher
(c) ⓐ elderly ⓑ stupid   ⓒ talkative ⓓ intelligent
(d) ⓐ apple   ⓑ cow   ⓒ banana   ⓓ pear

위의 예에서 (a)는 ⓒ를 선택하고 'because people don't read it', (b)에서는 ⓓ를 선택하고 'Tourist, traveller and visitor - they are moving, so they have something in common.'이라고 답할 수 있다. 또한 (c)에서는 ⓐ를 선택하고 'elderly match with age, but the others are with personality.'라고, (d)의 경우에는 ⓑ를 선택하고 'The cow is odd, because the others are fruits.'라고 제시할 수 있다. (d)의 경우에는 그림이나 사진 혹은 실물을 활용하면 어휘의 회상(recall)과 표현을 연습할 수도 있다.

3) 분류

분류(sorting task)는 어휘를 쓰임새, 의미 등에 따라 분류하는 활동이다.

예 (a) Put these adjectives into two groups - positive and negative.

emotional, friendly, good-humored, offensive, selfish, kind confident, rude, outgoing, ambitious, self-centered

(b) 다음의 단어들을 해당 항목별로 분류하십시오.

arm, aspirin, backache, builder, businessman, cough, delay, toe, path electrician, face, field, finger, fish, flight, hurt, luggage, mountain mushroom, platform, rice, steak, wood,

THE BODY: _____
TRAVEL: _____
THE COUNTRY: _____
ILLNESS: _____
JOBS: _____
FOOD: _____

(c) 다음의 단어들을 해당 항목별로 분류하십시오.

ape, apple, artichoke, azalea, carnation, cat, cauliflower, rose cherry, okra, oleander, orange, otter, radish, raspberry, rat

VEGETABLE : _____
FRUITS: _____
FLOWERS: _____
ANIMALS: _____

(d) 다음의 단어들을 해당 항목별로 분류하십시오. 하나의 동물이 두 항목에 포함될 수도 있습니다.

elephant, goat, ox, giraffe, hare, sparrow, monkey, lion, mouse cow, ostrich, fox

FARM ANIMAL: _____
ZOO ANIMAL: _____
ANIMALS FOUND IN FIELDS AND WOODS: _____

4) 순서로 나열하기

순서로 나열하기(ranking and sequencing)는 학습자가 어구나 어휘들을 일정한 순서로 나열하는 과업 활동을 말한다.

예 (a) Imagine you have just moved into a completely empty flat. You can afford to buy one piece of furniture a week. Put the following items in the order in which you would buy them.

refrigerator, bed, desk, dining table, sofa, wardrobe, dishwasher bookcase, cooker, washing machine, chest of drawers

(b) Put the following events (eating out) into the correct order. The first one has been done for you.

look the menu	(	)
give the waiter a tip	(	)
have dessert	(	)
pay the bill	(	)
decide to go out for a meal	(1	)
book a table	(	)
leave the restaurant	(	)
go to the restaurant	(	)
have the main course	(	)
sit down	(	)
order the meal	(	)
ask for the bill	(	)

(c) Think about what people do when they travel by plane (Thornbury, 2002, p. 99 참고).
   ⓐ Put the actions below in the correct column.
   ⓑ Number the actions in the order people do them.

unfasten your seatbelt	go into the departure lounge	go to the departure gate
go into the departure lounge	fasten your seatbelt	go through passport control
check in	collect your baggage	listen to the safety instructions
go through customs	go through passport control	board the plane
leave the plane	go into the arrivals hall	

before the flight	after the flight

5) 연결하기

연결하기(matching task)는 어휘를 그림, 번역, 동의어, 반의어, 정의 혹은 연어와 연결하는 과업을 말한다.

> 예) Match the following words with their meaning (there are more *meanings* than words):
>
> a. crowd · 1. tall narrow building
> b. gull · 2. annoy
> c. pester · 3. type of artist
> d. sculptor · 4. small sailing boat
> 　　　　　　　5. sea bird
> 　　　　　　　6. a lot of people

6) 관련되는 단어 제시하기

다음의 예와 같이 관련되는 단어를 제시하게 하는 과업을 말한다.

> 예) (a) 'tree'와 관련되는 단어를 가능한 많이 제시하십시오.
> (b) List all the places in which people live.

7) 단어 연관 맺기

단어 간의 연관을 맺는 과업을 수행할 수 있는데 이 과업은 단어의 활용 능력 신장에 도움이 된다.

> 예) 'cake'와 'knife'의 두 단어카드를 가지고 'A knife can cut a cake.' 등과 같이 두 단어의 연관성을 말해 본다.

8) 스토리텔링

스토리텔링이란 이야기를 들려주는 활동을 말하며 몸짓과 제스쳐 등의 비언어적 의사소통행위(nonverbal communication)가 수반된다. 이 활동은 어휘 강화와 표현능력의 신장에 유용하며 그림, 사진, 슬라이드, 환등기 등을 활용할 수 있다.

12.2. 게임을 통한 학습

어휘게임(vocabulary game)은 어휘를 가지고 행하는 즐겁고 도전적인 활동으로 일정한 규칙에 따라 경쟁과 협력을 통해 행해진다는 점에서 놀이(play)나 일반적인 과업활동(task-based activity)과는 다르다. 게임에는 의견차이(opinion gap)와 정보차이(information gap), 도전성(challenge) 등이 있어 어휘의 강화와 유창성 향상에 도움이 된다.

어휘게임의 장점은 다음과 같다.

(a) 어휘게임을 통하여 어휘학습의 중요성과 필요성을 인식할 수 있다.
(b) 게임에서는 어휘가 문맥과 상황 속에 포함되어 있으므로 학습자가 의식하지 않고 어휘를 학습하고 강화할 수 있다.
(c) 어휘게임은 학습자들에게 영어사용의 기회를 준다.
(d) 재미를 느끼면서 어휘를 학습할 수 있다.

게임의 선택에서 고려되어야 할 사항은 다음과 같다.

(a) 학습자의 연령과 언어수준
(b) 학급당 학생수와 활동 공간
(c) 언어구조의 난이도
(d) 이용 가능한 자료 및 준비물
(e) 소요시간
(f) 문화적인 면

어휘학습을 위한 게임놀이는 어휘능력 향상과 강화에 목적이 있으며 목적에 따라 다양한 유형이 있다. 따라서 학습자의 언어수준과 참여 인원에 따라 적절한 게임을 선택하여야 한다. 철자게임과 단순단어게임은 정확성을, 의사소통적 게임은 유창성을 기르기 위한 활동이다.

1) 철자게임

철자게임은 어휘의 철자를 정확하게 알게 하는 활동으로 다음과 같은 예가 있다.

(1) 철자 올바르게 하기

철자 올바르게 하기는 학습자들에게 뒤섞인 철자로 된 단어(scrambled words)를 제시하고 올바르게 배열하게 하는 활동으로 이미 배운 단어의 철자를 복습하게 할 수 있다.

> 예 다음은 신체부위에 해당하는 단어입니다. 철자를 올바르게 배열하십시오.
> (a) KALEN - ankle
> (b) GIRENF - finger
> (c) WOBLE - elbow
> (d) HODEFARE - forehead
> (e) CHOMAST - stomach

(2) 기존 단어의 철자로 새 단어 만들기

철자가 비교적 많은 단어를 보고 단어 속에 있는 철자의 조합으로 정해진 시간 내에 다양한 단어들을 만들어 보는 게임으로 철자연습에 유용하다.

> 예 제시된 단어 속에 있는 알파벳을 이용하여 가능한 많은 단어를 만드십시오.
> (a) aeroplane - (learn, no, real, panel, plan, ran 등)
> (b) president - (desire, it, net, preside, reside, resident, side, ten, tin 등)

(3) 서수게임

서수게임은 서수(序數; ordinal number)의 개념을 강화할 수 있는 활동이다.

예 (a) *What is the word?*

The word is _____.

1 2 3 4 5 6 7 8

ⓐ 1 is the *second* letter in AUSTRALIA.
ⓑ 2 is the *fourth* letter in TASMANIA.
ⓒ 3 is the *first* letter in BRISBANE.
ⓓ 4 is the *third* letter in DARWIN.
ⓔ 5 is th *eighth* letter in ADELAIDE.
ⓕ 6 is the *seventh* letter in QUEENSLAND.
ⓖ 7 is the *third* letter in MELBOURNE.
ⓗ 8 is the *tenth* letter in NEW SOUTH WALES.

(b) What is the word? (   )

ⓐ The *first* letter of this word is the *twentieth* letter of the alphabet.
ⓑ The last letter of this word is the *first* letter of the 'read'.
ⓒ The *second* letter of this word is the letter between 'h' and 'j'.
ⓓ The *third* letter of this word is the third letter of the 'begin.'
ⓔ The fourth letter of this letter is the first and third letter of 'elephant.'

2) 단순단어게임

단순단어게임은 개별 단어를 가지고 하는 활동으로 단어 지식을 넓히기 위한 활동이다.

(1) Buzz 게임

Buzz 게임은 여러 학생이 차례로 수를 세어가면서 일정한 수의 배수가 될 경우에는 'buzz'라고 말하게 함으로 기수(基數, cardinal number)를 정확하게 알아가는 활동이다.

예 한 학생씩 1부터 영어로 수를 헤아려 가면서 5의 배수에 해당되는 수를 말하게 되는 학생은 'buzz'라고 하십시오.

one, two, three, four, *buzz*, six, seven, eight, nine, *buz* . . . .

(2) 숨겨진 단어 찾기

숨겨진 단어(hidden words) 찾기는 정해진 시간 내에 철자가 비교적 많은 단어 속에, 혹은 제시된 표 속에 숨겨진 단어를 찾는 활동으로 철자 연습과 어휘 인식 연습에 유용하다.

예 (a) 다음의 표에 있는 알파벳을 종과 횡, 대각선으로 맞추어 보면서 동사를 찾으세요.

K	E	E	P	O	D	E	R	T	D
Y	U	I	L	O	S	E	R	O	W
H	A	V	E	P	D	P	F	U	O
I	D	E	A	Y	B	N	E	Q	U
D	O	R	D	J	U	G	R	S	L
K	L	G	E	T	Z	R	L	O	K
N	O	T	I	S	I	T	U	R	N
O	O	A	G	I	P	E	B	E	T
C	K	E	A	N	R	L	O	V	E
K	I	D	Z	G	O	L	I	K	E

(b) 다음의 알파벳 모음에서 아래에 제시된 7개의 어휘를 찾으세요.

A	B	C	D	F	F	I	V
B	L	L	U	U	L	N	C
C	U	K	L	M	I	N	O
P	E	E	R	U	T	I	O
I	B	Q	U	M	T	N	K
P	E	N	N	Z	E	G	I
E	R	I	V	E	R	R	E
L	R	w	L	Z	A	A	S
L	Y	K	J	S	D	B	Y

blueberry   cookie   grab   litter
peer   pipe   river

(3) 단어 짝 만들기

예와 같은 단어 짝 만들기 게임(word pair race)을 통하여 연어현상과 어휘의 쓰임새를 학습하고 강화할 수 있다.

예 In five minutes, write as many correct pairs of *verb* + *noun* phrases as possible.

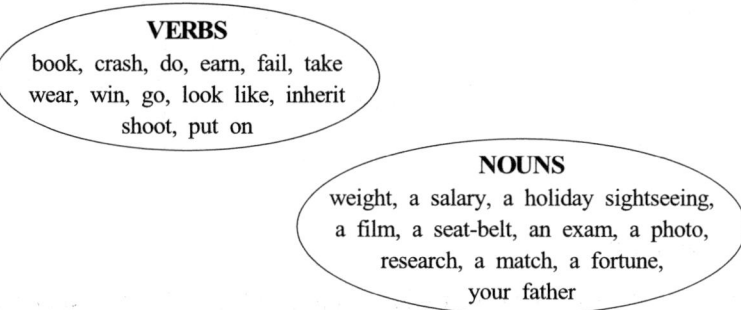

(4) 빙고와 풀 하우스

빙고(bingo)는 간단하면서도 학습자의 흥미와 참여도를 유도할 수 있는 게임으로 3칸 이상의 가로, 세로의 동일한 칸수의 표를 만들게 한 후 다양한 형태로 운영할 수 있다. 하나의 유형으로 목표 어휘 혹은 그 시간에 학습대상이 되는 어휘를 학생 임의대로 쓰게 하고 게임 주관자가 해당 어휘를 말하면 X 표로 지우거나 색칠하게 한 후에 표시가 가로, 세로 일직선이나 사선으로 되면 'bingo'를 외치게 하는 방법이다. 교통수단, 과일, 가축, 음식 등 일상생활 주변의 주제로 한정하여 활동하게 할 수도 있다. 또한 풀 하우스(full house)는 빙고 칸을 학습 대상 어휘 보다 많이 그리게 하고 각 칸에 학습자가 어휘를 하나나 혹은 동일 어휘를 두 번 쓰게 한다. 그 후에 교사가 해당 어휘를 말하면 지우거나 색칠하게 한 후에 모든 어휘를 지우거나 색칠을 하면 'full house'라고 말하게 하는 게임이다.

(5) 직소 퍼즐 게임

직소 퍼즐(jigsaw puzzle) 게임은 그림과 단어를 각각 나누어 놓고 퍼즐을 완성하게 하는 게임으로 초급 단계의 어휘 학습에 효과적이다. 그림과 단어를 합하여 10개 내외의 조각이 적당하다.

예

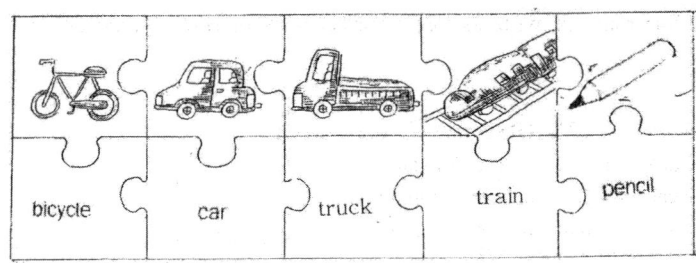

(6) 끝말 이어가기

이 게임에는 끝 철자 이어가기(word chain)와 끝 음 이어가기(sound chain)가 있는데 전자는 처음 단어의 마지막 철자로 시작되는 단어를 제시하고 다시 제시된 단어의 끝 철자로 시작되는 단어를 말하게 하면서 계속 이어지게 하는 게임으로 철자 연습에도 유용하다.

예 (a) banana - apple - elephant - table - . . . .
 (b) through - here - egg - gap - photograph - hair - rain - . . . .
 (c) barn - nose - every - youth - hound - drama - airport - truth - hospital - lesson - noon - nose . . . .

끝 음 이어가기는 처음 단어의 끝 음으로 시작되는 다음 단어를 말하고 다시 이 단어의 끝 음으로 시작되는 단어를 연이어 제시하게 하는 활동이다. 이 게임은 듣기훈련에 유용하며 학습자가 단어의 끝 음을 인지하기 쉽지 않으므로 중급 이상의 학습자들에게 적합하다.

예 (a) desk - kite - tin - nice - splash - shape - pulling . . . .
 (b) love - ven - name - moon - note - tall - like . . . .

(7) 십자말풀게임

십자말풀이 게임(crossword puzzle)은 주어진 표에 적합한 어휘를 가로와 세로의 단서나 설명을 통하여 써넣게 함으로 어휘의 철자와 의미 및 쓰임새를 정확하게 알게 하는 게임 활동이다.

예 (a) 가로 단서 (ACROSS)
 1. Tuesday is between Monday and (   ).
 6. I have two ears but only (   ) nose.
 7. The number after 89 is (   ).
 9. We hear with each ear, and we see with each (   ).
 10. This tea is (   ) hot to drink.
 11. Did she ring that bell? No. He (   ) it.

세로 단서(DOWN)
 1. The were happy when their team (   ) the game.
 2. What did you eat for (   )?
 3. You don't like coffee, (   ) you?
 4. Come back in (   ) hour, please.
 5. To make green, we mix blue and (   ).
 8. France is larger (   ) England.

(b) 가로 단서 *(ACROSS)*

4. oppressive; harsh; clumsy
9. management of an organization's workforce
10. a conveyance of an interest in property as security for the repayment of money borrowed

세로 단서 *(DOWN)*

1. being near the surface; shallow; not thorough
2. to put aside for the present
3. a competition that everyone can compete equally
5. program for graduate students
6. detailed, in depth; having a smooth grain
7. to attack with bombs; to attack vigorously
8. to expect; to realize beforehand

(8) 관찰과 기억 (observe and remember)

실물이나 그림카드를 약 2분을 보고 기억해서 말하는 게임으로 학습자 수준에 따라 초급에서는 12개, 중급에서는 15~20개, 고급에서는 25개~30개 내외의 어휘를 대상으로 하는 것이 일반적이다. 또한 어휘가 학습자의 수준에 적합해야 한다.

(9) 어휘 연상

어휘연상게임은 특정한 어휘에서 연상되는 어휘를 제시해 보는 활동으로 진행을 빠르게 하는 것이 바람직하며 학습자의 수준에 따라 모국어를 혼용할 수도 있다.

> 예 (a) mother - father, child, baby, ...
> (b) university - college, student, professor, ...
> (c) snow - winter, cold, dog, white, ...

위의 예(c)에서 한 학습자가 'dog'를 연상하여 제시했다면 다른 학습자 혹은 교사가 다음과 같은 질문을 하여 대화가 계속 진행되도록 할 수 있다.

> 예 TEACHER: Why do you say 'dog', Chulsoo?
> Chulsoo: Because dogs pull the sledges.

(10) 추측게임 (Guessing game)

학습한 어휘를 중심으로 해당 어휘를 추측해보는 게임으로 예를 들면 상자 속에 있는 물체를 추측하여 말해 보는 활동이다.

> 예 A: What's in this box?
> B: 'A book.' 'A pencil.'

수준에 따라 'There are two books and (   ).' 등으로 완전한 문장으로 답할 수도 있다.

3) 의사소통적 어휘게임

의사소통적(communicative) 어휘게임은 단순한 어휘관련활동이 아니라 의사소통 활동을 하면서 어휘력을 향상시킬 수 있는 활동으로 표현기능의 신장에 유용하다.

(1) 칠판에 쓰인 어휘 알아맞히기

칠판에 쓰인 어휘 알아맞히기(back to board)게임은 한 학생이 칠판을 등지고 앉아 칠판에 쓰인 어휘를 나머지 학생들과의 대화 혹은 질문과 응답을 통하여 추측하여 제시 하는 활동이다.

> 예 칠판을 등지고 앉아 볼 수 없는 한 학생이 칠판에 쓰인 'library'라는 단어를 칠판에 있는 단어를 볼 수 있는 다른 학생들과 의사소통을 통하여 알아맞히게 한다(Scrivener, 1994, p.86 참고)

(2) 연이어 말하기

연이어 말하기는 상황을 제시한 후에 학습자가 앞의 말을 반복하고 연이어 다른 정보를 첨가하여 말하는 활동으로 동일한 구조나 어휘를 반복을 통하여 강화할 수 있고 알고 있는 어휘지식을 표현해 볼 수 있는 장점이 있다.

예 (a) 한 학생이 사고 싶은 물건을 말하며 두 번째 학생이 그것을 반복하고 본인이 구매하고자 하는 물건을 첨가하고 세 번째 학생은 두 번째 학생의 말을 반복하고 자기가 구매하고 싶은 물건을 첨가하여 이어 말하게 하는 활동이다. 나열하는 물건의 수가 많아져서 기억이 어려워진다고 판단되면 메모해 가는 방법도 가능하다. 학습자들이 이 활동에 익숙해지면 물건의 명칭 앞에 'clean', 'beautiful', 'red' 등의 형용사를 붙여 말할 수도 있다.

situation: You have $ 100. The stores are having 'end of season' sales. What are you going to buy?
STUDENT 1: I'm going to buy *a pair of stockings*.
STUDENT 2: I'm going to buy *a pair of stockings* and a hat.
STUDENT 3: I'm going to buy *a pair of stockings*, (and) *a hat* and a *scarf*.
. . . .

(b) 설악산을 등반하기로 하고 짐을 꾸리는 상황을 설정하고 짐을 넣을 물품을 계속하여 첨가하게 한다. 후에 말하는 학생은 앞의 학생이 말한 것을 모두 반복한 후에 새로운 품목을 제시해야 한다.

STUDENT 1: I packed my bag for Mt. Seolak and in my bag I put *a map*.
STUDENT 2: I packed my bag for Mt. Seolak and in my bag I put *a map* and *a knife*.
STUDENT 3: I packed my bag for Mt. Seolak and in my bag I put *a map* and *a knife* and *a gas burner*.
. . . .

(c) 제시된 음식명 첫 알파벳의 다음 알파벳으로 시작되는 새로운 음식명을, 앞의 학생이 제시한 음식명을 모두 반복한 후에, 연이어 말하는 활동이다.

STUDENT 1: At the banquet, I ate *apple pie*.
STUDENT 2: At the banquet, I ate apple pie and *bacon*.
STUDENT 3: At the banquet, I ate apple pie, bacon and *carrots*.
. . . .

다음 학생은 'doughnuts', 'eggplant' 등을 추가적으로 제시할 수 있다.

(3) 스무고개 게임

스무고개게임(twenty questions)은 20번 이내의 질문을 통하여 게임 주관자가 의도하는 물체나 행위, 상황 등을 알아내는 게임이다. 한 유형으로 한 학생을 선정하고 이 학생이 특정한 물체를 가지고 있고 나머지 학생들이 20개 이내의 질문들과 선정된 학생의 yes/no 응답을 통하여 대상물체의 명칭을 알아내게 하는 게임을 할 수 있다. 이러한 게임은 의문문의 숙달과 어휘력의 신장에 효과가 있다.

예 'vegetable', 'animal', 'mineral'의 개념을 숙지한 후 선정된 한 학생 (IT)이 'apple'이라고 가정하고 다음과 같은 20개 이내의 질문을 통하여 'apple'을 알아내게 한다. 단, 한 학생 당 2개 이내의 질문을 한다.

```
STUDENT 1: Are you mineral?              IT: No.
STUDENT 2: Are you animal?               IT: No.
STUDENT 3: Then you are a vegetable.
           Are you something I can eat?  IT: Yes.
STUDENT 4: Are you eaten raw?    IT: Yes.
STUDENT 5: Do we also eat you cooked?    IT: No.
STUDENT 6: Do you grow on a tree?        IT: Yes.
STUDENT 2: Are you fruit?                IT: Yes.
STUDENT 4: Are you an orange?            IT: No.
STUDENT: 7: Are you a pear?              IT: No.
      .....................
STUDENT 5: Are you an apple?             IT: Yes.
```

스무고개 게임과는 다소 다르지만 다음과 같은 설명을 하고 필요하다면 질문을 더하게 하고 맞추게 할 수도 있다.

예 What is it? (   )
　　(a) It's very useful.
　　(b) We need it when we make mistakes.
　　(c) It is often found at the end of pencil.

(4) 이야기 이어가기

이야기 이어가기(continued story, serial sentences)는 첫 번째 학생이 이야기의 첫 문장을 말하면 다음 학생이 연이어 지는 내용을 담은 문장을 말하는 방식으로 하나의 이야기를 말해 가는 게임이다. 이 게임은 중급 이상의 학습자에게 적합하며 유창성과 어휘표현능력의 신장에 유용하다. 또한 문장의 문법적 정확성(grammatical accuracy)보다는 내용의 적절성(appropriateness)에 초점을 맞춘다.

예

```
STUDENT 1: It was a beautiful morning in July.
STUDENT 2: "Let's go fishing," Cheolsoo said to his friend Youngsoo.
STUDENT 3: "Where shall we go?" asked Yungsoo.
STUDENT 4: Cheolsoo suggested that they go to Soyong Lake.
STUDENT 5: They got into their car and went to Soyong Lake.
STUDENT 6: For a long time they didn't catch any fish.
. . . . . . . . . . . . . . . . . . . . . . . .
```

(5) 어휘 도미노 게임

어휘 도미노(word dominos) 게임은 하나의 어휘 다음에 연속하여 그 어휘와 관련성이 있는 다른 어휘를 제시하는 활동이다. 다음의 예(Scriveners 1994, p. 87)와 같이 한 학습자가 하나의 단어카드를 제시하고 다른 학습자가 그 카드 옆에 관련되는 단어카드를 놓게 할 수도 있다.

예

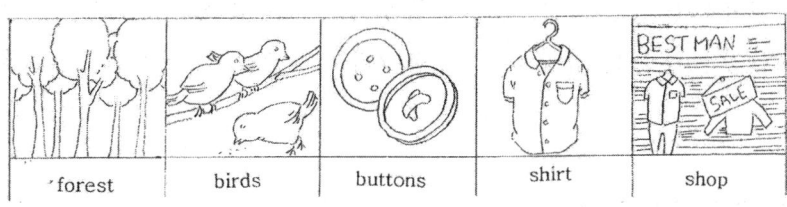

또한 다음의 예와 같이 위의 단어카드 사이의 관련성을 말하게 할 수도 있는데 이 경우는 의사소통적인 어휘게임에 해당된다.

[예] (a) There are *birds* in the *forest*.
(b) *Button* and *bird* start with *B*.
(c) *Shirts* have *buttons*.
(d) They sell a various kinds of s*hirts* at *the shop*.

(6) What's My Job?

한 학생이 특정한 직업의 대표적인 행동을 무언동작을 통해 보여주고 다른 학생들이 직업을 맞추게 하는 게임으로 어휘의 회상(recall)과 표현능력 향상에 유용하다. 직업 유형은 일상적으로 접하기 쉬운 것을 택하는 것이 바람직하다.

(7) Chinese Whispers

이 게임은 학생들을 그룹으로 나누어 일렬로 서게 한 후에 그룹의 대표가 앞에 나와 게임 주관자가 제시하는 약 12개의 어휘를 본 후에 그룹으로 돌아가 제일 앞의 학생에게 다른 학생이 듣지 못하게 속삭여 말해 주고 그 학생이 다음 학생에게 동일하게 한 후에 그룹의 마지막 학생이 그 어휘들을 적어 제시하는 게임이다. 가장 많은 어휘를 빠르고 정확하게 제시하는 그룹이 이기는 게임이다. 이 게임에서 어휘는 학생들의 수준에 맞아야 하며 어휘의 듣기, 철자 등의 학습에 유용하다. 학생들의 수준에 따라 게임 어휘의 수를 조정할 수 있고 문장을 활용할 수도 있다.

(8) Famous People

한 학생이 특정 유명한 인물을 무언행동, 제스처로 표현하거나, 혹은 말로 설명하고 해당 인물을 다른 학생들이 맞추는 게임으로 어휘의 회상 연습에 유용하다.

12.3. 노래를 통한 학습

노래와 챈트(박자노래, chant)는 어휘학습에 유용하게 활용될 수 있다. 노래는 목소리에 고조를 붙이어 부르는 일종의 말이며 음악의 세 요소인 멜로디, 리듬, 화음이 모두 포함되어 있다. 챈트는 리듬의 요소만 갖추고 있어 노래와 말하기의 중간단계라고 할 수 있다. 다시 말하면 챈트는 리듬에 언어를 실어 전하는 일련의 형식, 혹은 멜로디가 없는 노래라고 할 수 있으며 거의 모든 언어권에 존재한다.[2] 챈트가 주로 영어 문화권에서 강조되는 이유는 영어의 경우 언어 자체에 리듬의 요소가 강하여 일상적인 구어체와 관계가 밀접하기 때문이다.

노래와 챈트는 학습자의 정서적인 면과 어휘능력의 강화에 유용하며 흥미를 줄 수 있어 학습의 지루함을 덜어줄 수 있다. 노래와 챈트 활용의 유용성을 정리하면 다음과 같다.

(a) 학습에 대한 즐거움과 흥미를 주고 부담감을 줄이며 자신감을 고양하는 등 정의적인 측면에서 긍정적인 영향을 줄 수 있다.

(b) 노래와 챈트는 반복적인 구조를 갖는 경우가 많고 학습자가 지루하지 않게 반복학습을 할 수 있는 장점이 있어 어휘의 기억과 강화에 효과적이다. 다음 예와 같은 챈트는 숫자가 많이 사용되고 'green,' 'bottle,' 'wall'과 같은 어휘의 반복이 있어 어휘기억과 숫자의 연습에 유용하다.

예 **TEN GREEN BOTTLES**
Ten green bottles, standing on the wall (*twice*).
And if one green bottle should accidentally fall,
There'd be nine green bottles standing on the wall.
Nine green bottles, standing on the wall (*twice*),
And if one green bottle should accidentally fall,
There'd be eight green bottles, standing on the wall.

---

[2] 우리나라의 경우에 전래동요는 챈트와 유사하다고 볼 수 있다.
예) 두껍아, 헌 집 줄게, 새 집 다오 . . .
하나 하면 할머니가 지팡이 짚고서 찰 찰 찰, 둘 하면 두부장수 종을 친다고 찰 찰 찰, 셋 하면 새색시가 시집간다고 찰 찰 찰, 넷 하면 냇가에서 빨래한다고 찰 찰 찰 , . . .
또한 전통적인 자장가, 3.4조, 4.4조, 7.5조의 리듬을 갖는 시조가 모두 일종의 챈트라고 할 수 있다 (김영숙, 2002, p. 122 참고).

또한 다음 예(김재경, 2010, p. 143)와 같은 챈트는 /d/음과 /t/음을 반복적으로 연습할 수도 있고 어휘가 반복되어서 어휘의 학습과 강화에 유용하고 필요에 따라 어휘를 변경하여 활용할 수도 있다. 아울러 해당 동물의 사진이나 그림과 함께 제시하면 더 효과적이다.

> 예 Tiger, tiger. Look at the tiger.
> Donkey, donkey. Look at the donkey.
> Tiger, tiger. Look at the tiger.
> Donkey, donkey. Look at the donkey.

(c) 노래와 챈트를 통하여 EFL 학습자가 어휘의 강세 및 운율을 자연스럽게 익힐 수 있다. 다음의 예는 숫자의 강화와 운율의 학습에 효과적이다.

> 예 TEN LITTLE INDIAN BOYS
> *One* little, *two* little, *three* little Indians,
> *Four* little, *five* little, *six* little Indians,
> *Seven* little *eight* little, *nine* little Indians
> Ten little Indian *boys*.
> (There were:)
> Ten little, nine little, eight little Indians,
> Seven little, six little, five little Indians,
> Four little, three little, two little Indians,
> four little, three little, two little Indians,
> One little Indian boy!

(d) 노래 혹은 챈트에는 다음의 예와 같은 숙어(익은 말, lexical chunk)들이 많이 포함되어 있으므로 이러한 숙어들을 강화할 수 있다.

> 예 I'll tell you what I . . .
> What I really [really] want is . . .

Are you for real?
wasting my precious time
last forever
give you a try
get you act together
That's the way it is

(e) 노래와 챈트는 문화적인 요소, 구어적 표현(colloquialism)이 많이 포함되어 있고 듣고 말하기, 듣고 괄호에 써넣기, 받아쓰기 등의 활동을 통하여 영어를 통합적으로 학습 할 수 있는 장점이 있다. 또한 얼굴 표정과 몸짓 등의 비언어적 의사소통을 익힐 수 있다.

챈트와 노래의 활용을 보면 다음과 같다.

1) 챈트(박자노래, Chant)

챈트를 하는 방법은 두 가지가 있다. 손뼉 치기, 발 구르기, 공 튀기기, 줄넘기, 손잡고 돌기 등 신체를 이용하여 자연스럽게 리듬을 익히는 방법과 리듬 악기를 이용하여 리듬을 익히는 방법이 있다. 또한 챈트를 하거나 들으면서 그 내용에 해당되는 동작을 함으로 어휘력을 강화시킬 수 있으며 이러한 활동은 일종의 전신반응기법(TPR)에 해당된다. 아울러 챈트를 활용하여 다양한 명사, 색깔에 관한 어휘, 다양한 동사, 형용사 등을 익히고 강화할 수 있으며, 질문을 하고 대답하는 형식의 챈트도 활용할 수 있다.

예) What's this? A pig. It's a pig.
What's this? A horse. It's a horse.
What's this? A cow. It's a cow.

예) What do you on your head? A HAT
What do you wear on your hands? GLOVES
What do you wear on your feet? SOCKS

학습한 언어 내용을 2, 3, 4박자의 리듬에 맞춘 챈트로 변경하여 학습할 수도 있다. 이 경우에 학생들이 쉽게 익힐 수 있도록 간단하고 반복적인 것이어야 한다. 그러나 챈트는 리듬을 잘못 짚으면 영어의 억양에 부정적인 강화가 될 수 있는 문제점이 있다.

2) 노래

노래를 통하여 영어의 음운이나 리듬, 어휘, 구문, 문형 등을 익히며 재미있고 즐겁고 창조적인 영어 학습 분위기를 창출해 낼 수 있다. 또한 노래는 이미 학습한 내용을 유의적으로 복습과 반복 연습을 할 수 있으며 동기를 유발하는데 도움이 된다. 그러나 노래도 챈트와 마찬가지로 음악적인 면을 중시하다보니 문법적인 오류, 실생활과는 거리가 먼 어휘 사용, 문화적 배경의 차이, 언어의 자연스러운 운율 왜곡 등의 문제가 있을 수 있다.

어휘 학습에 유용한 활동은 노래 제목을 보고 어휘 예측하기, 듣고 괄호 채우기, 반복되는 어휘 써보기 등이다.

# 제13장
연어의 학습

제 13 장에서는 연어의 개념과 특성, 유용성, 유형 및 연어학습기법을 알아봄으로 어휘사용능력의 신장에 관한 논의에 참고하고자 한다.

13.1. 연어의 개념과 특성

13.1.1. 연어의 개념

연어(連語, collocation)는 특정한 어휘가 다른 어휘와 자연스럽게 어울려 쓰이는 현상을 의미한다.

> Collocation refers to the tendency of two or more words to co-occur in discourse (Schmitt, 2000, p. 76).

> Two words are collocates if they occur together with more than chance frequency, such that, when we see one, we can make a fairly safe bet that the other is in the neighbourhood (Thornbury, 2002, p. 7).

다음 예와 같이 'smoker'는 'heavy'와는 자연스럽게 어울려 사용되므로 연어 관계를 이루지만 'strong'는 함께 쓰이지 않는다.

예 (a) a heavy smoker
　　(b) *a strong smoker

또한 'make warnings'도 문법적으로는 가능할 수 있지만 'provide warnings'가 더 많이 쓰이고 더 자연스럽다. 즉 연어 관계는 논리적이고 문법적인 판단의 문제가 아니라 원어민의 언어직관(直觀, intuition)에 대한 사항이다. 따라서 개별 어휘의 의미를 알고 있다고 하더라도 쓰임새와 연어현상을 익히지 못하면 그 어휘를 원어민처럼 자연스럽게 사용할 수 없다.

1990년대에 이르러 어휘접근법(lexical approach, Nattinger & DeCarrico, 1992; Lewis, 1993, 1997)의 대두와 코퍼스 언어학(corpus linguistics) 및 전산언어학(computational linguistics)의 발달로 언어의 상당 부분이 어휘구 혹은 다단어 조립식 뭉치말(multi-word prefabricated chunks)의 형태로 구성되어 있다는 점을 인식하게 되었다. 이러한 인식에 따르면 어휘 지식은 주어진 단어의 개별적 의미를 아는 것뿐 만 아니라 공기(co-occurrence) 가능한 단어들 즉 연어(連語, collocation)를 알아야 한다는 것을 포함한다고 할 수 있다 (Nation, 2001, p. 56).[1] 다시 말하면 개별 어휘를 안다고 하더라도 함께 사용되는 어휘들의 연어 관계를 모르면 정확하고 효과적인 이해와 표현에 어려움이 있다는 것이다. 따라서 연어능력과 영어 숙달도와는 밀접한 관계가 있다고 할 수 있다.

비원어민과 원어민의 차이점 중에 가장 큰 것이 연어에 대한 판단이다. 따라서 연어능력은 원어민과 비원어민을 구분해주는 잣대이며 외국어 학습의 가장 어려운 부분 중의 하나라고 할 수 있다.

　　Collocational knowledge is something that normally distinguishes native speakers from nonnative speakers (Schmitt, 2000, p. 79).

인간 언어의 70%는 고정된 형태(Lewis, 1998)로 이루어지며 함께 어울려 사용되는 어휘들이 있고 그렇지 않은 어휘들이 있다. 이러한 연어 현상에 대하여 모

---

[1] collocation: 라틴어 collocare 'com (together) + locare (to place)'

국어 화자들은 직관적으로 알 수 있으므로 듣기와 읽기에서 빠른 이해가 가능하고 표현기능에서도 쉽게 적합한 어휘들을 사용할 수 있다. 그러나 외국어 학습자는 언어능력이 약하여 개별 어휘의 조합으로 말하거나 글을 쓰게 됨으로 언어수행의 적절성에 문제가 있을 수 있고 속도가 느리게 된다. 따라서 효과적인 이해기능과 표현기능의 신장을 위하여 영어 교육의 초기부터 연어에 대한 관심을 갖게 하고 체계적인 학습이 이루어져야 한다(Carter, 1998; Lewis, 2000; 김낙복, 2005; 김익환, 2007). 최근에 이르러 연어 중심의 학습이 관심을 받게 되는 연유도 여기에 있으며 연어 교육에 대한 체계적이고 실증적인 연구의 필요성이 대두되고 있다.

연어의 개념에 대해서는 다양한 견해가 제시되어 왔는데 광의로 볼 때 조립된 단위 (prefabricated units), 어휘적 뭉치말 (lexical chunks), 다어 단위 (multi-word units), 상투어구 (formulaic sequence) 등도 모두 포함된다고도 볼 수 있다.[2] 보다 협의로 보면 Lewis(2000)는 '기대한 것 보다 더 자주 함께 나타나는 단어들로 자유결합과 관용어의 중간 정도에 연어가 위치한다.'(p. 127)고 주장하고 있고 Shmitt(2000)은 '두개 이상의 단어가 담화에서 함께 쓰이는 경향 (the tendency of two or more words to co-occur in discourse)' (p. 76)으로 제시하고 있다. 또한 김미영(2009)은 '서로 습관적으로 공기하는 둘 이상의 단어들로서 자유결합과 관용어의 중간 범주에 해당하며 의미적 투명성을 가진 어휘들' (p. 192)로 보고 있다. 여기서 자유결합(free combination)은 어휘의 자유로운 결합을 의미하며 각 개별 단어가 전체 의미에 반영되며 관용어(idiom)는 각 개별 단어의 의미가 전체 의미에 반영되지 않을 수도 있는 굳어진 표현을 말한다. 연어는 단어들의 임의적인 결합이며 특정한 논리나 규칙에 의해서 결합되는 것이 아니라 언어사용의 관습에 의해 결합되며 단어들의 의미를 통해 어휘구의 의미를 알 수 있다. 다음 예에서 (a)는 연어 관계이고 (b)는 관용어이다.

---

[2] 연어의 개념을 제한적이지만 처음 도입한 학자는 Palmer(1933)이며 연어라는 용어를 처음으로 사용한 학자는 Firth(1957)이다(Schmitt, 2000; Nation, 2001).

 Each [collocation] . . . must or should be learnt, or is best or most conveniently learnt as an integral whole or independent entity, rather than by the process of piecing together their component parts. (Palmer, 1933, p. 4; Nation, 2001, p. 317에서 재인용)

예 (a) take a bus
　　(b) put on airs

　그러나 '자유결합과 관용어의 중간'으로 연어를 규정하는 것은 다소 불명확하다고 판단된다. 따라서 여기서는 '연어란 원어민 화자가 직관적으로 자연스럽게 받아들이고 표현하는 두 개 이상 어휘의 결합으로 관용어와 같은 굳어진 표현은 제외된다'라고 개념을 정리하고자 한다.

13.1.2. 연어의 특성

　연어의 특성을 정리하면 다음과 같다.

　(a) 어휘가 기본적이고 핵심적일수록 다른 단어와 연합이 많이 일어난다. 다음의 예에서 'bright'가 'radiant'보다, 'radiant'는 'gaudy'보다 더 연어의 범위가 넓다.

예 (a) bright + child　　(b) radiant + *child　　(c) gaudy + colors
　　　　　　 colors　　　　　　　　(?)flame　　　　　　　　 *flame
　　　　　　 future　　　　　　　　 (?)future　　　　　　　　*future
　　　　　　 idea　　　　　　　　　 *idea　　　　　　　　　　*idea
　　　　　　 light　　　　　　　　　*light　　　　　　　　　　(?)light
　　　　　　 prospects　　　　　　　*prospects
　　　　　　 red, green　　　　　　 *green
　　　　　　 sun　　　　　　　　　　*sun

　(b) 연어는 언어사회의 문화를 담고 있으며 사회 변화에 따라 달라지기도 한다. 예로 최근에 완곡어법(euphemism)의 영향으로 새로운 연어 관계가 형성되었다 (Tottie, 2002 참고).

예 (a) cosmetically challenging (못생긴 사람 지칭)

(b) vertically challenging (키가 작은 사람 지칭)
(c) financially challenging (가난한 경우)

한국어에서 '착한 가게, 착한 가격'라는 표현이 사용되기도 하는데 이러한 '착한'과 '가게, 가격'의 연어는 가능하지 않았으나 최근에 이렇게 연어를 이루기도 한다. 일종의 연어 파괴가 일어났다고 볼 수 있다.

(c) 연어는 연상 혹은 함축적 의미와도 관련이 있는데 일부의 어휘는 긍정적인 개념과, 일부 연어는 불쾌한 개념과 연어 관계를 가진다(Stubbes, 1995 참고). 예로 'provide'는 '(favorable) work'와, 'cause'는 '(bad) work'와 어울려 쓰인다.

예 (a) provide +aid, assistance, information, insights, money, services, support
(b) cause + damage, death, difficulties, disease, pain, problems, trouble

또한 'ugly'는 사람에 관해서 기술할 때 보다 상황이나 장면을 나타낼 때 주로 사용된다 (Thornbury, 2002).

예 ugly scenes, an ugly situation

(d) 영어는 성(性)과 관련이 있다. 예로 'good-looking'은 남녀 명사와 모두 연어를 이루지만 'beautiful'은 'woman, girl, flower, color, necklace'와, 'handsome'은 'guy, man, interior, car'와 연어가 된다. 다음의 예와 같이 서술적으로 사용될 경우도 'beautiful'은 남성명사와 연어를 이루지 못한다.

예 (?) My father is very beautiful.

(e) 어휘는 연어를 이룬 다른 어휘들과 함께 사용되어 독특한 의미를 나타내기도 한다. 다음의 예에서 'dry'는 특정한 명사와 결합하여 다양한 의미를 나타낸다.

예 (a) dry book (지루한 책, dry : dull and uninteresting)
　　(b) dry bread (버터를 바르지 않은 빵, dry : without butter)
　　(c) dry cow (착유를 중지한 소, dry : no longer giving milk)
　　(d) dry country (금주국가, dry : not allowing the sale of alcoholic drink)
　　(e) dry thanks (성의 없는 감사, dry : cold in manner)
　　(f) dry wine (달콤하지 않은 와인, dry : not sweet)

또한 'sweet'는 '맛(taste)이 감미로운, 단'이라는 의미를 나타내는 형용사이지만 다른 감각인 'smell'과 연어가 되기도 하고 'bay, love, papa, shop, singer, tooth'등과 연어를 이루어 독특한 의미를 형성한다.3

(f) 연어 현상은 관용어의 결합 순서에도 해당된다. 다음 예에서 'back'과 'forth', 'to'와 'fro'의 순서가 서로 바뀌어서 사용되지는 않는다.

예 (a) back and forth
　　　In its narrow cage, the lion paced *back and forth*.
　　(b) to and fro
　　　They ran *to and fro*.

(g) 연어현상이 언어 보편적인 경우와 언어 특정적(language-specific)인 경우가 있다. 다음 예에서 (b)는 언어 특정적으로 영어에 있는 연어현상이다.

예 (a) green grass
　　(b) blue blood (귀족 혈통, the quality of being nobleman by birth)

---

[3] 'sweet bay'는 '월계수', 'sweet love'는 '달콤한 사랑', 'sweet papa'는 미 속어로 '젊은 여성에게 돈 잘 쓰는 중년의 플레이보이', 'sweet shop' (미 candy store)은 '과자점', 'sweet singer'는 '목소리가 좋은 가수, 종교시인', 'sweet tooth'는 '단 것을 좋아함, 단것을 파는 가게'를 의미한다.

13.2. 연어 지식의 유용성

연어능력의 유용성을 언어학습, 표현의 경제성, 정확성, 유창성, 예측 가능성, 모국어의 간섭효과 방지의 측면에서 정리하면 다음과 같다.

(1) 어휘와 연어의 학습은 외국어 학습의 가장 중요한 부분 중의 하나이다. 언어의 습득 및 학습은 개별 단어를 습득하는 것이 아니라 말의 덩어리를 익히는 과정이라고 볼 수 있기 때문이다. Ellis(2001)는 언어지식은 언어적 지식(collocational knowledge)이라고 할 수 있다고 보고 장기기억에 저장된 연결된 단어들이 언어학습, 언어지식, 언어사용의 기반이 된다고 하였으며 Lewis(2000)는 연어능력을 언어능력에 포함시켜야 한다고 주장하여 연어의 중요성을 강조하였다. 또한 Hill(2000)은 2,000개의 개별단어를 알고 있으면 매우 제한적인 의사소통을 할 수 있으나 2,000개의 개별단어에 대한 연어적 능력(collocational competence)이 있는 학습자는 더 나은 의사소통능력을 가지게 된다고 주장하였다. 예를 들면 학생들이 'hold'와 'conversation'을 알고 있다고 하더라도 'hold a conversation (with)'로 연결하여 이해하지 못하거나 사용하지 못한다면 원활한 의사소통에 어려움이 있다.

(2) 연어능력이 있으면 의도하는 바를 신속하고 정확하게 표현할 수 있게 하고 오류를 줄일 수 있어 표현의 경제성이 있다. 연어지식이 부족하면 불필요하게 길거나 어색한 발화를 할 소지가 크기 때문이다. Bahn and Edaw(1993)도 상급 수준의 학생들의 경우 연어능력 여부가 정확하고 경제적인 영어표현에 관계된다고 제시하고 있다. 따라서 연어능력은 유창성을 기르는데 매우 중요하다. 모국어 화자들은 저장되어 있는 유용한 표현들을 쉽게 사용할 수 있어 유창하게 언어를 사용할 수 있지만 외국어 화자는 개별 어휘를 조합하여 말하거나 쓰게 됨으로 이해와 표현의 속도가 느리다. 다시 말하면 조립된 어휘 덩어리들을 많이 알고 있을수록 자신의 의사를 유창하게 표출할 수 있다. 단어를 아무리 많이 알고 있더라도 조합하여 말할 수 없다면 그 어휘지식은 무용지물이다. 비유하자면 '구슬이 서 말이라도 꿰어야 보배이다(Nothing is complete unless you put it in final shape)'라고 할 수 있다.

Most significant is the underlying claim that language production is not a syntactic rule-governed process but is instead the retrieval of large phrasal units from memory (Zimmerman, 1997, p. 17).

(3) 연어능력은 예측가능성을 높일 수 있어 듣기와 읽기의 이해속도를 빠르게 할 수 있다.

(4) 연어능력은 모국어 간섭을 최소화할 수 있다. 연어능력이 없으면 다음 예(b)와 같이 표현할 수 있는데 이는 한국어의 영향이라고 볼 수 있다.

예 (a) hold a party
(b) *open a party

영어와 한국어의 연어가 불일치하여 한국인들이 잘못 사용하기 쉬운 예는 다음과 같다. 여기서 뒤에 제시된 것이 영어의 자연스러운 연어이다.

예 (a) 난폭한 운전   (?) violent driving - reckless driving
(b) 투명인간   (?) transparent man - invisible man
(c) 낮잠을 자다   (?) sleep a nap - take a nap
(d) 시험을 보다   (?) see an exam - take an exam
(e) 파티를 열다   (?) open a party - hold a party
(f) 내 마음을 이해하다 (?) understand my mind - understand me

13.3. 연어의 유형

연어는 일반적으로 문법적 연어와 어휘적 연어로 분류되고 있으며 결합 강도와 결합 범위에 따라서도 유형이 나누어진다.

1) 문법적 연어와 어휘적 연어

(1) 문법적 연어

문법적 연어(구조적 연어, grammatical/syntactic collocation)는 명사와 동사 및 형용사가 전치사와 결합하여 쓰이는 (공기하는) 양상을 말한다. 이러한 연어현상은 익은 말(lexical chunk)로 볼 수도 있다.

(가) 명사 + 전치사
  예 argument with, attitude towards, reason for, account for

(나) 전치사 + 명사
  예 by accident, on Monday

(다) 동사 + 전치사
  예 depend on, rely on

(라) 형용사 + 전치사
  예 angry at

(2) 어휘적 연어

어휘적 연어(lexical collocation)는 내용어(content word)가 서로 어울려 쓰이는 것을 말한다.

(가) 동사와 명사의 연어
  예 (a) do + damage/duty/wrong (? do + trouble/noise/excuse)
       make + trouble/noise/excuse
       provide + work (favorably)
    (b) throw + a ball
       toss + a coin (?throw a coin)

(c) hold/have + discussion

(d) perform + operation (?perform discussion)

(e) set + the table

(f) set/start something on fire

(g) fuels +inflation/rumors

(나) 형용사와 명사의 연어

예 (a) a hard frost

(?) a strong frost

(b) a high probability

a good chance (? high chance)

(c) mild weather (? mild breeze)

gentle breeze (? gentle weather)

(d) strong과 powerful

strong	powerful	
0		tea
	0	weapon
0	0	influence
0	0	leader

(e) a tall boy, a tall building

*a high boy

(f) wide와 broad

wide	broad	
0	0	river
	0	smile
	0	shoulders
	0	nose

0		gap
	0	accent
0		world
0	0	range
0		variety
0		apart
0		awake

    (g) naked eye/body

    (h) sprained ankle or wrist (? sprained thigh, ? sprained rib)

    (i) heavy, occasional + smoker

        (?strong smoker)

    (j) fast food *quick food

(다) 명사와 명사의 연어

    예 chain smoker, radio station

(라) 동사와 부사의 연어

    예 laugh loudly

       fit perfectly

(마) 부사와 형용사의 연어

    예 (a) dead tired/dead right[4]

        (?) dead fatigued

      (b) deeply absorbed

      (c) heavily indebted

      (d) strictly accurate

2) 강도에 의한 분류

연어는 결합의 강도(고착성) 및 유일성(uniqueness)에 따라 다음과 같이 분류된

---

[4] 'dead'는 'absolutely, completely'의 의미로 사용된 부사이다.

다(Hill, 2000, pp. 63-64 참고).

(1) 고유 연어

고유 연어(특이 연어, unique collocation)는 유일한 연어를 말하며 결합 강도가 강하다.

    예 a bird's eye view, foot the bill, shrug our shoulder

(2) 강한 연어

강한 연어(강연어, strong collocation)는 결합의 강도가 상당히 높아 다른 단어와 결합될 수는 있지만 그 수가 극히 제한적인 연어의 형태이다.

    예 blonde hair, harbour grudges, rancid butter, trenchant criticism

(3) 중간 강도 연어

중간 강도 연어(중강 연어; medium-strength collocation)는 결합정도가 자유결합과 관용어의 중간수준인 연어를 말하며 가장 중요하게 다루어져야 한다. 이러한 유형이 학습자들의 심적 어휘(mental lexicon)를 증대시키는데 매우 중요하다 (thornbury, 2002).

    예 black mood, hold a conversation, a loud shirt, a major operation

(3) 약한 연어

약한 연어(약연어, weak collocation)는 결합의 정도가 낮고 보편적으로 이루어지는 어휘의 결합이며 예측이 가능하여 특별히 관심을 가질 필요는 없다.

    예 a nice car, a nice view, a loud noise, an expensive car, a tall woman

3) 결합 범위에 의한 분류

연어는 결합 범위에 의하여 다음과 같이 분류할 수 있다.

(1) 광범위한 연어 어휘

이 범주에 속하는 어휘항목은 광범위한 단어와 결합되어 사용될 수 있다. 다음의 예 (a)에서 'nice'는 '즐거움, 유쾌함(pleasantness)'의 연상을 가지고 있는 거의 모든 단어와, (b)에서 'run(manage, operate)'은 생물 및 무생물, 구체 및 추상적인 단어의 구별 없이 비교적 무제한으로 연어가 될 수 있다.

예 (a) nice view
　　　nice car
　　　nice salary
　(b) run a business
　　　run a football team
　　　run a car
　　　run a shop
　　　run a scheme

탈어휘 동사(delexical verbs)인 'bring, do, get, give, have, make, put, take 등'은 명사와 광범위한 연어를 이룬다. 탈어휘 동사란 동사와 명사가 결합하여 연어를 이루어 사용될 때 동사의 원형적 의미는 약해지고 동사에서 파생되거나 동사의 의미를 가지고 있는 명사가 그 중심적인 의미를 결정하는 동사를 말한다. 다음의 예에서 'take'와 결합된 연어는 'take'의 의미는 약화되고 함께 연어를 이룬 'look, holiday, rest' 등이 연어의 중심적인 의미를 나타낸다.

예 (a) take a look　　(b) take a holiday　　(c) take a rest
　 (d) take time　　　(e) take notice　　　 (f) take a walk

Hill(2000)에 의하면 탈어휘 동사가 중간정도에 속하는 연어를 형성하므로 외국어 학습자에게 가장 어려운 언어 형태이다.

(2) 반제한 연어어휘

이 범주에 속하는 어휘들은 광범위 연어어휘보다는 제한적으로 정해진 단어와 연합되어 사용된다.5

> 예 (a) harbour doubt
> harbour grudges
> harbour uncertainty
> harbour suspicion
> (b) fan a riot
> fan discontent
> fan disturbance

(3) 제한 연어 어휘

이 범주에 속하는 어휘는 연어범위가 제한되어 있다.

> 예 (a) dead drunk
> (b) pitch black
> (c) pretty sure
> (d) stark naked
> (e) surf the net6

또한 이 범주에 속하는 어휘 중에는 순서변경이 안 되는 결합구가 있다.

> 예 (a) assault and battery
> (b) backwards and forwards

---

5 예 (a)에서 'harbour'의 의미는 'to keep in the mind', 예 (b)에서 'fan'은 'incite, encourage'의 의미이다.
6 'surf the net'는 '웹 서핑을 하다, 인터넷으로 이리저리 다니다'의 의미로 사용된다.

(c) cash and carry
(d) hit and miss
(e) swings and roundabouts
(f) ups and downs

13.4. 연어의 학습기법

영어학습에서 연어는 가장 어려운 부분 중의 하나이다. 연어는 논리나 문법이 아니라 대부분 원어민 화자의 직관에 의하여 결정되기 때문이다. 또한 학습자가 어휘 지식과 문법 지식을 가지고 있더라고 실제 표현에서 해당 어휘를 적절하게 사용하지 못하는 이유는 연어를 알지 못하기 때문이다.

연어 학습을 위해서는 빈번한 노출 (frequent exposure), 연어인식연습을 통한 의식적인 자각 (consciousness-raising), 기억 (memorizing)이 필요하며 (Thornbury, 2008 참고), 연어 학습에서는 결합정도가 중간 정도이며 빈도수가 높은 어휘의 연어 관계에 유의해야 한다 (Hill, 2000 참고). 또한 학습자는 모국어에서 습득한 개념 체계에 기반을 두고 연어를 알아가게 됨으로 모국어의 영향에 주의해야 한다. 효과적인 연어 학습을 위해서는 다음에 제시된 다양한 기법들을 상호 보완적으로 사용하고 자기 나름의 학습전략을 개발하는 것이 바람직하다.

1) 연어 인식 연습

텍스트에서 뭉치말이나 연어를 찾아봄으로 연어에 대한 인식을 가질 수 있다. 특히 팝송이나 신문 등에는 고정된 어구나 연어가 많으므로 연어 인식 연습에 유용하다.

2) 대치표 활용

대치표(substitution table)는 문장이나 어휘구의 특정한 부분에 대치하여 사용될 수 있는 단어나 구를 배열해 놓은 표를 말한다. 다음의 예와 같은 형식으로 작성하는데 5가지 이하의 항목을 활용하는 것이 효과적이다. 더 많은 항목을 학습하면 혼란을 가져올 수 있기 때문이다.

예

| small
nice
classic
popular
reasonable | Italian
Chinese
Thai
Indian
Mexican | restaurant | | a sheet of | paper
glass
ice
stamp |

3) 연어 짝 맞추기 활동

짝 맞추기 활동은 자주 쓰이는 연어의 예를 제시하고 연어를 짝지어 보는 활동이다. 단어들을 개별적으로 학습하는 것보다도 서로 자주 결합하는 단어와 함께 묶어서 학습하면 통사적 복잡성을 약하게 할 수 있는데 Lewis(2000)도 'A+B'를 통합하여 이해한 후 A와 B를 이해하는 것은 학습 부담이 적다고 주장한 바가 있다.

예

1. play	a. shopping
2. do	b. no idea
3. make	c. the dishes
4. have	d. my homework
5. go	e. baseball

이 활동을 게임 방식으로 바꾸어 한 학생이 한 단어카드를 제시하면 다른 학생이 그 단어와 연어 짝이 되는 다른 단어카드를 찾게 하는 활동을 할 수도 있다.

4) 연어망 그리기

연어망 그리기는 한가운데 핵심단어를 쓰고 적당한 수의 방사선을 그린 다음 그 단어와 어울리는 연어 쌍을 써보는 활동이다. 이러한 활동을 통해 어휘들이 서로 어떻게 결합되어 사용되는지를 알 수 있고 연어를 구조화 하고 의미를 시각화, 구체화할 수 있다. 다음의 예는 'have'라는 핵심 단어를 쓰고 그 단어와 어울릴 수 있는 어휘들을 방사선으로 나열해 본 것이다.

```
                a cold
                  |
a headach ——— HAVE ——— a good time
             /   |    \
        a party no idea lunch
```

연어가 용인되는 것과 허용되지 않는 연어 쌍을 구별하여 제시할 수도 있다.

예

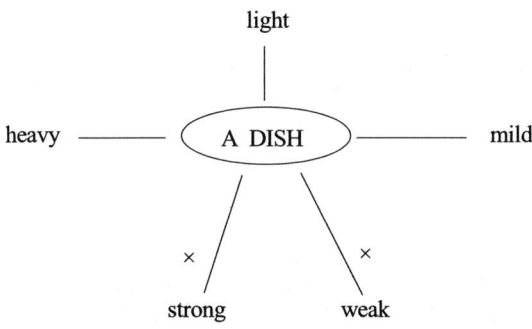

5) 격자의 활용

다음의 예와 같은 다양한 격자를 활용할 수 있다. 그러나 이렇게 격자로 제시하고 암기하는 방법은 일목요연(一目瞭然)하기는 하지만 학습자에게 지루함을 줄 수도 있고 실제 언어사용에 보탬이 안 될 수도 있다.

예 (a)

	tea	weapon	influence	leader
strong	+		+	+
powerful		+	+	+

(b)

	bike	motorcycle	car	truck	horse	camel
drive a	-	-	+	+	-	-
ride a	+	+	-	-	+	+

(c)

	woman	man	child	dog	bird	flower	weather	landscape	view	house	furniture	bed	picture	dress	present	voice
handsome		+								+				+		
pretty	+		+	+	+	+		+	+	+		+	+	+		
charming	+	+							+				+			+
lovely	+		+	+	+	+	+	+	+	+	+	+	+	+	+	+

(d)

	woman	man	child	dog	bird	flower	weather	landscape	view	day	village	house	furniture	bed	picture	dress	present	voice	proposal
beautiful	+		+	+	+	+	+	+	+	+	+	+	+	+	+	+	+	+	+
lovely	+		+	(+)	+	+		+	+	+	+	+	(+)	+	+	+	+	+	+
pretty	+		+		+	+		+	+	+		+		+	+	+			
charming	+	+	+					+	+										
attractive	+	+						+	+				+				+	+	
good-looking	+	+	+	+													+	+	
handsome	+	+														+	+		

256 | 영어어휘학습

6) 예의 제시

문맥이나 상황 속에서 예를 통하여 학습하는 방법을 말하며 다음의 예와 같이 '~의 껍질을 벗기다'라는 의미를 가진 'pare,' 'peel,' 'shell,' 'skin'의 연어와 쓰임새 및 어휘의 정확한 의미를 문맥이나 예를 통하여 학습할 수 있다.

예 (a) pare 'to cut away the thin outer covering, edge, or skin of (something), usually with a sharp knife, 칼을 써서 껍질을 벗기다'
- to pare an apple
- to pare a potato
- to pare one's fingernails

(b) peel 'to remove the outer covering from (a fruit, vegetable, etc.), [손으로] 껍질을 벗기다, [나무껍질 등을] 벗기다'
- to peel a banana
- to peel an orange
- to peel the bark from a tree

(c) shell 'to remove from a natural covering like a shell or pod, [콩 등의] 껍질을 벗기다'
- to shell peas
- to shell nuts
- to shell oysters

(d) skin 'to remove the skin from, [방법 여하를 불문하고] 동·식물의 껍질을 벗기다'
- to skin a bear
- to skin a tiger

7) 코퍼스의 활용

연어현상에 관해서는 코퍼스(corpus, 언어자료, 말뭉치)를 이용하여 정확히 학습한 후 새로운 어휘의 의미유추와 작문 등에 활용할 수 있다.

8) 연어노트 활용

연어를 다음과 같은 범주로 나누어 정리하여 기록해 보면 어휘의 쓰임새 학습과 장기기억에 효과적일 수 있다 (Hill, 2000 참고).

(가) 품사별 정리

명사 + 명사, 동사 + 명사, 형용사 + 명사, 부사 + 형용사 유형 혹은 문법적 연어별로 정리해 본다.

(나) 주제별 정리

연어를 전쟁, 평화 사업, 재정, 인터넷, 법률 예술, 위험, 음식, 의복, 주거(주택), 건강, 여행, 직업 등의 주제별로 정리하여 연어노트를 만들 수 있다. 이러한 기법은 특히 특정 직업을 위한 영어(English for Occupational Purposes; EOP)나 특수 목적을 위한 영어(English for Special Purposes; ESP)의 학습에 유용하다. 다음의 예는 건강 및 의료에 대한 주제와 관련된 연어의 일부를 정리한 것이다.

예 (a) develop (an) immunity (면역이 생기다)
 (b) lower (an) immunity (면역성을 낮추다)
 (c) speed up a recovery (회복을 빠르게 하다)
 (d) have an operation (수술을 받다)
 (e) have a treatment (치료를 받다)
 (f) contract cancer (암에 걸리다)
 (g) suffer from cancer (암으로 고생하다)
 (h) take antibiotics (항생제를 복용하다)

(다) 고빈도 필수동사와 공기하는 연어 정리

'do, get, have, make, take' 등의 빈도가 높은 필수 동사 중심으로 정리해 본다.

예 (a) do business (사업을 하다) do a job (일하다)
  do research (연구를 하다) do overtime (야근하다)
  do evil (악한 짓을 하다)

  (b) get access (접근하다)   get a chance (기회를 얻다)
     get an edge (우위를 점하다)   get a guarantee (보장받다)
     get a name (평판을 얻다)   get a result (결과를 얻다)
  (c) have a connection (관계가 있다)   have a difference (차이가 있다)
     have a difficulty (어려움이 있다)   have an effect (효과가 있다)
     have an insight (간파하다)
  (d) make an apology (사과하다)   make contact (연락하다)
     make a profit (이윤을 얻다)   make a purchase (구매하다)
     make a mess (어질러 놓다, 엉망으로 만들다)
  (e) take a break (휴식을 취하다)   take a breath (숨을 쉬다)
     take a course (수업을 듣다)   take the day off (일을 쉬다)
     take a picture (사진을 찍다)

9) 반의어를 활용한 연어학습

 상황에 따라 반의어가 다를 수 있으므로 이를 활용하여 연어를 보다 더 확실하게 인식할 수 있다 (Thornbury, 2002, p. 11 참고).

  예 (a) light bag ↔ heavy bag
     light wind ↔ strong wind
     light colours ↔ dark colours
  (b) rough area ↔ quiet area
     rough person ↔ gentle person
     rough texture ↔ smooth texture
  (c) deep water ↔ shallow water
     deep blue ↔ faint blue

제 14 장
어휘학습전략과 사용전략의 학습

영어어휘학습의 목표는 자율적인 어휘학습자가 되어 의사소통능력의 향상에 도움을 얻는데 있다. 그러나 학습할 어휘들은 많고 시간은 제한되어 있으므로 어휘의 학습전략(learning strategies)을 익힐 필요가 있다. 또한 효과적인 학습전략과 학업성취도의 상관관계는 높게 나타나고 있다. 바람직한 학습자는 그렇지 못한 학습자 보다 학습전략을 더 효과적으로 사용하기 때문이다. 다시 말하면 외국어 학습에서 성과를 얻기 위해서는 바람직한 학습전략의 사용이 필수적이다. 또한 많은 어휘를 안다고 하더라도 모르는 어휘는 항상 있으며 필요한 경우에 적합한 어휘가 생각나지 않을 수도 있다. 따라서 이러한 경우에 대처하기 위하여 어휘사용전략을 익히는 것이 바람직하다.

제 14 장에서는 어휘학습전략 및 사용전략을 다음과 같이 나누어 논의하고자 한다.

    (a) 의미알기전략
    (b) 기억강화전략
    (c) 어휘회상과 사용전략

14.1. 어휘의 의미알기전략

어휘의 의미알기전략에는 어휘의 구조에 관한 지식으로부터 의미추론하기, 문맥을 통하여 의미유추하기, 사전 활용하기 등이 있다.

이성원과 민미옥(2006, p. 122)의 연구에 의하면 한국의 고등학생들은 영어능력의 수준과 관계없이 주로 영한사전을 활용하여 어휘의 의미를 파악하는 것으로 나타났다. 또한 대학신입생 262명을 대상으로 조사한 신길호(2013)의 연구에서는 영한사전 58.8%, 영영사전 2.3%, 문맥에서 의미유추 35.1%로 어휘의 의미를 파악하는 것으로 나타났다. 이렇게 주로 영한사전을 활용하는 전략은 신속한 의미 파악은 가능하지만 사용능력 신장에 바람직하지 못하다. 따라서 삽화나 그림 등을 통한 의미파악, 문맥 속에서 의미 유추하기 등의 다양한 의미 알기 전략을 익힐 필요가 있다.

어휘의 의미를 문맥 속에서 유추하는 능력을 키우기 위해서는 다양한 읽기자료를 많이 읽는 것이 가장 좋은 방법이다.

> Anyone interested in increasing students' vocabularies should see that they read as much and as widely as possible (Graves & Watts-Taffe, 2002, p. 143).

보다 효과적으로 어휘력과 독해력을 신장시키기 위해서는 주제 집중 독서(narrow reading)를 통하여 새로운 다양한 어휘에 접함으로 자연스럽게 어휘의 의미를 파악해 보는 것이 바람직하다. 이러한 읽기는 하나의 주제와 관련되거나 한 작가의 글을 연이어 읽는 독서 방법으로 특정한 주제에 관한 선험지식구조(schema)를 활성화 할 수 있고 주제 관련 어휘에 계속하여 여러 번 노출될 수 있어 어휘학습에 효과적이다 (Krashen, 1981 참고).

14.2. 어휘의 기억강화전략

기억강화전략은 새로운 어휘를 가능한 장기기억할 수 있게 하는 전략을 말한다. 여기에는 모둠(group) 활동, 원어민과의 접촉 등과 같은 사회적 전략과 어휘의 그룹별 묶기, 기존의 어휘와 관련짓기 등의 기억전략, 반복하여 쓰기, 반복하여 말하기, 단어목록활용 등과 같은 인지적 전략이 있다.

　어휘력의 핵심을 이루는 것은 어휘의 이해와 기억 및 회상(recall) 능력이다. 다시 말하면 어휘력은 어휘를 잘 기억했다가 필요한 경우에 효과적으로 회상하여 적절하게 사용할 수 있는 능력을 의미한다. 어휘의 기억은 단기기억(a short-term store)과 과업기억(working memory) 및 장기기억(long-term memory)으로 나눌 수 있다. 단기기억은 몇 초 혹은 잠시 동안에 인지구조 속에 저장하는 것으로 전화번호를 보고 다이얼을 돌릴 때까지 기억하거나 듣고 반복할 수 있는 기억을 말한다. 또한 과업기억은 학습활동, 이해활동 등의 과업활동에 이용할 수 있는 기억을 의미한다.

> Working memory is used for processing information while the mind works on various tasks (Cook, 2001, p. 84).

　과업기억은 제한되어 있고 영구적이지는 못하다. 이 유형의 기억은 어휘를 듣거나 읽고 장기 기억된 유사한 어휘를 기억해내서 비교해 보는 것을 예로 들 수 있으며 20초정도 유지되는 기억이다.

　장기기억은 정보내용이 보다 영구적으로 인지구조 속에 저장되는 것을 뜻하며 사물의 지각이나 개념화, 문제해결에 작용한다. 단기기억도 반복되면 장기기억으로 될 수 있으며 장기기억에서는 처음 받아들인 정보와 동일한 형태로 인지구조 속에 저장되는 것이 아니고 약간 다른 형태로 기억될 수도 있다. 다음의 예에서 (a)를 듣는 경우에 단기적으로는 그대로 기억하지만 장기적으로는 (b)와 같이 기억되기도 한다.

> 예 (a) The car the woman parked by the road was struck by a passing bus.
> 　　(b) The woman's car was hit by a bus.

　새로운 지식이 장기적으로 기억되기 위해서는 학습자의 능동적이고 적극적인 참여가 필요하다. 전신반응기법(TPR)은 이러한 원리를 적용한 외국어 교수방법의 일종이다. 실제로 행동하면서 언어를 습득하면 의미를 더 확실하게 이해하고 오래 기억한다는 것이다. TPR은 문장단위의 학습에 적용되는 교수법이므로 어휘학습에도 효과가 있다고 확신하기는 어렵지만 어휘의 기억에도 학습자의 능동적인 참여가 필요하다는 시사점을 얻을 수 있다. 또한 하나의 단어로 이루어진 명령문도 있으므로 어휘학습에 TPR의 적용가능성은 있다고 할 수 있다.

장기기억의 망각은 상황에 따라 다르며 쉽게 잊어지는 것으로부터 영원히 기억되는 것까지 다양한 망각의 정도가 있다.

> It [long-term memory] occupies a continuum from 'the quickly forgotten' to the never forgotten'. The great challenge for language learners is to transform material from the quickly forgotten to the never forgotten (Thornbury, 2002, p. 24).

어휘의 장기기억에 가장 중요한 요소는 학습자의 관심과 주의집중이다. 일반적으로 학습자는 다음과 같은 어휘들에 대하여 관심을 집중하므로 이 어휘들이 돌출성이 강하다

(a) 사용빈도 혹은 출현빈도가 높은 어휘
(b) 교사가 강조하여 지도하는 어휘
(c) 의사전달과 이해에 필요한 어휘

가장 바람직한 기억술은 눈에 보이는 요소를 활용하고 자기 나름의 방법을 이용하는 것이다.

> The best mnemonics are those that (1) have a visual element, (2) are self-generated - i.e. not 'borrowed from another learner or the teacher' (Thornbury, 2002, p. 145).

또한 목표어의 어휘와 모국어의 어휘가 하나의 의미로 기억(single 'L1 and L2

store')될 수도 있고 분리되어 기억(separate 'L1 and L2 store')될 수도 있는데 의사소통에 즉각적으로 활용하기 위해서는 전자가 더 바람직하다.

어휘를 장기적으로 기억시키기 위해 다음과 같은 방법들을 고려해 볼 수 있다.

1) 어휘목록의 활용

문맥독립지도에서는 어휘목록을 활용할 수 있는데 이 방법은 단기기억에만 효과적이고 장기기억을 위해서는 보충적인 학습활동이 필요하다.

또한 단어카드의 활용은 직접적이고 의도된 어휘학습의 일종이며 예문을 함께 적고 한 번에 많은 양의 어휘를 학습하기 보다는 일정한 시간 간격으로 간격을 차츰 늘리면서 학습하는 것이 효과적이다.

2) 반복 노출

해당 어휘에 반복적으로 노출되게 하거나 반복적인 활동을 통하여 장기적인 기억에 보탬을 줄 수 있는데 기계적인 방법(rote learning)보다는 유의미학습 (meaningful learning)이 되게 하는 것이 바람직하다.

Nagy 등(1987)에 의하면 읽기의 경우 한 번의 노출로 10~25%의 어휘학습이 되지만 1주일 후 5%가 기억에서 감소되므로 여러 번 반복해서 해당 어휘에 노출될 필요가 있다. 일반적으로 기억은 <그림 14-1>과 같이 시간이 감에 따라 망각에 이르게 되지만 계속하여 반복하면 다음 그림<14-2>처럼 계속 기억될 수 있다 (Nation, 1982 참고).

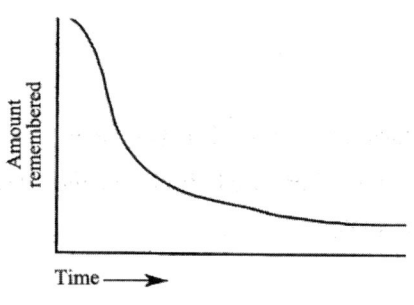

〈그림 14-1〉 일반적인 망각현상

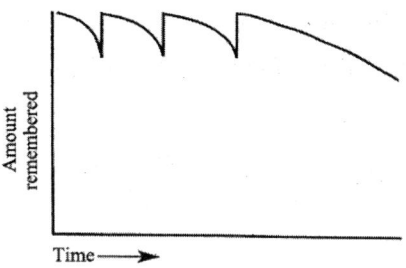

〈그림 14-2〉 계속적인 반복이나 연습을 할
경우의 망각현상

Anderson & Jordan(1928)은 어휘를 학습한 후에 기억정도를 알아보기 위하여 학습 직후, 1주후, 3주후, 8주후로 나누어 측정해 보았는데 어휘의 기억비율이 각각 66%, 48%, 39%, 37%라는 결과를 얻었다(Nation, 1982, p. 18에서 재인용). 이 결과에 따르면 어휘학습은 반복이 필요하고 반복학습은 망각비율이 가장 높은 학습 직후에 하는 것이 가장 효과적이라고 볼 수 있다. 또한 Beheydt(1987)은 4+1+1+1의 공식을 제안하고 있는데 이는 하나의 어휘가 처음 제시된 단원에서 4개의 문맥에서 연습시키고 그 다음 3개의 단원에서 각각 한 번씩 반복하여 복습시키는 방법이 효과적이라는 것이다.

새로운 어휘를 학습하기 위하여 해당 어휘에 노출되는 횟수는 대부분의 학자가 6~12회가 필요하다고 한다(Jenkins & Dixon, 1983 참고).

3) 반복사용

계속하여 사용하는 것이 가장 좋은 기억법 중의 하나이다. 'Use it or lose it.'이란 말이 여기에 해당된다. 다시 말하면 효과적인 기억에는 학습자의 능동적인 참여가 필수적이다. 예를 들면 Asher(1969)가 제안한 전신반응기법은 학습자가 능동적인 신체반응을 하게 함으로 기억에 유리하게 하는 방법이다.

4) 기존의 어휘지식과 연계

새로운 어휘를 장기 기억된 어휘와 비교하여 연계함으로 기억에 도움을 줄 수 있다.

The main way ... is by finding some preexisting information in the long-term memory to "attach" the new information to (Schmitt, 2000, p. 132).

예를 들면 'jest', 'joke', 'trick'을 알고 기억하고 있다면 'prank'는 이러한 어휘와 비교하고 연계하여 기억하면 효과적일 수 있다.[1]

5) 유의미한 단위로 묶기

어휘를 장기기억하기 위해 연상기억법, 의미망 그리기 등을 활용할 수 있다. 연상기억법(mnemonic)은 어휘를 연상되는 심상(image)이나 그림과 연계하거나 중심 개념을 활용하는 기법을 말한다. 다음의 예에서 보면 'fork'는 'a fork to eat with'가 중심 의미이며 모든 의미가 Y 모양의 그림과 연관되어 있다 (Schmitt, 2000, p. 148 참고).

例 (a) a *fork* to eat with (86% of occurrences)
    (b) a *fork* in a road or river (12% of occurrences)
    (c) a *tuning fork* for use with music
    (d) a *pitchfork*, which farmers use to throw hay, or several other things.

또한 의미망을 그려보면 어휘의 장기 기억에 효과적이다.

6) 어근과 접사의 활용

어근과 접사를 통한 어휘형성의 이해는 어휘의 장기기억에 유용하다. 다시 말하면 파생어(derivative) 집단 혹은 단어군(word family)으로 묶어 기억하면 효과적이다. 다음에 제시된 어휘들에서 {vert}, {vers} 'turn'에 첨가된 접사의 의미를 이해하고 함께 학습할 수 있다.

---

[1] jest : something that makes people laugh
joke : anything said or done to cause laughter or amusement
trick : something done to someone to make him look stupid and thus give amusement to others
prank : playful but foolish trick, not intended to harm

예 (a) avert ({a-} = from) 돌리다, 피하다
　　(b) advert ({ad-} = to) 주위를 돌리다
　　(c) convert ({con-} = completely) 전환하다
　　(d) controvert ({contro-} = against) 논쟁하다
　　(e) divert ({di-} = aside) 딴 데로 돌리다
　　(f) evert ({e-} = out) 뒤집다
　　(g) invert ({in-} = in) 거꾸로 하다
　　(h) pervert ({per-} = completely) 오해하다
　　(i) revert ({re-} = back) 뒤돌아 가다
　　(j) subvert ({sub-} = under) 전복하다

14.3. 어휘의 회상과 사용전략

외국어 학습자는 어휘를 기억하였다가 회상하여 실제 사용할 수 있는 능력을 갖추어야 한다. 이를 위하여 회상전략과 사용전략이 필요하다.

1) 회상 연습

회상(回想, recall)은 기억되었던 것을 돌이켜 생각해 내는 것을 말하며 어휘능력은 어휘를 기억했다가 회상하여 사용할 수 있는 능력을 의미한다. 회상을 용이하게 하기 위해서는 다음의 예와 같이 단어군이나 어휘를 상황에 따라 묶어서 (grouping) 상황적 단어 세트로 어휘를 학습하면 효과적이다.

예 (a) (백화점) change, clothes, price, sales
　　(b) (자동차) fast, accident, traffic jam
　　(c) (가족) mother, father, baby, son, daughter

또한 논설문을 듣거나 쓸 경우에 다음과 같은 수사학적 상황을 끌어내는 어휘를 연습하면 필요한 경우에 보다 용이하게 회상할 수 있다.

[예] consequently, nevertheless, notwithstanding, on the contrary, therefore

또한 규칙빈칸채우기(cloze procedure)나 공백 메우기(gap filling)를 하면 학습자가 어휘에 집중하게 됨으로 돌출성도 커지고 해당 어휘를 회상하고 표현하는 연습도 된다.

아울러 이끌어 내기(elicitation) 기법을 활용하여 주어진 그림에 적합한 어휘를 생각해 내든가 다음의 예와 같이 질문에 한 두 단어로 답해 보는 연습도 회상훈련에 도움이 된다.

[예] A: What's your favorite hobby?
　　 B: (　　　　).

또한 전신반응기법을 활용하면 회상에 유리하다 (Saltz & Donnenwerth-Nolan, 1981 참고). 예로 왼손을 들면서 'left hand', 바른 손을 들면서 'right hand'라고 하면서 신체동작과 언어연습을 함께 하는 것을 들 수 있다.

2) 어휘사용전략

표현을 할 때 해당되는 어휘를 모르거나 어휘가 미처 떠오르지 않는 경우에 다양한 방법을 사용할 수 있는데 이를 어휘사용전략이라고 한다. 어휘사용전략을 학습자가 알고 있으면 불안하지 않고 억제심리가 완화될 수도 있으며 상황에 대처할 수 있는 자신감이 생길 수 있다. 이 전략에는 회피(回避, avoidance)전략과 보상(報償; compensation) 전략이 있다.

(1) 회피전략

목표언어를 구사할 때 필요한 어휘가 미처 생각이 나지 않거나 자신이 없는 경우에 그 어휘를 사용하지 않는 전략을 의미한다. 다음 예(Brown, 2000, p. 128)에서는 비원어민 화자가 'way'가 생각이 나지 않아 그 어휘의 사용을 회피하는 경우이다.

예 Non-native speaker: I lost my road.
　　Native speaker : You lost your road?
　　Non-native speaker : Uh, . . . I lost. I got lost.

(2) 보상전략

보상전략은 어휘능력의 부족을 다양한 방법으로 보완하여 의사소통을 시도하는 전략이다.

(가) 바꾸어 말하기

표현하고자 하는 내용에 대한 적합한 어휘가 떠오르지 않을 경우에 다른 말로 바꾸어 사용(paraphrasing)하는 것을 말하며 일종의 우회적 표현(circumlocution)이다.

예 (a) grocery → 'vegetable store'
　　(b) stretcher → 'a bed for carrying sick people'

알고 있는 어휘지식을 활용하여 새로운 어휘를 만들어 (word coinage) 사용할 수도 있다.

예 (a) balloon - 'air ball'
　　(b) inability - 'unableness'

(나) 기술하기

기술하기(describing)는 적당한 어휘가 생각 안 날 경우에 다음의 예와 같이 해당 어휘를 설명하는 방법이다. 이 방법은 일종의 둘러말하기(circumlocution)에 속한다.

예 (a) cigarette → She is, uh, smoking something. I don't know what's its name.
　　(b) parrot → bird that talks.

(c) silk → It's made by little animals, for their house, and then turned into material.
(d) stool → It's like a chair. It's got four legs.
You sit on it, but it hasn't got a back.

③ 포괄적인 어휘사용하기

사용할 어휘가 정확하게 생각이 안 나면 'a thing', 'stuff,' 'a sort of', 'a kind of', 'a device for -ing', 'X-shaped' 등과 같은 포괄적인 어휘(all purpose word)나 어귀를 활용할 수도 있다.

예 (a) a thing for putting pieces of paper together
(b) some stuff for killing insects

④ 모국어 어휘 사용하기

목표어로 말하는 중에 일부 어휘가 생각나지 않을 경우에 모국어 어휘를 대신 사용하면(code-switching) 비언어적 의사소통행위의 도움과 상황의 이해를 통하여 상대방이 전달한 내용을 이해할 수도 있다.[2]

It is surprising that the context of communication coupled with some of the universal expression sometimes enables learners to communicate an idea in their own language to someone unfamiliar with that language (Brown, 2000, p. 130).

⑤ 제스처와 무언행위(gesture and mime)

해당 어휘 대신에 제스처나 몸짓을 활용하여 의사를 표현할 수 있는데 이 경우에도 상황을 이해하면 전달되는 의미를 이해할 수 있다.

---

[2] Code-switching is the use of a first language within a stream of speech in the second language (Brown, 2000, p. 129).

제15장
구두법의 학습

구두법은 글에 쓰이는 부호 표시 방법 즉 온점, 반점, 쌍점, 쌍반점, 물음표, 느낌표 등의 구두점(句讀點, punctuation mark)을 치는 방법을 말한다.[1] 구두법은 문자를 통한 의사전달의 보조수단이며 문맥상의 애매성을 제거하여 내용을 명확하게 하거나 의미를 강조하기 위하여 사용된다. 또한 구두법은 글의 내재적 의미 해석(underlying interpretation)에 단서를 줌으로 어휘와 함께 논의될 필요가 있다고 본다.

구두법은 글쓴이에 따라 개인차가 있을 수 있으며 최근에는 보다 간편한 구두법을 사용하는 경향이 있다.

> The tendency today is towards lighter punctuation than was the practice only a few years ago: a trend that does nothing to lessen the writer's obligation to observe the accepted conventions (Burton & Humphries, 1992, p. 57).

제 15 장에서는 구두법(월점치기, 句讀法, punctuation)에 관하여 네 부분으로 나누어 논의하고자 한다.

(1) 어휘 내부 구두법
(2) 문장 내부 구두법

---

[1] 콤마, 콜론, 세미콜론, 마침표, 이탤릭체 등의 구두법은 이탈리아의 인쇄업자 Aldus Manutius(1450-1515)에 의해 확립되었으며 감탄부호, 인용부호, 대시, 아포스트로피 등은 17세기부터 일반화되었다.

(3) 문장 끝 구두법
(4) 이탤릭체

15.1. 어휘 내부 구두법

어휘 내부에는 연자부호, 아포스트로피, 물음표가 사용된다.

(1) 연자부호 (連字符號, 하이픈, hyphen) [-]
① 두 개 이상의 단어가 연결된 일부 합성어 사이에 사용된다.[2]
  예) baby-sit, broken-heart, mother-in-law, out-of-work

② 일부 접두사 다음에 사용된다.
  예) co-ordination, ex-husband, re-elect

③ 행의 끝에서 간격이 맞지 않아 분철(分綴, syllabification)할 경우 분리되는 음절 사이에 사용된다. 그러나 최근에는 특별한 경우를 제외하고는 분철하지 않는 것이 일반적이다.

(2) 아포스트로피 (apostrophe) [']
① 생략부호로 사용된다.
  예) cannot - can't, we're, we've, 1998 -'98

② 소유격 부호로 사용된다.
  예) boy's, boys', Jesus', sister-in-law's cousin

(3) 물음표 [?]

---

[2] 다음의 예와 같이 연자부호의 사용이 임의적인 경우도 있다.
  예) 'fountain pen' 혹은 'fountain-pen', 'freeze dry' 혹은 'freeze-dry'

단어, 사실, 숫자 등이 정확하지 않거나 의문이 있을 경우에 사용된다.

예 (a) William Shakespeare was born in 1564(?) and died in 1616.
   (b) The manuscript dates back to 560(?) B. C.

15.2. 문장 내부 구두법

문장 내부에는 콤마, 세미콜론, 콜론, 대시기호, 괄호, 각괄호, 사선, 인용부호, 연속된 세 개의 마침표가 사용된다.

(1) 콤마(반점, 구점, 句點, comma) [,]
① 한 문장에서 세 개 이상의 등위적인 단어나 구, 절들이 사용된 경우에 이들을 분리시켜준다. 단어나 구, 절이 연속되어 있는 경우에 마지막에 'and'가 사용되고 'and' 앞에 콤마는 쓰일 수도 있고 쓰이지 않을 수도 있다. 의미를 좀 더 명확히 할 필요가 있을 경우에는 콤마를 사용한다.

예 (a) It was, a quaint, old-fashioned and vine-covered cottage.
   (b) She had bright, mischievous and brown eyes.
   (c) The menu offered the usual choices of steak, chops, or chicken.
   (d) The chief agricultural products of Denmark are butter, eggs, potatoes, barley, and oats.
   (e) He sold his business, rented his house, gave up his car, paid his creditors, and set off for Africa.
   (g) She bought flour, tea, milk, bread, and butter. She moved quickly through the barrier, around the shelves, past the check-out, and out of the shop. She walked down the road, found the bus stop, caught the first bus, and was back home a few minutes.
   (f) If he studies hard, if he takes good notes, and if he participates in class discussion, he will probably pass.

② 등위접속사에 의해 연결된 절(clause)을 분리해 준다.[3]

　예 (a) She knew very little about him, and he volunteered nothing.
　　 (b) Almost anyone knows how to earn money, but not one in a million knows how to spend it.

③ 문장을 시작하는 어구, 주절(main clause)과 삽입어구나 종속절을 구분해 준다.

　예 (a) However, punctuation is lighter nowadays.
　　 (b) Because of that, delay was inevitable.
　　 (c) From the balcony, he spoke to the crowd.
　　 (d) Despite Korea's crushing win in the World Cup opener in Group G on Tuesday, the picture of the country's possibility of progressing to the Round of 16 is still unclear.
　　 (e) Our guide, who wore a blue beret, was an experienced traveler.
　　 (f) Correct errors, if any, in the following passage.
　　 (g) Having rid themselves of their former rulers, the people now disagreed on the new leadership.
　　 (h) When he had tired of mad pace of New York, he moved to Boston.

④ 비제한적인 관계대명사절(non-relative clause)과 주절을 분리시켜준다.[4]

　예 (a) Rail concessions are available to senior citizens, who are usually well aware of their entitlement.
　　 (b) His final play, which was produced on television on the day of his death, set the seal of his greatness.

---

[3] 두개의 짧은 독립 절 사이에서는 반점이 생략될 수도 있다.
　예) We missed the train but we caught the bus in time.
[4] 제한적인 절 다음에는 반점이 사용되지 않는다.
　예) Food products that were designed for microwave cooking did not become common until 1990.
　또한 다음과 같이 반점이 사용된 경우와 그렇지 않은 경우에는 의미의 차이가 있다. (a)의 who절은 그 선행사인 'people'의 범위를 제한한다.
　예) (a) People under the age of twenty who are entitled to low fares should obtain their tickets from the special booking-office.
　　 (b) People under the age of twenty, who are entitled to low fares, should obtain their tickets from the special booking-office.

⑤ 단어나 단어들이 생략되었음을 나타내며 문장 내에 병렬(並列, parallel)되는 구조에 사용된다.

예 (a) Common stocks are preferred by some investors; bonds, by others.
　(b) Brown is studying hard; Mary, scarcely, at all.
　(c) Brown is studying Korean; James, Japanese.

⑥ 동격의 단어나 어귀의 앞과 뒤에 사용된다.

예 (a) March, the month of crocuses, can still bring snow and ice.
　(b) Mr. Park, a member of the committee, refused to comment.
　(c) Our Managing Director, Mr. Kim, is retiring soon.

⑦ 대조되는 문장요소를 나타내기 위하여 사용된다.

예 Fred, not Jim, was first in his class.

⑧ 문장의 중간에 오는 절 앞과 다음에 사용된다.

예 The apples, although they had been freshly picked, became spoiled in shipment.

⑨ 부가의문문(tag question) 앞에 사용된다.

예 You are coming too, aren't you?

⑩ 도치된 부분 다음에 사용된다.

예 That he would accept the money, none of us seriously doubted.

⑪ 날짜, 주소에, 직함과 이름 사이에 사용된다.

예 (a) The letter was dated June 20, 2006, and was mailed from London.
　(b) He lived at 23 Baker Street, Elyria, Ohio, for 10 years.
　(c) Samuel J. Palmisano, chairman and chief executive officer of the world's largest information technology company, International Business Machines Corp., lights a traditional lamp as Indian President A. P. J. Abdul Kalam looks on in Bangalore on Tuesday.

(2) 세미콜론(쌍반점, semicolon) [;]

① 등위접속사 대신에 독립된 두 절이나 문장 사이에 사용된다. 이 경우 마침표보다는 더 긴밀한 관계를 나타낸다.

예 (a) The teacher lectured; the students listened.
(b) Since interests in the past is induced solely by books, the savage can take no interest in the past; the events of the past are, in fact, completely lost.
(c) The immigrants had been led to believe that houses were easy to come by; however, six months of fruitless searching convinced them that this was not the case.

② 연결부사(conjunctive adverb)인 however, hence, furthermore, nevertheless, thus, therefore, consequently, also, besides, otherwise, accordingly, moreover 등에 의해서 연결되어진 절을 분리하는데 사용된다.

예 (a) He has all his examinations; consequently, we must award him a degree.
(b) It rained all day; therefore, we did not go to the beach.
(c) The bill was sent to the Senator; however, it was buried there in committee.

③ 문장 안에 반점과 같은 다른 구두법을 가지고 있는 경우에 일련의 요소들을 분리하기 위해 사용된다.

예 (a) A through examination of Johnson's criticism would require, first, a study of the eighteenth-century background; second, a study of Johnson himself, not as the subject of anecdote, but in his other works, and in his religious and political opinions; and finally, a much more detailed study of his criticism of the greater poets who come under his observation: Shakespeare, Milton, Dryden, Pope, Grey.
(b) Extras obtainable for this model include: car phone, with, or without amplifier; stereo system, with two or four speakers; electrically-operated windows, separate control or master-switch; tinted-glass; stainless-steel exhaust.

④ that is, for example, i.e. 등과 같이 설명이나 예를 제시하는 구절, 단어 혹은 약자 앞에 사용된다. 이 경우에 콤마가 사용될 수도 있다.

> 예 He organized his work well; for example, by putting correspondence in folders of different colors to indicate degree of urgency.

⑤ 대조를 이루는 두 문장 사이에 사용된다.

> 예 (a) Cowards die many times before their death; The valiant never taste of death but once.
> (b) Some people are gregarious; others keep to themselves.

(3) 콜론(쌍점, colon) [:]

① 다음에 오는 절이 주절을 설명하고 있을 때 주절 다음에 사용된다.

> 예 (a) English usage is like table etiquette: it is conventional and its sanction is a social one.
> (b) Her facial expression signified one thing: total interest in what he was saying.
> (c) The sentence was poorly constructed: it lacked both unity and coherence.

② 구체적인 정보가 뒤에 올 경우에 사용된다.

> 예 (a) Mr. Kim has to choose among several careers: teacher, veterinarian and optometrist.
> (b) Three countries were represented: England, Korea and Japan.
> (c) In the study the following lots will be sold: bookcases, manuscripts, typewriter, desk.
> (d) Virtually every community college now offers contract education: short term programs, for employees of specific companies.

③ 공식적인(formal) 진술문, 비교적 긴 진술문, 의문문, 인용문 등이 뒤에 올 경우에 사용된다.

> 예 (a) The Commencement speaker, Dr. Brown spoke as follows: ". . . ."

(b) For our present purposes, the point is this: an English dictionary which has been specially prepared for learners of ESL is an essential tool for teachers, especially those teaching intermediate and advanced level students.

(c) This is the issue: Can an employer dismiss someone simply because he or she laugh loudly?

④ 책의 제목과 부제목 사이 및 공식적인 편지의 인사말 다음에 사용된다.
  예 (a) *Second Language Learning: An Information-processing Perspective.*
  (b) *The Tragic Dynasty: A History of the Romanov*
  (c) To Whom It May Concern:
  (d) Dear Sir:

(4) 대시기호 (dash) [-]

① 한 문장 내에서 연결되지 않는 돌연한 변화를 표시하기 위해 사용된다.
  예 (a) When in 1960 the stockpile was sold off - indeed, dumped as surplus - natural-rubbers sales were hard hit.
  (b) He won the game - but I'm getting ahead of the story.

② 일련의 단어나 구들을 요약하거나 총괄하기 위해, 혹은 동격어구(appositive)에 사용된다.
  예 (a) Oil, steel, and wheat - these are the sinews of industrialization.
  (b) The layout, the circuit, the components, the materials - all add up to an entirely new concept for such a transmitter.

③ 예나 설명을 나타내기 위해 사용된다.
  예 (a) This system is usually in rhythm with the natural divisions of time - day and night and the seasons.
  (b) This is not fair for all the parties concerned - both servers and customers.
  (c) The developing countries are dependent on cash crops - sugar, coffee, cacao and cotton.

(d) About 2.18 million people - including 640,000 in the capital, Seoul - took part in outdoor street cheering.

(e) When a woman cannot successfully carry a child to full term, she may choose a surrogate - a woman who agrees to be implanted with a fertilized egg and give birth; however, the baby will be raised by someone other than the birth mother.

④ 삽입되거나 추가된 부분을 강조하기 위하여 사용된다.

예 (a) His influence - he was a powerful figure in the community - was a deterrent to effective opposition.

(b) We drank hot coffee - very hot coffee - with our meal.

(5) 괄호 (parenthesis, rounded bracket) [(   )]

① 설명적이거나 보충적인 요소, 예를 나타내기 위해 사용된다. 이 경우에 반점보다 더 강한 연관성을 나타낸다.

예 (a) Three old destroyers (all now out of commission) will be scrapped.

(b) His new cottage in Chuncheon (Kangwondo) was lovely.

(c) Caesar's ambition (so skilfully denied by Mark antony) was feared by Brutus.

② 반점을 사용하면 혼동의 우려가 있을 경우에 사용된다.

예 The authors he advised (none other than Hemingway, Lewis, and Cather) would have been delighted to honor him today.

(6) 각(角) 괄호(bracket, square bracket) [[   ]]

① 인용문에 잘못된 내용의 수정, 언급되지 않은 지시대상, 원문에 없는 설명이나 주해 (註解)를 위하여 사용된다.

예 (a) "Mr. Shin was born in 1951 [actually in 1949] in Kangwon province."

(b) According to the *Globe* critic, "This [Man and Superman] is one of Show's greatest plays."

(c) The critical passage is: 'I do not deny that it [the treasure] played some part in my plans.'

② 인용된 어구나 문장에 대해 인용자가 틀렸다고 판단될 경우에 [sic] (so, thus, 원문 그대로)을 넣어 원문 그대로임을 나타낸다.[5]

예 "George Washington lived during the seventeenth [*sic*] century."

(7) 사선(virgule) [/]
① 선택 여지를 나타낸다.
예 (a) They are the designs intended for high-heat and/or high-speed applications.
(b) The defendant and/or his/her attorney must appear in court.

② 연속되는 기간을 나타낸다.
예 the fiscal year 2014/2015

(8) 인용부호(따옴표, quotation mark, quotes) [' ', " "]
① 작은 따옴표(single quotation mark)는 따온 말 중에 다시 따온 말이 들어 있거나 중요한 부분을 두드러지게 하기 위하여 사용된다.
예 (a) Mary said "Well, and then she said, 'I am happy!' Can you believe that?"
(b) Americans usually fly the 'nest' at age 18.

② 큰 따옴표 (double quotation mark)는 직접화법에서, 문장 전체를 인용할 경우에 혹은 말의 내용 중 일부를 그대로 인용할 경우에 사용된다.
예 (a) She said, "English is difficult to learn."
(b) The expression "you can't get it anywhere else for less." means about the same as "We will not be undersold."
(c) Frank's remark that he was "slightly bruised" in the accident is an understatement; he suffered two fractured ribs.

---

[5] [*sic*]는 라틴어에서 유래되었으며 'thus', '원문 그대로'라는 의미이다.

③ 큰 따옴표는 특별하거나 반의적인 의미를 지닌 단어에 사용된다.
- 예 The little girl proudly showed her latest "masterpiece", a crayon drawing of a flower.

④ 신문, 잡지의 기사, 시, 이야기 등의 짧은 소제목을 나타낼 때 큰따옴표를 사용한다. 긴 제목인 경우는 이탤릭체로 하거나 밑줄을 치는 것이 일반적이다.
- 예 National Geographic's article "Vanishing Cultures" discussed three ancient cultures that are struggling to survive.

(9) 연속된 3개의 마침표 [. . .]

연속된 세 개의 마침표는 인용문의 생략된 부분에 혹은 중간에 말을 멈추거나 더듬거리는 경우에 사용된다.

- 예 (a) ". . . the book is lively . . . and well written."
- (b) "There are five ways . . . to remedy the situation."
- (c) "I'd like to . . . that is . . . if you don't mind . . . ." He faltered and then stopped speaking.

15.3. 문장 끝 구두법

문장의 끝에는 마침표, 물음표, 감탄부호가 사용된다.

(1) 마침표 (온점, 종지부, full stop, period) [.]
① 평서문의 문장 끝에 사용된다.
- 예 A phrase is a group of words that makes sense, but not complete sense on its own.

② 의문문에서 의문의 뜻이, 감탄문에서 감탄의 어조가 약할 경우에는 사용될 수 도 있다.

[예] (a) Is it not natural that he should be natural.
　　 (b) How gentle he is.

③ 의문문의 형태이지만 정중한 요청을 나타내는 문장의 끝에 의문표 대신에 쓰이기도 한다.

[예] Would you please sent me a copy of your catalog.

④ 마침표는 약어(shortened form) 다음에도 생략부호로 사용된다.[6]

[예] Oct. (October), p.m. (post meridiem 'after midday'), p. 47, Vol. 5

(2) 연속된 네 개의 마침표 [. . . .]

문장의 끝 부분이나 문장 전체가 생략되었음을 나타낸다.

[예] "There is only one way to settle the matter . . . . We must sit at the conference table."

(3) 물음표(의문 부호, question mark) [?]

① 의문문의 끝 혹은 평서문이라도 의문문의 내용일 경우에 사용된다.

[예] (a) Is all your family within?
　　 (b) You're now eighty-five?

② 연속되어 있는 질문 후에 각 요소를 강조하기 위해 사용된다.

[예] Have you heard the candidate gives his views on civil rights? the war? urban problems? or the farm problems?

---

[6] 'Oct.' 등은 약어이고 'Dr(doctor)'나 'Mr(mister)' 등은 축약형(contraction)이다. 또한 'NATO', 'UNESCO'와 같은 두문자어(acronym)에는 마침표를 사용하지 않으며 USA(혹은 U.S.A.)등의 경우에는 마침표의 사용이 임의적이다.

(4) 감탄부호 (exclamation mark) [!]

① 감탄문 다음에 사용된다.
   예 What a pretty girl she is!

② 감정을 넣어서 하는 명령문 다음에 사용될 수 있다.
   예 Get away from that ice!

③ 기원문(祈願文, optative sentence) 다음에 사용된다.
   예 May God bless my homeland!

15.4. 이탤릭체

이탤릭체 (italics)는 오른쪽으로 기울어진 모양의 글씨체로 주의해야 할 어구, 외국어, 학명 등에 사용된다. 이러한 서체는 16세기 초에 필기체에서 유래되었다.

① 책, 잡지, 연극, 영화 등의 제목과 기차, 비행기, 배의 이름을 나타낸다.
   예 (a) In her autobiography *The Story of My Life*, Helen Keller tells how unruly she was as a young child.
   (b) *Esquire* is one of my favorite magazines.
   (c) *The tragedy of Romeo and Juliet* was one of William Shakespeare most popular plays of all time.
   (d) We sailed on the *Cristoforo Colombo*.
   (e) Mort Walker directed Garcia Lorca's *Blood Wedding*.

② 문장에서 강조하고자하는 단어나 구절에 사용된다. 그러나 이러한 용법으로 이탤릭체를 과도하게 사용해서는 안 된다.
   예 *Moderation* and *pragmatism* are the key terms to describe Lincoln's reconstruction policies.

③ 단어를 단어로 지칭할 경우에 사용된다.

　　예 The word *perceive* is often misspelled.

④ 영어화가 되지 않은 외래어를 나타내기 위해 사용된다.

　　예 Mr. Brown's motto was *ars gratica artis*, which means "art for art's sake."

⑤ 학명(scientific name)에 사용된다.[7]

　　예 The scientific name of Korean tiger is *Panthera tigris Altaica*.

---

[7] 학명 (scientific name)은 학술상의 편의를 위하여 라틴어로 표기되는 동·식물의 세계 공통적인 말이며 주로 이명법(二名法, binomial nomenclature)이 사용된다. 이명법이란 속명(屬名, genus) 다음에 종명(鐘銘, species), 명명자의 이름을 써서 생물의 종류를 말하는 방법으로 C. Linne(1707-1778)가 창안하였다.

제16장
사전과 코퍼스

제 16 장에서는 영어사전과 코퍼스의 역사와 유형 및 활용에 대하여 논의하고자 한다. 사전(辭典, dictionary)은 어휘목록을 집대성(集大成)한 것으로 철자, 분철법(syllabication), 발음, 품사, 정의, 동의어, 어원, 용법 등의 다양한 정보를 담고 있으며 코퍼스(말뭉치, corpus)는 원어민이 사용하는 음성언어와 문자언어의 자료모음으로 사용빈도, 실제적인 쓰임새 등의 유용한 정보를 제공하고 있다. 따라서 사전과 코퍼스의 효과적인 활용은 영어어휘의 연구 및 학습에 매우 유용하고 필수적이다.

16.1. 사전

16.1.1. 영어사전 편찬의 역사

사전의 편찬은 하나의 언어를 고정시키고 용법을 통일하는데 절대적인 영향을 주어왔다. 영어는 17세기 이전에는 상당히 유동적이었으나 Samuel Johnson의 *A Dictionary of the English Language*(1755)의 발간을 통하여 어휘가 고정되고 어휘 용법의 기준이 확립되어 후대에 큰 영향을 주었으며 특히 철자의 고정에 크게 공헌했다는 평가를 받고 있다. Johnson의 사전 이전에도 여러 개의 사전이 출판되었는데 최초의 사전인 *A Table Alphabeticall*(R. Cawdrey, 1604)은 어휘항목을 작성하고 정의를 제시하였다. 또한 *A New English Dictionary*(J. Kersey, 1702, 1713), *Universal Etymological English Dictionary*(N. Bailey, 1721), *Dictionarium Britannicum* (N. Bailey, 1730)[1] 등의 여러 사전이 출판된 바 있다.

    Johnson의 사전 출판 이후 발음 면을 보완하거나 발음을 전문적으로 다룬 사전으로 *A Pronouncing and Spelling Dictionary*(W. Jonston, 1764), *A General Dictionary of the English Language*(T. Sheridan, 1780), *A Critical Pronouncing Dictionary and Expositor of the English Language*(J. Walker, 1791) 등이 출간되었다.

    19세기의 대표적인 사전은 Herbert Coleridge, James A. H. Murray, Henry Bradley 등의 편집인에 의한 *Oxford English Dictionary*(1884)이며 사전편찬의 모델로 받아들여지고 있다. 이 사전은 1857년 영국언어학회(Philological Society)의 제안에 따라 1150년 이후의 영어어휘를 집대성한 사전으로 1884년에 첫째 권이, 1928년에 마지막 권이, 1933년에 증보판이 출간되었다. 또한 이 사전은 표제어 약 40만, 용례 약 180만으로 세계 최대 사전이며 매년 4회 업데이트되고 있다. 또한 최근에 한 장의 CD-ROM으로 만들어져 귀로 듣는 멀티미디어 사전으로도 발전하였다.

    미국영어는 Noah Webster(1758-1843)의 *The American Spelling Book*(1783)과 *The American Dictionary of the English Language*(1828)를 통하여 정착되었다. 후자는 7만개의 표제어가 수록된 방대한 사전으로 발음은 뉴잉글랜드 지역발음에 편중되었다. 또한 Webster는 유추작용(analogy)이론을 활용하고 불규칙성에 규칙성을 부여함으로써 미국어의 확립에 기여하였다. Webster 사후에 발간된 *Webster's Third International Dictionary*(G. and C. Merriam, 1961)에는 45만개의 표제어가 수록되어있다.[2]

    Webster 사전의 출판 이후에 미국영어에 대한 사전으로 *A universal and critical dictionary of the English language*(J. E. Worcerter, 1847), *Century Dictionary: An*

---

[1] 이 사전은 약 4만개의 어휘가 수록되어 있고 후에 *A Dictionary of the English Language*(1755)의 모체가 되었다.

[2] *Webster's Third International Dictionary*는 Webster 사후에 George and Charles Merriam이 Webster사전의 판권을 사들여 1864년, 1890년, 1909년, 1934년, 1961년에 판을 거듭하여 출간한 사전이다.

Encyclopedic Lexicon of the English Language (W. D. Whitney, 1889~1891), *Dictionary of Americanisms: A glossary of words and phrases usually regarded as peculiar to the United States*(J. R. Bartlett, 1848, 1860), *Dictionary of Americanisms* (Mitford M. Mathews, 1951) 등이 있다.

16.1.2. 사전의 유형

사전은 계속해서 발전적으로 변화되어 가고 있으며 다음과 같은 다양한 유형이 있다. 다음에 제시된 사전의 유형은 서로 중첩될 수 있어 하나의 사전이 2개 이상의 유형에 속할 수도 있다.

1) 동일언어사전과 대역사전

동일언어(monolingual)사전은 표제어와 동일한 언어로 어휘를 설명한 사전으로 영영사전이 여기에 해당된다. 또한 대역(對譯, translation, bilingual)사전은 영한사전이나 한영사전과 같이 어떤 언어의 낱말을 다른 언어로 설명하거나 번역하여 엮은 사전을 말한다.

동일언어사전으로 대표적인 *Oxford English Dictionary* (OED)는 Oxford 대학교 출판부에서 1928년 초판을 발행 한 후 계속 발전하여 왔으며 어원과 예문, 의미변화 등의 자료를 얻을 수 있다.

동일언어사전은 대부분 2,000개의 기본단어로 단어들을 정의하고 있다(Nation, 2001, p. 289). A. S. Hornby(1898-1978)가 1963년에 Oxford 대학교 출판부에서 출판한 *The Advanced Learner's Dictionary of Current English*와 1978년에 Longman 출판부에서 출판된 *Longman Dictionary of Contemporary English Dictionary*는 2,000개의 기본단어들로 단어들을 정의하고 있다. 또한 *Collin's COBUILD English Language Dictionary*는 Collin출판사와 Birmingham University에서 출판 한 것으로 현재 영어권의 실생활에서 사용되는 단어들을 수록하고 있으며 *Collin's Birmingham University International Language Database*는 코퍼스를 토대로 만들어 졌다.

2) 그림사전

그림사전(picture dictionary)은 어휘들을 주제별이나 상황별로 묶어서 그림 자료와 함께 제시된 사전이다. 따라서 어휘의 이해와 기억에 도움이 된다. 그림사전의 예로 *Oxford Student's Dictionary of American English* (E.C. Parnwell, 1978), *Oxford Picture Dictionary* (Oxford University Press, 2008) 등이 있다.

3) 탁상용 사전과 도서관용 사전

탁상용 사전('desk' dictionary)은 간편하게 사용할 수 있는 사전으로 일반적으로 한 권으로 되어있다. 또한 도서관용 사전('library' dictionary)은 어휘에 관한 거의 모든 정보가 망라된 사전으로 여러 권으로 되어있으며 대표적인 예로 *Oxford English Dictionary*를 들 수 있다.

4) 학습자용 사전

학습자들을 위한 사전의 예로 *Advanced Learner's Dictionary of Current English*(1963), *Oxford Student's Dictionary of American English*, *Longman Dictionary of Contemporary English* 등이 있다.

5) 실용사전

학생이나 일반인들의 실제적인 요구에 부응한 사전으로 2차 대전 이후에 미국에서 많이 출간되었다. 예로 *The American College Dictionary*(1947), *Webster's New World Dictionary*(1951, 1970), *Comprehensive Desk Dictionary*(1951), *The Consolidated Webster Dictionary*(1962), *The Random House Dictionary*(1966, 1987) 등을 들 수 있다.

6) 특수 목적을 위한 사전

특수목적을 위한 사전(전문어 사전, 'specialist' dictionary)은 과학용어사전, 경제용어사전, 스포츠용어사전 등과 같이 전문영역에 관한 사전을 말한다. 대표적인 사전으로는 영국의 *Everyman's Reference Library*나 미국의 *Midcentury*

Reference Library 등이 있다.

7) 특정한 분야에 대한 사전

(1) 방언사전

방언에 대한 사전으로는 *A Collection of English Words Not Generally Used*(J. Ray, 1674, 1691), *The English Dialect Dictionary*(J. Wright, 1898-1905) 등이 있다. 또한 미국방언에 관한 사전으로는 *Handbook of the Linguistic Geography of New England*(H. Kurath, 1939) 등이 있다.

(2) 숙어(익은 말)사전

숙어에 관한 사전으로는 *English Idioms*(J. Dixon, 1912), *A Dictionary of Clichés*(E. Partridge, 1940), *A Concise Dictionary of English Idioms*(W. freeman, 1951), *Oxford Learner's Dictionary of English Idioms*(Warren, 1994), *Collins COBUILD Dictionary of Idioms*(1995), *Cambridge International Dictionary of Phrasal Verbs*(1997) 등이 있다.

(3) 동의어·반의어 사전

동의어나 반의어에 관한 사전은 Johnson 사전의 보완을 위해 주로 19세기 이후에 발간되었으며 대표적인 사전들은 *Webster's Dictionary of Synonyms with Antonyms*(1942), *Standard Handbook of Synonyms, Antonyms and Prepositions*(J. Fernald, 1947) 등이다.

(4) 속어·비어사전

속어(俗語)나 비어(卑語)에 관한 사전으로는 *A Dictionary of Slang and Unconventional English*(E. Partridge, 1937, 1951), *A Dictionary of the Underworld, British and American, 16th~20th Centuries*(E. Partridge, 1950), *Dictionary of American Slang*(H. Wentworth & S. Flexner, 1960) 등이 있다.

(5) 속담사전

속담사전에는 *The Oxford Dictionary of English Proverbs*(W. Smith, 1935, revised by F. Wilson, 1970), *The Macmillan Book of Proverbs, Maxims and Famous Phrases*(B. Stevenson, 1965) 등이 있다.

(6) 인명·지명사전

인명이나 지명에 관한 사전에는 *The Concise Oxford Dictionary of English Place-Names*(E. Ekwall, 1947), *The Oxford Dictionary of English Christian Names*(E. Withycombe, 1950), *A Dictionary of British Surnames*(P. Reaney, 1958) 등이 있다.

(7) 어원사전

어원사전(etymological dictionaries)에는 *An Etymological Dictionary of the English Language*(W. Skeat, 1882), *An Etymological Dictionary of Modern English*(E. Weekley, 1921), *The Oxford Dictionary of English Etymology*(C. Onions, et al., 1966) 등이 있다.

8) 시대별 사전

고대영어사전으로는 *An Anglo-Saxon Dictionary*(J. Bosworth, T. Toller & A. Campbell, 1898, 1921, 1972), *A Concise Anglo-Saxon Dictionary*(J. Hall, 1894, 1960), *The Student's Dictionary of Anglo-Saxon*(H. Sweet, 1896, 1940)등이 있다. 또한 중세영어사전으로는 *A Concise Dictionary of Middle English*(A. Mayhew & W. Skeat, 1888), *A Middle English Dictionary*(R. Stratmann & H. Bradley, 1891) 등이 있다.

16.1.3. 사전 활용의 학습

학습자는 모르는 어휘의 의미를 문맥 속에서 파악하기 어려울 경우에, 혹은 의미나 쓰임새를 확인하기 위해서는 사전을 활용할 수 있어야 한다. 그러나 외국어학습에서 사전의 사용은 문맥으로부터 어휘의 의미를 유추하는 능력을 감소시킨다고 보아 환영받지 못해 왔다.

For a long time the use of dictionaries was discouraged, generally on the grounds that dependence on a dictionary might inhibit the development of more useful skills, such as a guessing from context (Thornbury, 2002, p. 60).

최근에 사전의 유용성에 대하여 재인식하게 되었는데 사전은 다음과 같은 유용성이 있다.

(a) 문맥에서 모르는 어휘의 의미를 파악하지 못할 경우에 본래의(prototypical) 어휘의미알아낼 수 있다.
(b) 철자와 발음을 알 수 있다.
(c) 어휘의 쓰임새와 문법적인 면, 연어, 어원, 분철(分綴, syllabication) 등의 어휘에 관한 다양한 정보를 얻을 수 있다.
(d) 어휘사용의 예들을 알 수 있다.

또한 사전의 사용도 중요한 어휘학습전략의 하나이며 추후 자율적인 영어학습에 필수적이다. 아울러 어휘의 사전적 의미를 문맥 속에서의 적합한 의미와 연결하는 활동은 학습자의 마음속에서 깊은 연관성을 맺게 할 수 있다.

The activity of matching the dictionary definition of the word to its use in context helps to create deeper links within student's mind (Summers, 1988, p. 112).

바람직한 사전의 사용법은 사전 사용에 앞서 문맥에서 모르는 어휘의 의미를 유추하게 하고 사전을 찾아 유추한 의미가 맞는지를 확인하게 하는 것이다. 문맥에서 어휘의 의미를 유추하기 위해서는 해당 단어가 사용된 문장에서의 위치와 품사를 먼저 알아보는 것이 필요하다. 다음의 예문에서 'reward'는 'the' 다음에 쓰였으므로 명사이고 'receive'와 'beautiful view'를 통하여 '받는 것'이고 '좋은 것'이라는 것을 알고 그 의미를 유추해 보는 것이 바람직하다.

> 예 One of the *rewards* that space travelers receive is the beautiful view of the planet on which we live.

어휘의 의미를 문맥 속에서 유추해본 후에 해당 단어의 의미를 확인할 필요가 있을 때만 사전을 이용하고 사전을 찾아 본 후에는 문맥 속에서 그 의미를 다시 살펴보는 것이 정확한 의미와 쓰임새의 파악에 효과적이다.

사전 사용의 순서를 정리하면 다음과 같다.

(a) 문맥 속에서 모르는 어휘의 의미를 다양한 단서를 활용하여 유추한다.
(b) 사전을 찾아 발음, 철자, 품사 등을 알아보고 의미를 확인한다.
(c) 사전에서 확인된 의미를 문맥 속에서 다시 살펴보고 문맥에 적합한 의미를 찾아낸다.
(d) 해당 어휘의 쓰임새를 알아본다.

장기적인 관점에서 볼 때 어휘력의 신장을 위해서는 영영사전의 사용이 필요하다. 영어를 영어로 이해하게 함으로 어휘력과 독해력의 신장을 배가할 수 있기 때문이다. 또한 영영사전은 영한사전의 단점을 보완해 줄 수 있다. 예를 들면 다음과 같은 어휘의 의미나 뉘앙스의 차이를 영영사전을 통하여 보다 분명히 알 수 있다. 예(a)는 '감정의 주체'를 주어로 하고 예(b)는 '자극'을 주어로 하는데 이러한 사실은 영영사전을 통하여 보다 명확하게 알 수 있다.

> 예 (a) delighted:
> 영한사전 - 아주 기뻐하는
> 영영사전 - showing delight, highly pleased

(b) delightful
영한사전 - 매우 기쁜
영영사전 - giving delight to ..., highly pleasing

그러나 영어능력이 우수한 학생들이라도 단어학습과 암기를 위해 영영사전 뿐만 아니라 영한/한영사전과 같은 대역사전도 유용할 수 있다 (Laufer와 Hadar, 1997; 송미정, 2003 참고).

Even when the monolingual part of the entry [of a bilingual dictionary] is used to its full potential, the translations may still be helpful in reassuring and reinforcing the learner's decisions about the meaning and use of new words (Laufer & Hadar, 1997, p. 195).

대역사전의 과도한 활용은 외국어를 모국어의 관점에서 보게 하고 단어 대 단어로 번역하게 하는 등의 문제점이 있다.

Dependence on bilingual dictionaries encourages students to see English in terms of their native language and to translate word for word. More seriously, it prevents them from relying on context and other clues essential to effective language learning (Graves & Rein, 1988, p. xi).

These criticism [of bilingual dictionaries] are misguided and unfair, and they also ignore the advantages of bilingual dictionaries; a more balanced view needs to be taken of the role of translation in the language classroom (Nation, 2001, p. 290).

EFL 상황인 우리나라에서 초급단계부터 영영사전의 사용을 권장하는 것은 다소의 무리가 있다고 본다. 초급단계에서는 그림사전이나 한영사전을 사용하고 점차적으로 영영사전으로 옮겨가는 것이 효과적이다. 다시 말하면 의미이해를 위한 사전사용의 경우에 학습자의 수준에 따라 다음과 같은 단계가 바람직하다 (김영숙, 2002 참고).

(a) 그림사전
(b) 영한사전
(c) 영한사전 + 영영사전
(d) 영영사전 + 영한사전
(e) 영영사전

또한 일부 연구 결과에 의하면 영한 어휘목록, 영영어휘목록, 영영한 어휘 목록 중에서 새로운 어휘의 정의적 의미를 단기적으로 기억하는데 가장 효과적인 어휘목록은 영영한 어휘 목록이다 (송미정, 2003 참고).

16.2. 코퍼스

최근에 이르러 코퍼스 언어학(corpus linguistics)의 발달로 코퍼스를 활용한 어휘 연구와 학습 및 지도 방법의 논의가 활성화되고 있다.[3] 코퍼스(corpus, 말뭉치, 말모둠)는 언어분석용 언어자료 모음이며 컴퓨터에 의해 집적된 언어자료집으로 '컴퓨터로 분석 가능한 텍스트 파일 형태의 디지털화된 언어자료'(이화자와 신동관, 2011, p. 128)를 통칭한다고 볼 수 있다. 다시 말하면 코퍼스는 언어 연구와 교육을 위해 다양한 출처에서 수집한 언어자료를 컴퓨터로 모아 분석한 자료이다

A corpus is a collection of naturally occurred language text, chosen to characterize a state of variety of a language (Sinclair, 1991, p. 171).

---

[3] 코퍼스 언어학은 실제 사용되는 다양한 언어자료 모음 즉 코퍼스를 활용하여 언어를 탐구하는 응용언어학(Applied Linguistics)의 한 분야로 종래의 직관 기반 언어학(introspection linguistics)보다는 관찰 기반 언어학(observation based linguistics)을 강조한다.

Corpora or corpuses (singular: corpus) are simply large collections or databases of language, incorporating stretches of discourse ranging from a few words to entire books (Schmitt, 2000, p. 68).

A corpus is a collection of texts, written or spoken, which is stored on a computer (O'Keeffe, McCarthy, Carter, 2007, p. 1).

코퍼스는 방대한 언어자료의 분석을 통하여 언어 사용의 일반성을 추구하며 양적, 질적 분석의 자료로 활용된다. 또한 최근의 사전은 코퍼스에 근거하여 만들어졌으며 사전에 제시된 다양한 정보는 코퍼스 언어학 발달의 결과라고 할 수 있다. 코퍼스를 통하여 어휘사용의 빈도, 연어현상 및 사용역, 다양한 의미, 쓰임새 등을 알 수 있기 때문이다.

초·중급 학습자가 코퍼스를 직접 활용하여 어휘를 학습하기는 쉽지 않지만 어휘에 관한 연구와 학습 어휘의 선정, 수준에 적합한 학습 자료의 제작, 특정한 목적을 위한 학습 자료의 제작에는 상당히 유용하다고 본다. 또한 코퍼스에서 유용한 자료를 추출하기 위해서는 콘코던스 프로그램(concordance program)이 활용되고 있다.

16.2.1. 코퍼스의 역사와 유형

최초의 전자 코퍼스(electronic corpus)는 1964년 미국 Brown University에서 개발한 *The Brown* 코퍼스이다. 이 코퍼스는 100만의 미국영어단어로 구성되었으며 각 장르가 균형 있게 배분되어 있는 전형적인 문자언어 코퍼스이다. 그러나 당시 미국에서는 교육 내용('what to teach')보다는 교육 방법('how to teach')에 보다 더 관심이 있었으므로 코퍼스를 통한 어휘연구나 빈도수를 통한 학습 어휘의 선정, 교재개발 등은 관심을 받지 못했다. 또한 LOB(Lancaster-Oslo/Bergen) 코퍼스는 Brown 코퍼스와 같은 규모이며 영국에서 출판된 자료를 바탕으로 1978년에 제작된 영국영어 코퍼스로 100만 단어로 구성되었으며 읽기중심접근법(reading approach)에 접목하여 수준별 읽기교재를 위한 어휘통제에 활용되었다. LOB 코퍼스는 Brown 코퍼스와 같이 문자언어에 한정되었으며 500개의 텍스트, 각 텍스트 당 2,000단어로 구성되었다.

1980년대에 이르러 컴퓨터의 스캔(scan) 기능이 발달함에 따라 대용량의 코퍼스가 가능해지게 되어 COBUILD Corpus(The Bank of English Corpus, Birmingham Corpus)[4], BNC(British National Corpus), CEC(Cambridge English Corpus)가 소개되었다. COBUILD 코퍼스는 현대 표준영어 중심으로 1980년부터 1997년까지 수집된 음성언어 25%, 문자언어 75%로 구성되었고 언어자료는 영국영어가 70%, 미국영어 20%, 기타 10%의 분포이다. 특히 언어에 대한 다양한 정보를 제시하고 있으며 COBUILD 영어사전(1987)의 토대가 되었고 최초로 상업화에 성공하였다. 또한 이 코퍼스는 현재 가장 규모가 큰 코퍼스로 음성언어와 문자언어 4.5억 이상의 어절을 포함하고 있다. BNC는 옥스퍼드 대학교, 롱맨 출판사, 랑카스 대학교 등이 공동으로 제작하였고 현재 가장 보편적으로 사용되고 있다. 이 코퍼스는 1991년부터 1995년까지 수집된 영국영어 1억 이상의 어절, 10%는 음성언어, 90%는 문자언어, 텍스트 4124개로 구성되어 있다.[5] 또한 CEC는 Cambridge 대학교에서 영어교재 제작의 참고자료로 10억 단어의 규모로 만들어진 것으로 5억 어절의 영국문자언어 텍스트, 1억8천 개어절의 영국음성언어 텍스트, 2억3천7백 개의 미국문자언어 테스트, 2천2백 개 어절의 미국음성언어 텍스트 및 영어학습자가 쓴 3천1백 개의 작문으로 구성되어 있다.

ICE(The International Corpus of English)는 영국, 뉴질랜드, 남아공, 인도, 필리핀, 홍콩, 싱가포르 등 영어권 및 영어통용사회에서 1990년 이후의 자료를 모은 코퍼스로 60%의 음성언어, 40%의 문자언어로 구성되었다. 또한 총 500개의 텍스트이며 각 텍스트 당 2,000개의 단어로 이루어졌다.[6]

코퍼스의 유형은 샘플 코퍼스와 모니터 코퍼스로 나눌 수 있는데 전자는 수집된 텍스트의 양이 고정되어 있는 것을 말하며 초기의 Brown 코퍼스가 여기에 해당된다. 후자는 이전의 데이터에 새로운 데이터를 계속 추가시키는 코퍼스 유

---

[4] COBUILD는 Collins - Birmingham International Language Database의 약자이다.
[5] BNC는 http://www.natcorp.ox.ac.uk 에서 내용을 볼 수 있다.
[6] ICE는 http://www.ucl.ac.uk/english-usage/ice/ 에서 내용을 볼 수 있다.

형으로 COBUILD 코퍼스를 예로 들 수 있다. 또한 코퍼스를 일반적인 코퍼스와 특정 목적 코퍼스로 분류할 수 있는데 후자는 특정 작가의 작품, 유아의 언어, 언어 학습자의 작문 데이터, 저널리즘, 과학 영어 등의 특정 분야에 대한 코퍼스를 말한다. 아울러 음성언어를 집중적으로 다룬 코퍼스로는 LLC(Londo-Lund Corpus)가 있는데 이 코퍼스는 1953년부터 1987까지의 영국영어의 음성언어 50만 단어를 대상으로 했으며 음성언어의 다양한 특성, 음성 및 음운 연구에서도 기여도가 크다. 또한 CANCODE(Cambridge and Nottingham Corpus of Discourse English)는 음성언어의 문법을 정립하기 위한 목적으로 1995년부터 2000년까지 수집된 영국영어 500만 단어로 구성되었으며 Cambridge 대학교에서 제작한 음성언어 코퍼스이다. 아울러 연구와 교육의 목적에 따라 필요한 코퍼스를 제작하여 활용할 수 있는데 예로 우리나라 고등학교 전체 교과서의 언어자료로 구성된 코퍼스를 들 수 있다.

현재 다양한 코퍼스가 언어 연구와 교육적 목적을 위하여 ICAME(International Computer Archive of Modern and Medieval English)라는 전자 코퍼스 보관 센터를 통하여 보급되고 있다.[7]

16.2.2. 코퍼스의 유용성

코퍼스는 어휘의 사용빈도, 연어, 사용역, 다양한 의미, 어휘의 쓰임새 등에 관한 정보를 제공하여 학습어휘의 선정 및 학습 순서 등에 대한 정보를 줌으로 영어 교육과 학습 자료 및 사전(dictionary)의 제작에 크게 기여하고 있다.

1) 어휘의 사용빈도에 관한 정보 파악

코퍼스를 통하여 특정 어휘의 사용빈도(frequency)를 일목요연하게 알파벳 순서에 따라 파악할 수 있다. 예로 BNC에 나타난 기본어의 구어 사용빈도 비율을 보면 다음과 같다.

---

[7] 현존하는 코퍼스의 목록들은 M. Barlow의 Corpus Linguistics Site(http://www.athel.com/corpus.html)에서 찾아볼 수 있다.

표 16-1 BNC 구어 빈도 비율

기본어 순위	빈도 누적 비율
1~100위	67.2%
1~500위	83.5%
1~1000위	89.0%
1~3000위	95.9%

위의 표에 의하면 100위 이내의 단어가 약 67%, 1,000위 이내의 단어가 약 89%를 차지하고 있음을 알 수 있다. 그러나 1,000개의 단어만 알면 일상적인 의사소통이 가능할 수 있다고 판단하기 보다는 기본적인 단어일수록 그 의미가 다의적이고 용법이 다양하다는 점에 주목할 필요가 있다. 사용빈도의 검색을 위해서는 Concapp, MonoConc, WordSmith Tools 등의 프로그램이 사용되고 있으며 이러한 검색을 기반으로 사전에 중요 어휘의 의미 기재 순서 및 정의제시 어휘(defining vocabulary)의 선정 및 수준별 교재 제작에 유용하게 활용할 수 있다.

내용어의 사용빈도에 대한 정보는 코퍼스 제작의 목적에 따라 다소 다르며 (Milton & Hales, 1997 참고), 구어와 문어에 따라서도 상이하다. 예를 들면 'however'는 일상적인 회화보다는 신문기사 등에서 더 많이 사용됨을 코퍼스를 통하여 확인할 수 있다.

2) 어휘의 다양한 의미 파악

코퍼스를 통하여 특정한 어휘의 다양한 의미, 특히 동의어의 쓰임새를 알 수 있다. 예를 들면 'way'는 다음과 같은 다양한 의미로 사용되고 있음을 코퍼스를 통하여 파악할 수 있다(Willis, 1990 참고).

예 (a) It's a useful *way* of raising revenue. (methods or means)
    (b) The cheapest *way* is to hire a van. (methods or means)
    (c) He smiles in a superior *way*. (manner, style, behaviour)
    (d) Play soccer in Jack Charlton's *way*. (manner, style, behaviour)
    (e) She's very kind and sweet in lots of *ways*. (degree, extent, respect)

(f) In no *way* am I a politically effective person. (degree, extent, respect)

(g) Get out of the *way*. (location, movement, direction, space)

(h) A man asked me the *way* to Paul's. (location, movement, direction, space)

3) 어휘의 연어 및 쓰임새에 관한 정보 제시

코퍼스를 통하여 음성언어와 문자언어의 연어(collocation)와 사용역(register)에 관한 정보도 알 수 있다. 또한 어휘의 쓰임새를 알 수 있는데 예를 들면 'way'는 다음과 같은 구조로 사용되어진다는 것을 코퍼스를 통하여 그 예와 함께 알 수 있다.[8]

예) way + of + {-ing}   a useful *way of* raising revenue
                          the different *ways of* cooking fish

이러한 정보는 의사소통능력의 신장에 상당히 유용하며 교과서 및 기타 보조 자료의 제작에 참고할 수 있다.

4) 자기 주도적 학습 및 언어연구에 활용

코퍼스는 영어 모국어 화자와의 직접 접촉이 없이도 실제 자료(authentic data)를 접할 수 있게 해 주고 다양한 실제적인 용례를 제공해 줌으로 자료 기반 학습(data-driven learning)과 자기 주도적 학습(self-discovery learning)을 할 수 있게 해 준다.[9] 다시 말하면 코퍼스의 자료를 통하여 어휘를 학습자기 스스로 탐색하고 언어패턴과 용례를 발견할 수 있다.

또한 코퍼스를 통하여 어휘에 관한 다양한 연구를 할 수 있으며 언어교육을 위한 자료의 제작에 참고할 수 있다. 예를 들면 사용빈도의 조사를 통한 학습 중점 어휘의 선정 및 용례 자료 조사 등에 활용이 된다.

---

[8] 어휘의 쓰임새에 관한 자료는 www.just-the-word.com에서 검색해 볼 수 있다.
[9] 자료기반학습을 위한 코퍼스로 COCA(Corpus of Comtemporary American English)를 활용할 수 있는데 이 코퍼스는 Mark Davies(2008)가 제작하였으며 약 4억 5천만 개의 어휘로 구성되어 있고 무료로 www.americancorpus.org에서 사용할 수 있다.

5) 사전 제작에 활용

코퍼스는 사전 제작에 활용된다. 예를 들면 *Cambridge International Dictionary of English, the Collins COBUILD English Dictionary, the Longman Dictionary of Contemporary English, the Oxford Learner's Dictionary* 등의 사전은 코퍼스에 근거하여 만들어 졌다.

코퍼스에 토대를 두고 제작한 사전의 장점은 실제 언어생활에 사용되는 예문이 제시되어 언어현실을 보다 더 잘 반영하고 있다는 점이다. 다시 말하면 규범문법(prescriptive grammar)의 제시가 아니라 기술문법(descriptive grammar)에 근거하여 사전을 제작했다는 것이다.

16.2.3. 코퍼스의 활용

코퍼스를 기반으로 한 어휘의 학습과 지도 (corpus-based vocabulary learning and teaching)는 1990년대 초반까지 오프라인(off-line)으로 유용한 표현 찾기, 사전의 예문 제시, 수준별 교재 개발, 학습내용 선정에 활용되었다(Behind-the-Scenes approach). 그러나 그 후부터는 코퍼스를 온라인(on-line)으로 직접 연결하여 문항을 현장에서 제작하게 하거나 데이터를 통한 발견식 학습 (on stage approach)과 데이터 기반 학습(data-driven learning)에 까지 그 영역이 확대되어 왔다 (Nation, 2006 참고).

코퍼스를 활용하기 위해서는 우선 목적에 합당한 코퍼스를 선택해야 한다. 코퍼스에 따라 집적된 언어자료가 다르기 때문이다. 예로 'nice'는 문자언어에서는 사용빈도가 낮지만 음성언어에서는 높으므로 이 단어에 대해서 알아보기 위해서는 음성언어 코퍼스가 더 적절하다고 할 수 있다. 또한 코퍼스 데이터는 양이 많아 학습자에게 혼란을 줄 수 있으므로 필요한 정보만을 절제 있게 활용할 필요가 있다.

어휘의 학습과 연구를 위하여 주로 콘코던스(concordance)가 활용되는데 콘코던스란 주어진 코퍼스 내에서 특정한 어휘 사용의 실례를 모두 찾아 일렬로 정리하여 제시해주는 용례 모음을 말한다.

Concordancing is a core tool in corpus linguistics and it simply means using corpus software to find every occurrence of a particular word or phrase (O'Keeffe, McCarthy, Carter, 2007, p. 8).

콘코던스에서는 수 초 이내에 검색어의 모든 예를 찾을 수 있으며 검색어 혹은 어구는 콘코던스 중간에 위치하고 이를 노드(node)라고 한다.

콘코던스 샘플 검색을 위하여 일반적으로 사용하는 대표적인 프로그램은 AntConc와 WordSmith이다.[10] 이 중에 WordSmith 6.0 콘코던스의 조작법을 살펴보면 다음과 같다. 우선 <그림 16-1>과 같은 콘트롤러(controller)의 콘코드(concord) 버튼을 누르면 <그림 16-2>과 같이 콘코드 창이 열린다.

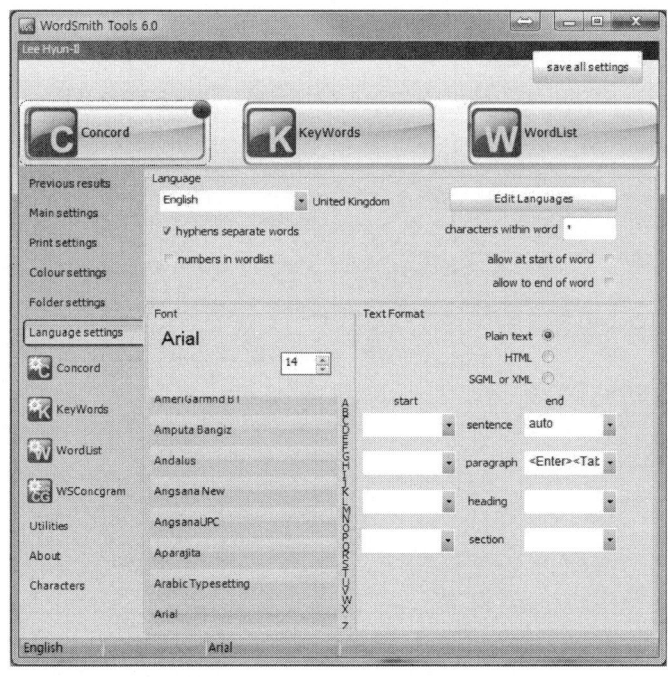

〈그림 16-1〉 WordSmith 6.0의 콘트롤러

---

[10] AntConc 프로그램(http://www.antlab.sci.waseda.acjp/software/antconc3.2.1w.exe)은 L. Anthony 가 개발하였으며 전 세계 대부분의 언어자료를 분석하는 것이 가능하고 무료이기 때문에 누구나 사용이 가능하다.

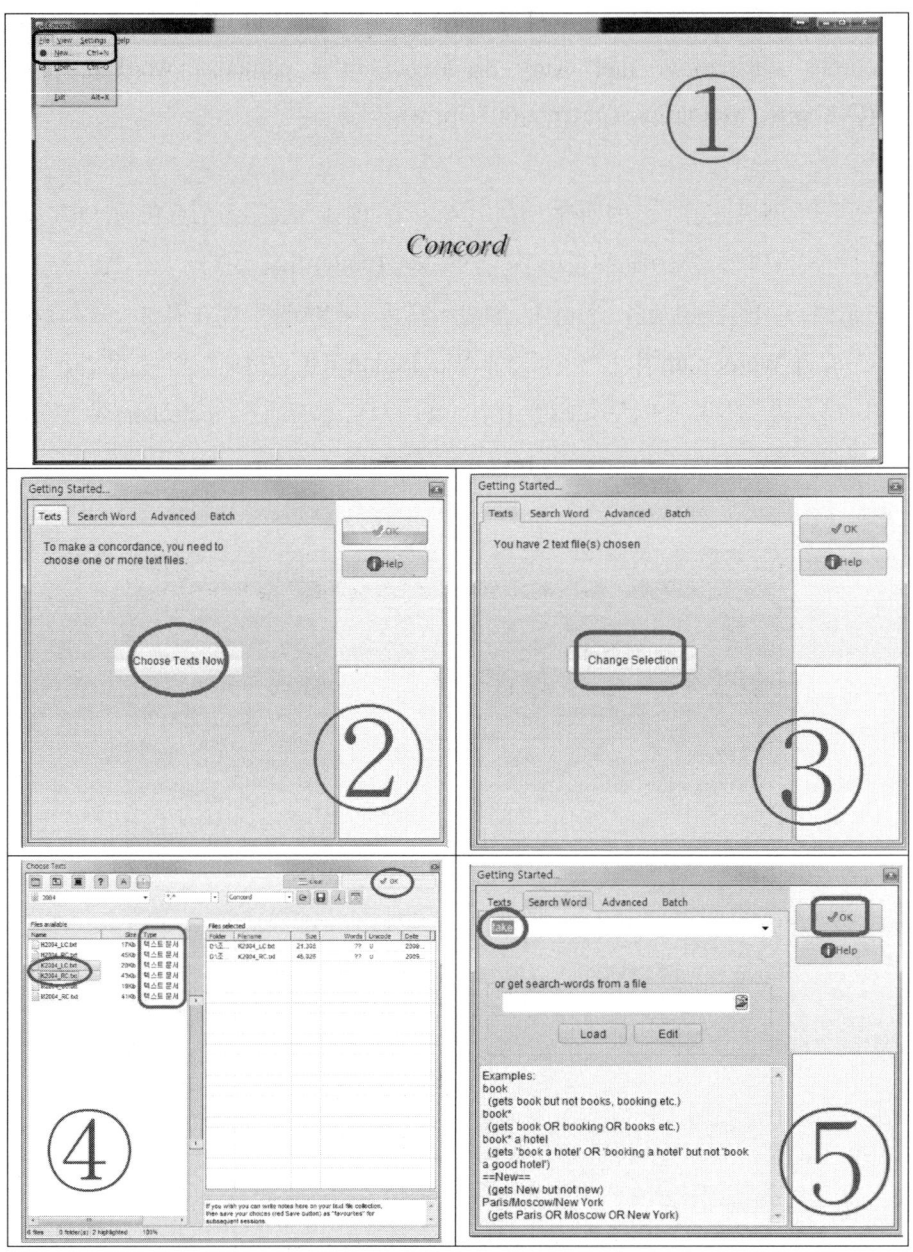

〈그림 16-2〉 콘코드 창

콘코드 창이 열린 후 <그림 16-2>의 왼쪽 상단 ①부분에 있는 파일(file) 메뉴 중 뉴우(new)를 눌러 검색할 새로운 데이터를 지정하고 ②부분에 있는 'Choose Text Now' 버튼을 누르면 ④와 같은 창이 열리는데 여기서 미리 준비해 놓은 데이터를 선택하면 된다.

콘코던스에서 데이터를 구축하기 위해서는 <그림 16-2>의 ④에서와 같이 사용하려는 데이터는 반드시 텍스트 파일 형식으로 저장되어 있어야만 한다. 데이터가 선택이 되면 'Getting Started' 창이 열리며 여기서 원하는 단어 또는 문구나 문장을 검색할 수 있다. 한 번 이상 데이터를 활용한 적이 있다면 ③과 같은 창이 열리며 이 때 이전에 사용했던 데이터를 그대로 사용할 수도 있고 새로운 데이터를 불러올 수도 있다.

콘코던스를 활용하여 어휘에 관해 탐구할 수 있는 내용을 보면 다음과 같다.

(1) 다의어의 의미별 사용빈도 알아보기

콘코던스를 활용하여 다의어의 의미별 사용빈도를 알아볼 수 있다. 김영미와 서진희(2006, p. 149)에 의하면 'reservation'의 의미는 KHSEC(Korean High School English Corpus)에서는 '예약'으로만 3회, BNC sampler에서는 '의심' 12회, '예약' 4회, '보호구역' 4회, ICE-Singapore에서는 '의심' 1회, '예약' 12회로 나타나 있다.[11] 이러한 분석을 통하여 특정한 교재 혹은 교과서에서 다의어의 의미별 사용빈도를 알아내어 학습에 참고할 수 있다.

(2) 텍스트 내에서 사용된 특정한 어휘의 빈도 알아보기

콘코던스를 활용하여 텍스트 내에서 사용된 특정한 어휘의 빈도를 알아볼 수 있다. 예로 다음 그림은 2004학년도 대학수학능력시험(수능시험)의 외국어(영어) 영역에서 'take'를 검색한 결과이다.

---

[11] KHSEC는 우리나라 고등학교 1학년 영어교과서 12종에 있는 약 10만 단어로 구성된 코퍼스이다 (김영미, 서진희, 2006 참고).

```
1    by the river. Or, we could take some clothes to a
2    rock-climbing. How long will it take from here? We'll go
3    have one choice. Okay, I'll take that package, then. Hi,
4    four. That sounds good. I'll take them. Do you have
5    the price a little? Sure. I'll take 10% off the total price if
6    about picking up some take-out. Thanks, honey, but
7    the density of the data we take in. It is the technology
8    screen. A volunteer will take your call. Thank you for
9    500 meters, or so, and it will take about an hour. Then we'll
```

〈그림 16-3〉 2004학년도 수능시험에서 *take* 의 검색 결과

또한 아래의 <그림 16-4>는 2013학년도 대학수학능력 시험 외국어(영어) 영역의 A/B형에서 'take'를 검색한 결과이다.

```
1    unnecessary, as farmers take over responsibility for
2    class is $200. Then I'll take economy class tickets
3    to carry. That's great. I'll take it. Do you have a
4    available options. Let's take the example of going
5    ticket agent and offered to take a later flight, if it
6    When are you going to take the test? Tomorrow.
7    When are you going to take the test? Tomorrow.
8    we must not let the virtual take us away from the real
9    to tell how long it will take the sea to deliver its
10   this case, life events) will take you. When you're at
11   our kids' theater. Can you take a look at it? Sure, let
12   driver's license. I'll let you take the midterm a second
13   our kids' theater. Can you take a look at it? Sure, let
14   driver's license. I'll let you take the midterm a second
```

〈그림 16-4〉 2013학년도 수능시험에서 *take*의 검색 결과

위의 두 그림 <16-3>과 <16-4>를 보면 2004학년도 대학수학능력 시험에서 'take'가 쓰인 문장은 총 9개이고, 2013학년도에는 14개의 문장에서 사용되었음을 알 수 있어 두 시험에서 'take'의 사용빈도와 비중을 비교해 볼 수 있다. 또한 이

단어와 연어를 이루거나 함께 사용된 주변 단어들도 확인할 수 있다.

(3) 특정한 어휘가 들어 갈 자리를 빈칸으로 하고 빈칸 채우기

콘코던스 기능 중 가리기(blanking) 기능을 사용하면 해당 어휘가 사라진 상태로 출력되며 이를 엑셀이나 메모장을 통해 출력하여 빈칸 채우기 등의 자료로 활용할 수 있다. 이러한 활동을 통하여 어휘의 회상(recall)과 표현능력을 신장시킬 수 있다.

예로 아래의 그림 <16-5>는 2004학년도 대학수학능력시험과 모의고사, 학력평가시험에서 'take'를 검색한 결과이고 <그림 16-6>은 동일한 자료에서 가리기(blanking) 기능을 사용하여 해당 어휘가 사라진 상태로 출력한 것이다.

```
1   to pick Daniel up from school and take him to the dentist? I'm afraid
2   I'm sorry to hear that. I'm afraid I can't take it. What are neighbors for? Who
3        down by the river. Or, we could take some clothes to a shelter. I have
4   , prices are rising these days. Can I take 11 for 10,000 won? O.K. But
5   ago. I haven't, either. Don't worry. I'll take good care of your family. Thank
6    some rock-climbing. How long will it take from here? We'll go about an hour
7   lights. Don't get too excited yet! Let's take it a step at a time. But you've got
8   you buy all four. That sounds good. I'll take them. Do you have change for a
9    you only have one choice. Okay, I'll take that package, then. Hi, Andrew.
10  you lower the price a little? Sure. I'll take 10% off the total price if you buy
11  being. I understand. Yes, he should take it easy for a while. Don't worry.
12  so I'm thinking about picking up some take-out. Thanks, honey, but don't
13  to be healthier and live longer? Then take some lessons from the Chinese.
14   can I do for you? Are you going to take a trip? Yes, I have to go to New
15  wear them, they hurt. So you want to take them off the minute you put them
16  track. Don't move and try to pick it up. Take it easy and please sit down. Go
17       is not the density of the data we take in. It is the technology that does
18  it easy for a while. Don't worry. We'll take good care of him. I'm sure your
19  your television screen. A volunteer will take your call. Thank you for your
20   . The man's 100 meter dash will take place in a few minutes. After that,
21  will climb 500 meters, or so, and it will take about an hour. Then we'll be on
```

〈그림 16-5〉 2004학년도 수능시험, 모의시험, 학력평가시험의 *take* 의 검색 결과

1 to pick Daniel up from school and	him to the dentist? I'm afraid
2 I'm sorry to hear that. I'm afraid I can't	it. What are neighbors for? Who
3 down by the river. Or, we could	some clothes to a shelter. I have
4 , prices are rising these days. Can I	11 for 10,000 won? O.K. But don't
5 ago. I haven't, either. Don't worry. I'll	good care of your family. Thank you
6 some rock-climbing. How long will it	from here? We'll go about an hour.
7 lights. Don't get too excited yet! Let's	it a step at a time. But you've got to
8 you buy all four. That sounds good. I'll	them. Do you have change for a
9 you only have one choice. Okay, I'll	that package, then. Hi, Andrew. How
10 you lower the price a little? Sure. I'll	10% off the total price if you buy all
11 being. I understand. Yes, he should	it easy for a while. Don't worry.
12 so I'm thinking about picking up some	-out. Thanks, honey, but don't worry.
13 to be healthier and live longer? Then	some lessons from the Chinese.
14 can I do for you? Are you going to	a trip? Yes, I have to go to New
15 wear them, they hurt. So you want to	them off the minute you put them on
16 track. Don't move and try to pick it up.	it easy and please sit down. Go
17 is not the density of the data we	in. It is the technology that does the
18 it easy for a while. Don't worry. We'll	good care of him. I'm sure your son
19 your television screen. A volunteer will	your call. Thank you for your
20 . The man's 100 meter dash will	place in a few minutes. After that,
21 will climb 500 meters, or so, and it will	about an hour. Then we'll be on the

〈그림 16-6〉 가리기(blanking) 기능 활용 *take*부분의 삭제 그림

(4) 특정한 단어의 품사별 사용빈도 파악

콘코던스를 통하여 특정한 단어의 품사별 사용빈도 파악할 수 있다. 예로 'cook'가 동사 혹은 명사로 사용되는 예와 각 품사의 빈도를 찾아볼 수 있다. 아래의 <그림 16-7>은 2004학년도부터 2006학년도까지 대학수학능력 시험 외국어(영어) 영역에서 WordSmith 6.0을 이용하여 'cook'을 검색한 결과이다. 이를 통하여 단어 'cook' 총 8번이 사용되었으며, 표시된 해당 단어의 품사를 문장에서 확인해 보면 동사로 사용되는 경우나 명사로 사용되는 경우를 비교할 수 있다.

1 their tents, build the fire, and	cook dinner before it got dark.
2 was both the waitress and the	cook took care of three big pots.
3 should be set to medium-high to	cook meat properly in the
4 it takes more microwave time to	cook lamb ribs than pork chops.
5 for me. I've arranged for you to	cook for your aunt. You'll get
6 The above chart shows how to	cook meat using a microwave
7 microwave time, it continues to	cook by itself during the standing
8 . You should let chicken wings	cook longer than beef steak. The

〈그림 16-7〉 2004, 2005, 2006 학년도 수능시험의 *cook*의 검색 결과

이 이외에도 콘코던스를 통하여 연어(collocation)를 확인하고 학습할 수 있는데 예를 들면 특정한 명사를 제시해 주고 어울려 쓰일 수 있는 동사를, 혹은 특정한 동사를 주고 연어가 되는 명사를 찾을 수 있다. 또한 검색어의 앞뒤에 나타나는 어휘-문법적(lexico- grammatical) 관계를 알아 볼 수 있다.

코퍼스 제작과 활용은 점점 더 다양화되고 활성화되고 있어 영어의 학습과 지도 및 연구에 많은 보탬이 되고 있다.

제17장
영어어휘능력의 평가

제 17 장에서는 외국어 능력 평가의 역사와 원리 및 영어 어휘 능력의 평가 방향과 유형을 다루어 어휘의 학습에 관한 논의에 시사점을 찾고자 한다.

17.1. 외국어능력 평가의 역사

외국어능력의 평가는 언어의 세부 요소를 나누어 측정하는 분리평가에서 언어능력이 상호 연관되었다고 보고 언어능력을 통합적으로 평가하는 방향으로 변천해 왔다. 이러한 변화를 다음과 같은 세 시대로 나누어 논의하면 다음과 같다 (Spolsky, 1978 참고).

1) 과학 이전 시대

과학 이전 시대(prescientific period)는 1950년대 전반 이전을 말하며 이 시기에는 대체적으로 전통적인 문법·번역중심 교수법과 독서중심교수법에 근거하여 외국어 학습이 이루어 졌다. 평가 문항은 교사가 직접 제작했으며 주로 언어에 관한 지식과 번역 능력에 대해서 평가가 이루어졌다. 또한 체계적인 연구가 미흡하여 평가에 직관적이고 주관적인 경향이 있어 왔다.

2) 구조주의 시대

구조주의 시대(psychometric-structuralist period)는 1950년대 전반부터 1960년대

후반까지를 말하며 구조주의 언어학, 행동주의 심리학, 대조분석(contrastive analysis)등의 영향으로 언어교육에 분석적인 방법이 사용되었다. 또한 평가는 분리평가(discrete-point testing)기법이 사용되었는데 이러한 방법은 언어의 구성 요소들 즉 개별 음, 특정 문법요소, 어휘요소 등을 분리하여 평가하는 것이다. 분리평가는 주로 객관식 평가이며 문장단위나 문장 이하 단위를 평가하여 통계적으로 처리하였다. 그 결과로 외국어/제2언어 학습의 성공 여부를 예측하는 언어 적성검사가 생기게 되었다.

분리평가는 어휘력, 언어 구조, 발음 등의 세분화된 기초언어능력을 측정하는 신속한 진단(diagnostic)평가이고 능률적이고 객관적인 평가가 가능한 장점이 있다. 그러나 평가를 위해 인위적인 상황이 조작될 가능성이 많고 전반적인 의사소통능력의 측정에는 한계가 있다.

3) 통합·사회학적 시대

통합·사회학적 시대(integrative-sociolinguistic period)는 1960년대 후반부터 현재까지 해당되며 언어 기능을 통합하여 측정하는 통합평가(integrative test)가 선호된다. 이 시기에 와서는 의사소통행위를 언어의 구성 요소들을 결합시킨 것이 아닌 통합된 전체로 인식하고, 언어에 관한 분석적인 지식보다는 종합적인 의사소통능력을 측정하게 되었다.

> . . . the whole of the communicative event is considerably greater than the sum of its linguistic elements (Clark, 1983, p. 432).

예를 들면 규칙빈칸채우기(cloze test), 받아쓰기(dictation), 읽고 쓰기, 읽고 말하기, 읽고 듣기, 듣고 쓰기 등이 통합평가에 해당된다. 특히 규칙 빈칸 채우기는 문법, 어휘, 전체 글의 의미파악을 동시에 종합적으로 측정할 수 있는 기법이다. 또한 Oller(1979)는 분리평가에 반대하고 언어구사력을 단일한 개념으로 보는 단일능력가설(unitary competence hypothesis, UCH)을 제시한 바 있으나 최근 언어평가는 문어든 구어든 언어구사력을 단일요인(a single factor)보다는 언어의 세부

능력이 서로 연관되어 구성되는 다요인적인(multi-componential) 성격으로 파악하는 경향이다.

17.2. 외국어능력 평가의 원리

효과적으로 평가에 대비하기 위해서는 사전에 준비하고 평가의 결과가 추후 학습에 긍정적인 영향을 줄 수 있게 해야 한다. 또한 평가문항은 타당성, 실용성, 신뢰성, 신빙성 등이 있어야 하며 학습자에게 흥미 있는 내용이 바람직하다. 효과적인 외국어 평가의 원리를 정리하면 다음과 같다.

1) 사전 준비
사전에 평가에 대비하여 준비를 할 수 있게 다음과 같은 사항에 대하여 시험 전에 알아두는 것이 바람직하다.

  (a) 시험의 전반적인 체제
  (b) 문항의 형태에 관한 정보
  (c) 문항의 해결을 연습할 기회를 제공
  (d) 학습한 자료의 복습
  (e) 평가 준비전략
  (f) 평가 중 사용전략
  (g) 평가 종료 후의 점검

2) 신뢰도
신뢰도는 평가결과의 안정성을 말하는 것으로 평가 신뢰도(test reliability)와 채점자 신뢰도(scorer or rater reliability)로 나눌 수 있다. 평가 신뢰도는 시험 간의 시간 간격, 평가문항의 길이, 난이도, 배당시간, 평가형식의 변화에 따른 시험결과의 안정성을 의미한다. 다시 말하면 동일한 대상에 대해 동일한 조건하에서 재평가를 해도 그 결과가 동일한지의 여부를 말한다. 채점자 신뢰도는 동일한 시험에 대한 다른 채점자 간에 채점 상 일관성의 정도이다.

3) 귀환효과

평가가 학습에 주는 영향을 귀환효과(washback effect)라고 하며 평가는 긍정적인 귀환효과를 주도록 제작하여 실시되어야 한다. 다시 말하면 교수·학습과 평가는 상호 관련성이 높으므로 평가 자체의 목적보다는 평가를 통한 학습 효과에 더 많은 관심을 두어야 한다.

4) 반성적 평가

반성적 평가(reflective evaluation)란 평가의 결과 분석을 통해 학습방법에 대해 진단하고 반성적으로 성찰하여 추후 지도와 학습에 참고할 수 있는 평가를 말한다.

5) 의사소통적 평가

언어평가는 평가 자체가 의사소통적이고 학습자의 의사소통능력의 평가에 우선적인 목적을 두어야한다. 학습자의 의사소통능력을 효과적으로 측정할 수 있는 방안을 제시하면 다음과 같다 (Bachman, 1991, p. 678 참고).

(a) 정보의 공백(information gap)을 만들고 채우게 한다.
(b) 과제(task)를 주고 해결하게 한다.
(c) 주어진 담화영역 내에서 내용과 평가 과제를 통합한다.
(d) 포괄적인 범위의 언어구사력을 측정한다.

6) 목표어를 통한 평가

외국어 평가에서 평가를 위한 질문을 목표어로 제시하고 학습자가 목표어로 답하게 하는 방법이 바람직하다.

독해력 평가에서는 질문의 언어적 난이도가 지문의 수준 보다 쉬워야한다. 또한 학습자가 모국어로 답할 수 있게 하면 지문을 더 자세히 검토할 수 있는 장점

도 있으므로 이 사항에 대해서는 학습자의 수준을 고려하여 판단해야 한다.[1]

7) 효과적인 문항 제작

시험문항은 타당도 및 실용도, 진정성, 문항 변별도가 높아야 한다.

(1) 타당도

타당도(validity)는 측정하고자 하는 내용을 실제로 측정할 수 있는 정도를 말하며 내용타당도, 외관적 타당도, 구인 타당도로 분류할 수 있다.

(가) 내용 타당도

내용 타당도(content validity)는 학습된 내용과 측정하려는 내용의 일치 여부를 의미한다. 평가는 특정 기능이나 특정 학습 내용의 이해를 측정하는 것이 목적이므로 그 평가는 측정 대상 기능 혹은 내용의 면밀한 분석에 토대를 두어야 하고 평가문항은 측정 대상의 요소를 타당하게 대표하는 것이라야 한다. 다시 말하면 평가내용이 학습된 내용이나 측정 분야의 내용에 근거를 두어야 한다. 예를 들면 독해력 평가에서는 실제로 학습자의 독해 능력이 평가되어야 하는데 문법이나 단순한 어휘 암기의 평가가 되면 그 평가는 내용타당도가 낮다고 할 수 있다. 전반적인 독해능력을 타당하게 평가하기 위해서는 학습된 내용 중에서 다음과 같은 요소들을 측정할 수 있어야 한다.

(a) 특정한 사항을 찾아내는 능력
(b) 글쓴이의 관점(point of view)을 파악하는 능력
(c) 적절한 제한시간 내에 문제에 답할 수 있는 능력
(d) 생소한 어휘를 문맥을 보고 추론할 수 있는 능력
(e) 본문의 문장 또는 문단 사이의 관련성을 파악하는 능력

---

[1] 모국어로 답하게 하는 방법의 장점에 관해 Nuttall(1996)은 다음과 같이 논하고 있다.
It is quite possible that students who are permitted to use their L1 in responding will explore the text more accurately and thoroughly than those who are restricted to target language responses(p. 187).

(f) 주장이나 토론의 추이를 파악하는 능력
(g) 연결사(connective)의 의미 이해를 통해 논리전개방향을 파악하는 능력
(h) 글쓴이의 견해를 평가하고 자신의 입장을 피력하는 능력

(나) 외관적 타당도

외관적 타당도(안면 타당도, face validity)는 수험자, 시험관, 교사에게 평가문항이 어떻게 보이며 평가할 내용을 제대로 측정할 수 있다고 판단되는지 여부를 말하는데 평가가 외관상 적절하지 못하면 학습자의 동기를 유발하기가 어렵다.

(다) 구인 타당도

구인 타당도(construct validity)는 측정하려는 내용이 그 이론적 배경을 정확히 반영하는 정도를 말한다. 다시 말하면 평가가 언어능력이론에서 제시되는 기저능력을 측정하여 보여 줄 수 있다면 구인 타당도가 있다고 할 수 있다. 여기서 기저능력을 구인(construct)이라고 하며 언어숙달도, 의사소통능력, 자부심(self-esteem) 등이 모두 하나의 구인이라고 볼 수 있다.

(2) 실용도

실용도(practicality)는 평가 문항 제작의 경제성, 평가관리와 채점의 용이성을 말한다. 또한 채점 결과의 산출과 그 결과의 해석, 평가의 신뢰성과 타당성에 관한 정보 수집·판단의 신속성 정도도 이 개념에 속한다.

(3) 진정성

진정성(authenticity)은 평가에 사용된 언어가 자연스럽고 사회에서 쓰이는 그대로의 언어인지 여부를 의미한다.

(4) 문항 변별도

문항 변별도(item discrimination)는 평가 문항들이 피험자 간의 능력의 차이를 적절하게 구분해 줄 수 있는지 여부를 말한다. 이 변별도는 평가의 목적에 따라

달라지는데 TOEFL, TOEIC 등의 언어숙달도 평가에서는 피험자의 능력을 명확하게 구분하는 것이 필요하므로 변별도가 높아야 한다.

17.3. 영어어휘 평가의 방향

어휘에 대한 다양한 능력을 종합적으로 평가할 수 있는 이상적인 방법을 모색하기는 쉽지 않지만 바람직한 어휘 평가의 방향을 논의하면 다음과 같다.

(1) 어휘평가는 어휘지식 중의 어떠한 분야를 평가하는지가 분명해야 한다. 다시 말하면 평가의 목적이 어휘의 구성, 어휘의 의미이해, 어휘사용능력, 어휘문법 등의 분야 중에 어느 면에 초점이 있는지가 분명해야 한다. 특히 평가의 목적이 어휘표현(productive) 능력의 평가인지, 이해(receptive)능력의 평가 인지가 확실해야 바람직하다.

(2) 어휘의 평가는 내용어(content word) 중심으로 폭(단어의 량, breath)과 깊이(쓰임새, depth), 사용능력(fluency)에 대한 능력을 종합적으로 다루어야 한다. 경우에 따라 기능어(function word)의 평가도 필요하지만 기능어는 그 수가 제한되어 있고 자체의 의사전달기능이 약하므로 내용어보다는 중요도가 약하다.

(3) 어휘평가는 문맥 속에서 이루어지는 것이 바람직하며 최근의 의사소통중심 교수법에서는 이러한 어휘 평가를 이상적으로 보고 있다. 다시 말하면 어휘가 가지고 있는 다양한 의미 중에서 문맥 속에서 적합한 의미가 정해지므로 문맥에 포함하여(context-embedded) 실행되는 평가가 효과적이다. 특히 어휘의 비유적(figurative) 의미는 문맥에 포함시켜 평가해야 한다. 예로 'tiger'는 '호랑이'라는 지시적 의미이외에 'a person who is aggressive in his or her actions', 'ride the tiger'는 'to live in a very uncertain or dangerous way' 등의 비유적 의미를 나타내는 데 이러한 의미의 이해를 점검하기 위해서는 문맥 속에서 평가가 이루어져야 한다.

(4) 어휘능력는 다른 언어기능과 통합되어 평가되는 것이 보다 더 타당하다. 초급단계에서는 전신반응기법(TPR), 그림이나 사진, 실물 등의 다양한 매체를 이

용하여 어휘능력 만을 평가할 수도 있으나 초급 이후 단계부터는 통합적인 평가가 효과적이다.

(5) 어휘평가는 긍정적인 귀환효과(washback effect)를 높이는 평가가 바람직하다. 다시 말하면 어휘평가가 학습자의 어휘력신장과 실제 어휘사용에 도움을 주는 방향으로 이루어져야 한다.

17.4. 영어어휘 평가의 유형

어휘 평가에는 평가목적, 평가분야, 문맥포함여부, 문항의 형태 등에 따라 다양한 유형이 있다. 어휘의 양을 측정하기 위해서는 어휘의 사용빈도별로 1,000단어, 2,000단어, 4,000단어, 10,000단어 혹은 일반적인 단어와 전문적 영어어휘로 나누어 평가하는 방법이 있다. 또한 학습자가 이해하는 어휘를 표시(check)하게 하는 평가방법(checklist test)도 활용될 수 있다.

전반적인 언어능력평가와의 통합 여부에 초점을 맞추어 어휘력 분리 평가와 통합 평가로 유형을 구분할 수도 있다. 분리평가(discrete-point test)는 어휘만을 분리하여 평가하는 유형을 말하며 이 방법은 일반적으로 어휘지식의 폭을 평가하게 된다. 분리 평가에서는 객관식 형태의 평가 방식이 선호되어 왔다 (Thornbury, 2002). 통합 평가(integrative test)는 포괄적인 언어 능력 측정의 일부로 어휘력을 측정함으로 전체적인 평가 결과에 어휘력도 포함되게 하는 방식이다. 이러한 통합평가는 어휘를 문맥에 통합하여 평가하며 문맥적 정보의 이해 혹은 어휘 활용 능력을 측정한다. 이 평가의 예로 규칙 빈칸 채우기(cloze test)를 들 수 있다.

아울러 문항의 형태에 따라 선택형, 기술형, 도표나 그림의 활용형, 어휘목록 활용, 사전 활용, 빈칸 채우기 등으로 나눌 수 있다. 여기서는 평가목적과 평가분야에 따라 다음과 같이 분류하여 논의하고자 한다.

(1) 평가목적에 따른 분류
　① 진단평가

② 성취도평가
　　③ 숙달도 평가
　(2) 어휘평가분야에 따른 분류
　　① 철자평가
　　② 의미이해평가
　　③ 어휘 쓰임새 평가
　　④ 어휘표현 평가
　　⑤ 통합적 평가

17.4.1. 평가 목적에 따른 어휘평가 유형

어휘평가는 의사소통능력의 진단 및 숙달도, 성취도 평가의 중요한 일부분이며 이러한 목적에 따라 유형을 분류하면 다음과 같다.

(1) 진단 평가

　진단 평가(diagnostic test)는 언어의 특정한 면에 대한 평가로 학습자의 강점과 약점을 판별해줄 수 있어 교수 활동에 필요한 정보를 얻을 수 있다. 이 유형은 학습자의 전반적인 어휘능력과 어휘의 수용적 지식, 표현적 지식을 진단하여 학습과 지도에 대한 정보를 얻을 수 있다.

(2) 숙달도 평가

　숙달도 평가(proficiency test)는 학습한 내용의 범위에 국한하지 않고 절대적인 기준에 근거하여 학습자의 언어능력을 평가하는 것으로 **TOEFL(Test of English as a Foreign Language)**나 **TOEIC(Test of English for International Communication)**과 같은 표준화 검사가 여기에 해당된다. 이 유형의 평가에서는 평가 대상 어휘는 한정되어 있지 않고 주로 사용능력의 평가에 초점이 있다. 예로 **Read(2004)**가 개발한 Vocabulary Associates Test를 들 수 있다. 이 평가방법은 다음의 예에서와 같이 8개의 단어들 중에서 의미에 연관성이 있거나 연어를 이룰 수 있는 4개의 단어를 선택하게 하는 것이다.

예) sound   a. logical   b. healthy   c. bold   d. solid
          e. snow   f. temperature   g. sleep   h. dance

이러한 평가는 독해능력과 상관관계가 높다고 인정되고 있다.

(3) 성취도 평가

성취도 평가(학력평가, achievement test)는 일정한 기간 내에 학습한 어휘들만을 대상으로 실시하는 평가로 특정한 단원이나 과정의 학습이 진행되는 중에 실시하는 형성평가(formative test)와 한 단원의 학습이 끝난 후에 실시하는 총괄평가(summative test)가 있다.

17.4.2. 평가 분야에 따른 어휘평가 유형

어휘의 평가 분야에 따라 철자, 의미이해, 쓰임새, 표현능력을 평가하는 유형 및 통합적 평가로 나눌 수 있다.

1) 철자 평가 유형

철자평가는 철자의 숙지 여부를 평가하는 평가유형을 말하며 철자 바르게 하기를 예로 들 수 있다.

예) 다음 뒤섞인(scrambled) 철자를 바르게 하십시오.

anekl (ankle)	harte (heart)	feroeahd (forehead)
thoum (mouth)	thwirawd (withdraw)	

영어어휘는 발음과 철자가 일치하지 않는 경우가 많으므로 철자를 발음과 연계된 평가 문항을 개발할 필요가 있다.

2) 의미 이해 평가 유형

의미이해평가는 어휘의 의미 이해 여부를 테스트하는 유형으로, 특정한 어휘의 의미 선택하기, 어휘 관계의 이해, 동의어와 반의어 평가, 번역하기, 사전활용, 어휘목록 만들기 등의 유형이 있다. 이러한 평가유형은 이해능력의 테스트는 가능하지만 표현능력에 대한 평가에는 한계가 있다. 또한 선택형으로 할 경우에는 우연히 정답을 맞힐 확률(chance factor)이 있는 것이 문제점이다.

(1) 특정한 어휘의 의미 선택하기

특정한 어휘의 의미를 선택하는 평가유형은 다음의 예 (a)와 (b)보다는 최소한의 문맥이 있는 (c)와 (d) 같은 유형이 더 효과적인 문항이다. 문맥을 통하여 해당 어휘의 의미를 유추할 수 있기 때문이다.

예 다음문장에서 이탤릭체로 된 어휘의 의미를 선택하십시오.
- (a) *chronic* means ⓐ lasting for a long time   ⓑ effective and harmless
  ⓒ to greatly decrease   ⓓ dissatisfied
- (b) *tangle* means ⓐ a type of dance   ⓑ a tropical forest
  ⓒ a confused mass   ⓓ a kind of fruit
- (c) The writing on the page was *illegible*.
  ⓐ handwritten in ink   ⓑ written in large letters
  ⓒ difficult to read   ⓓ easy to read
- (d) One of the roses' most common associations in folklore is with death. The Romans often *decked* the tombs of the dead with roses; In fact, Roman wills frequently specified that roses were to be planted on the grave.
  ⓐ separated   ⓑ painted   ⓒ disguised   ⓓ decorated

(2) 문장 단위 빈칸 채우기

한 문장에 빈칸을 만들고 채우게 함으로 어휘의 이해를 평가할 수 있다.

예 (a) *Choose the best word to complete each sentence.*

ⓐ The flight attendant asked the passengers to (　) attention to the safety demonstration.
    a. give　　b. devote　　c. pay　　d. lend

ⓑ The delegates blamed each other when the peace talks broke (　).
    a. off　　b. up　　c. on　　d. down

ⓒ When I feel tired, I can't stop (　).
    a. sneezing　　b. yawning　　c. coughing　　d. weeping

ⓓ The climbers inched their way to the top of the peak until at last they stood upon the very (　) of the mountain.
    a. bottom　　b. base　　c. slope　　d. range　　e. summit

ⓔ My sister is a nurse. She can (　).
    a. help sick people　　b. make clothes　　c. fly an airplane
    d. write a novel　　e. teach students at school

(3) 어휘 관계 평가

동의, 반의, 하의관계 등의 관계에 대한 이해 여부를 알아봄으로 어휘의 이해력을 평가할 수 있다.

例 (a) 다음에 제시된 어휘들의 관계와 유사한 혹은 동일한 관계를 가진 항목을 선택하십시오.

(가) confirm - deny
    ⓐ succeed - fall　　ⓑ disinter - unearth
    ⓒ recoil - shrink　　ⓓ great - welcome　　ⓔ concur - agree

(나) preface - book
    ⓐ dawn - night　　ⓑ footnote - page
    ⓒ overture - opera　　ⓓ dessert - repast　　ⓔ threshold - door

(b) 다음의 (　)에 적합한 어휘를 선택하십시오.

Dentist is to teeth as dermatologist is to (　　).

    ⓐ heart　　　　ⓑ stomach
    ⓒ skin　　　　ⓓ eyes　　　　ⓔ lungs

(4) 동의어 평가

동의어를 통하여 어휘력을 평가할 수 있다.

예 (a) 다음 문장에서 이탤릭체로 된 어휘와 의미가 같은 것을 선택하십시오.

> The Dada philosophy represented a break from cultural and educational standards that were *prevalent* at the time.

  ⓐ habitual   ⓑ valuable   ⓒ common   ⓓ ascent

(b) Look at the word 'rare' in the following passage. Click on the word in the text that has the same meaning.

> The Southwest has always been a dry country, where water is scarce, but the Hopi and Zuni were able to bring water from streams to their fields and gardens through irrigation ditches. Because it is so *rare*, yet so important, water played a major role in their religion.

(c) Choose the word or phrase which would best keep the meaning of the original sentence if it were substituted for the italic word.

ⓐ It is *odds-on* that she won't come.
   a. shy   b. happy   c. likely   d. genuine   e. unknown

ⓑ It was his daughter who pointed out the *absurdity* of the sign on the corner that read: Go Children Slow. That doesn't make sense.
   a. difficulty   b. nonsense   c. cleverness
   d. difference   e. heaviness

ⓒ Because of a recent policy change, all departments are to make *cutbacks in* spending.
   a. reductions in   b. increases in   c. development of
   d. a redistribution of   e. withdrawals of

동의 표현 선택하기 문항은 문맥의 파악보다는 어휘에 관한 암기된 지식으로 문제를 풀 수 있으므로 통합적인 평가가 못되고 분리평가가 될 가능성이 많다. 따라서 비교적 긴 문맥 속에서 배경지식과 문맥을 활용하여 동의어를 찾는 평가가 더 바람직하다.

[예] Choose the word or phrase which would best keep the meaning of the original sentence if it were substituted for the italic word.

> Some of the green plants we have mentioned live on the land and others *dwell* in the waters of the earth, but usually live fairly close to the surface where they are in contact with the all-important sunlight.

    a. live   b. fight   c. help   d. breathe   e. fight

(5) 반의어 평가

반의어를 통하여 어휘의 이해력을 측정할 수 있다.

[예] Fill the blank in each of the following with a word opposite in meaning to the italicized word.
  (a) Tom is a *profound*, not a (   ) thinker.
  (b) This *copy* is so good that it looked like the (   ).

[예] 빈 칸에 가장 적합한 항목을 선택하십시오.
  (a) Some people are gregarious; others (   ).
    ⓐ are ready to help   ⓑ arrive late
    ⓒ keep to themselves   ⓓ are unhappy
  (b) Some of the catch was fit for human consumption; the rest was (   ).
    ⓐ inedible   ⓑ latent   ⓒ overt   ⓓ unpalatable

(6) 번역하기

번역을 통하여 의미 이해 여부를 평가할 수 있으나 해당 어휘의 사용능력에 대한 평가는 안 된다.

[예] 다음 문장에서 밑줄 친 어휘의 의미를 우리말로 제시하십시오.
  Mr. Lee was remarkably <u>versatile</u>. He was a painter, sculptor, architect, musician, engineer and scientist.

(7) 사전 활용 평가

중급 이상의 학습자의 전반적인 어휘력을 평가하기 위해서는 사전 활용 방법 (dictionary method)을 이용할 수 있다. 예로 사전의 매 10쪽마다 6번째의 어휘를 선정하여 평가하는 방법을 사용할 수 있으나 이 방법은 사전에 포함된 어휘의 분량에 따라 결과가 달라질 수 있는 문제점이 있다. 또한 다음의 예와 같이 영영사전에서 제시된 특정한 어휘의 풀이 중에 문맥에 알맞은 의미를 찾게 하는 방법도 있다.

예 다음 글의 'term'에 해당하는 가장 적절한 의미를 아래에 있는 사전 뜻풀이 중에 선택하십시오.

> One day, a much younger classmate at collage asked me how long I had been in school. In fact, I had been a part-time student for most of my life. "During six presidential *terms*," I finally answered. then I added, "Carter's one, Reagan's two, Bush's one and Clinton's two!"

term n. 1. a word or group of words designating something, esp. in a particular field, as *atom* in physics or *district leader* in politics. 2. any word or group of words considered as a member of a construction or utterance. 3. the time or period through which something lasts. 4. a period of time to which limits have been set: *elected for term of four years*. 5. one of two or more divisions of a school year, during which instruction is regularly provided. 6. an appointed or set time or date, as for the payment of rent, interest, wages, etc. (*The Random House Dictionary of the English Language*, p. 1958)

(8) 어휘목록 만들기를 통한 평가

어휘목록 만들기(making lists)는 유형별로 목록을 만드는 활동으로 테스트나 읽기나 듣기 활동 후에 복습으로 활용할 수 있다. 그러나 이 방법은 어휘사용능력의 평가에는 적합하지 않다.

예 (a) Make four lists of words in the box.

a. body:

b. illness:

c. jobs:

d. food:

steak, rice, electrician, cough, face, fish, businessman, mushroom, toe, finger, arm backache, teacher, pneumonia, lawyer, toothache

(b) Make three lists of words in the box.

a. Meats:

b. Fruits:

c. vegetables:

apple, beef, carrot chicken, lamb, leek, lemon, strawberry, lettuce peach, onion, mutton

(9) 그림 혹은 도표 활용 평가

그림이나 도표 등을 활용하여 어휘력을 평가할 수 있다.

예 (a) 사전에 제시된 정의에 해당되는 도형을 선택하십시오.

0. solid or hollow body shaped like a pole or log (   )

0. cylinder-shaped chamber (in an engine) in which gas or steam works a piston (   )

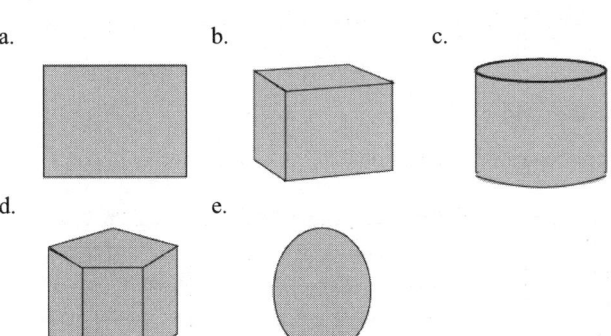

(b) 다음 그림을 나타낸 문장을 선택하십시오.

a. They are playing soccer.
b. They are playing baseball.
c. They are playing football.
d. They are playing golf.
e. They are playing tennis.

(10) 숫자 활용 평가

학습자에게 일정한 숫자를 선정하게 하고 명령문 형태의 지시를 듣고 답을 하게 함으로 학습자의 듣기 능력과 숫자와 셈 관련어휘의 이해능력 및 표현능력을 평가할 수 있다.

예 Take a number.   (   )
(학습자가 임의로 숫자를 선정)
Double it.   (   )
Add 4.   (   )
Divide resulting number in half.   (   )
Subtract 2.   (   )

3) 어휘 쓰임새 평가

어휘 쓰임새 평가는 어휘의 연어 현상과 어휘문법의 이해에 관한 평가를 말한다. 연어(collocation)의 평가는 문맥 분리 평가인 예(a)보다는 (b)와 같이 가능한 문맥 속에서 평가하는 것이 의사소통능력의 진단과 신장에 효과적이다.

예 (a) Fill the grid.
(+ : collocates, ? : questionable, × : does not collocate)

	problem	amount	shame	man
large				
great				
big				
major				

(b) ⓐ *Choose an appropriate one.*

> Last night I tried to (do, make) my homework. However, I kept (doing, making) mistakes because the man upstairs was (doing, making) his exercises and (doing, making) a noise.

ⓑ *Choose an appropriate one.*

> The microscope enables us to see organism otherwise invisible to the (   ) eye.

① naked   ② pure   ③ frozen   ④ bare

또한 주어진 어휘의 형태를 괄호에 적합하게 변경하여 채우게 함으로 어휘의 문법을 평가할 수 있다.

예 (a) Media career opportunities

Nowadays there is a (0) _variety_ of career opportunities in the media. I is possible to study (1) _____ at most universities, many of which offer (2) _____ courses in reporting on sports and (3) _____. Newer degrees in media studies, which were (4) _____ as recently as ten years ago, attract (5) _____ students from all over the country. Some graduates prefer to work in (6) _____ as it etc.	VARY JOURNALIST OPTION ENTERTAIN AVAILABLE ENTHUSIASM ADVERTISE

(b) Change the word on the left into a suitable form to fill the gap.
  ⓐ *compose*   On one occasion the opera was conducted by the (   ).
  ⓑ *place*   Have you seen my keys? I seem to have (   ) them.

4) 어휘표현 평가

표현기능에서의 어휘력(productive vocabulary knowledge)과 어휘회상(recall)능력을 평가하는 유형이다.

(1) 쓰기를 통한 평가

다음 예와 같이 쓰기를 통해 어휘력을 평가할 수 있다.

예 (a) Write a paragraph of about 100 words to include at least six of the following ten words. You can change the form of the word, if necessary - e.g. work-worked.

voucher	stain	sale	unwrap	store	rug	cough
refund	torn	complain			

(b) Express, in one word, the meaning of each of the following.
ⓐ a place where you go to buy meat (   )
ⓑ the person who repairs your kitchen tap if it leaks (   )
ⓒ the thing that you buy at a post office if you want to post a letter
 (   )
ⓓ causing, sufficient to cause, or designed to cause death (   )
ⓔ preliminary discourse, sometimes in verse, introducing play (   )
ⓕ kind feelings towards or between people and/or willingness to act to increase the good fortune of the others (   )

(2) 연상되는 단어제시하기
예 다음의 단어들에서 연상되는 단어를 제시하십시오.
notes, written, copy, music → (   )

(3) 한 어휘로 요약하기
예 다음에서 이태리체로 된 부분을 한단어로 요약하여 제시하십시오.[2]
(a) *People who are new to a field or activity* need *a great deal of* help.
(b) *The long period of dry weather* has *come to an end.*
(c) Wasn't Antony *the one who stood in opposition to* Brutus?

예 다음의 두 문장이 같은 의미를 나타낼 수 있게 (   )에 적합한 어휘를 제시하십시오.

---

[2] 예로 제시된 문장은 다음과 같이 요약할 수 있다.
(a) Novices need much help. (b) The drought has ended. (c) Wasn't Antony Brutus's adversary?

(a) Most people do not have the power of seeing beforehand what is likely to happen.
(b) Most people lack (   ).

5) 통합적 평가

통합적 어휘 평가는 어휘력뿐만 아니라 전반적인 언어능력을 통합하여 측정하는 평가로 관찰평가, 빈칸 채우기, 규칙 빈칸 채우기, C-평가 등이 여기에 속한다.

(1) 관찰 평가

초급 수준에서는 관찰을 통하여 어휘력을 평가할 수도 있는데 이러한 관찰 평가는 학습자의 어휘 이해 정도나 어휘 사용 능력을 관찰하여 평가하는 방법으로 초등학교 영어교육에서 유용하게 사용될 수 있다. 예를 들면 전신반응기법(TPR)을 활용한 수업을 하고 학습자가 지시대로 바르게 행동했는지를 관찰하여 평가할 수 있다. 또한 "What's he doing?"라는 질문을 하고 학생들이 한 두 단어로 응답하게 하고 응답을 관찰하여 평가하는 방법 등을 예로 들 수 있는데 그 목적에 따라 진단평가나 숙달도 평가가 될 수 있고 학습한 범위에서 어휘를 평가한다면 성취도 평가에 해당된다.

그러나 모든 학생들을 개별적으로 평가하기 어려우므로 학생들이 의식하지 못하게 하면서 계획에 따라 몇 명의 학생들만 집중적으로 어휘력을 포괄적으로 평가하는 것이 바람직하다. 평가 결과는 관찰 기록표나 체크리스트를 만들어 평가 척도에 의하여 표시할 수 있다. 이를 통하여 학습 전과 후를 비교하여 성취도를 파악할 수도 있다.

(2) 빈칸 채우기

빈칸 채우기(gap-filling)는 지문의 1~2부분을 삭제하여 빈칸을 만들고 빈칸을 적절한 단어나 어구로 채우도록 하는 평가 방식으로 학습자가 전후 문맥을 파악하고 문법과 구조, 어휘 쓰임새에 관한 기본적인 지식이 있어야 빈칸을 채울 수 있으므로 통합적 평가에 속한다. 이러한 평가 유형은 사실적 이해, 추론적 이해,

종합적 이해, 적용력 등 다양한 독해능력은 물론 어휘력의 평가에도 활용할 수 있다.

빈칸 채우기 평가 문항의 바람직한 제작 방향은 다음과 같다.

(가) 빈칸을 지문의 앞부분, 중간, 뒷부분에 골고루 분포되게 하고 전체의 글을 읽어야 빈칸을 채울 수 있게 문항을 제작해야 한다. 또한 빈칸이 지문의 뒷부분에만 있는 경우는 지문의 끝 부분부터 읽고 나서 정답을 정할 수 없을 경우에 앞부분으로 되돌아가서 읽기 시작하는 비정상적인 읽기를 할 우려가 있다(오준일, 1999, p. 100 참고).
(나) 문서외적 읽기 전략, 문서 의존적 전략, 문서의 어휘와 관련된 보상적 읽기 전략을 다양하게 사용하여 풀 수 있는 문항이 효과적이다.
(다) 전체의 글을 읽고 유추하여 빈칸을 채울 수 있는 문항의 제작이 필요하다. 빈칸이 포함된 문장만 읽고 정답을 제시할 수 있는 문항은 바람직하지 못하다.

빈칸 채우기는 주로 담화 단위에서 빈칸을 만들며 중요 연결사 채우기나 문맥 유추 빈칸 채우기 등으로 분류되는데 중요 연결사 채우기는 글의 흐름에 대한 이해를 측정할 수 있다.

예 (a) *Choose the best words that are appropriate at the blanks.*

> There may be various reasons for the spread of deserts. First of all, weather systems, especially the winds over the desert areas dry out the land. Second, there are few rivers in these regions, so there is nothing to replace the lost water. (A), people have changed the balance of nature in a desert - a desert is a fragile environment. People have needs. (B), people need food, and they must clear land of trees for fields and plant crops for food. They leave the land without the natural protection of plants, and winds can dry the land.

	A	B
a.	In addition	For example
b.	On the contrary	For example
c.	On the contrary	Therefore

d. In addition　　　　　　Therefore
e. In addition　　　　　　In other words

(b) *Fill in the blank with an appropriate connector.*

> In fact the two Koreas have become quite different in many respects. The South has made great economic achievements, while the North may not have done so. The South has seen many presidents, and values individual freedom highly. (　　), the North, ruled by one chief of state and his son for over the past fifty years, does not seem to believe in individual freedom. For the people of the South, the North is more or less an isolated island.

전후의 문맥을 유추하여 빈칸 채우기는 다음의 예와 같이 글의 요지를 파악한 후 전후 문맥을 통해 유추할 수 있는 논리적 능력을 평가하는 것으로 어휘력은 물론 전반적인 독해 능력을 측정할 수 있다.

예 (a) One reason why I like the beach is its (　　) atmosphere. At the beach, I have no witness but the beach, and I can speak and think with pleasure. No one can interrupt me, and the beach will always be here to listen to everything I want to say.
　　a. stressful　b. thrilling　c. wonderful　d. solitary　e. optimistic

(b) Mr. Jackson began to (　　), and this made his work very difficult. He got so worried that one day he went to see Dr. Smith. The doctor asked, "What can I do for you?" "Well . . ." Mr. Jackson mumbled. He couldn't remember what he wanted to see the doctor about.
　　a. make products　　b. start work　　c. forget things
　　d. meet people　　　e. receive guests

또한 다음의 예(Parsons, 1976, pp. 22-23)와 같이 상황을 제시하고 공백을 채우게 할 수도 있다. 이 경우에 상식, 어휘구조, 문법능력 등의 다양한 문맥단서를 활용할 필요가 있다.[3]

예 Fill the blanks.

> 상황: Some students have to do all their studying in libraries because their home is not suitable. However, libraries tend to become overcrowded. It is an advantage to have a room of your own where you can study. To convert a room into a study, remember the following points.

(a) If you can choose which room to study in, choose one which is not near the (　　), kitchen, or the front door.

(b) If you can, use the room for study only. If you live in a bed-sitting room and (　　) to use it for other purposes such as sleeping or eating, it is sometimes difficult to study there. If the room has a bed, you may be (　　) to study lying down. This is rarely (　　). It is also much more difficult to make sure (　　ic) chores do not encroach on your study time.

(c) is the lighting adequate? is there enough (　　ation)? Is the temperature right? Is there (　　ly) to be much noise or interruption?

(3) 규칙 빈칸 채우기 평가

규칙 빈칸 채우기(cloze procedure)는 독해력 평가뿐만 아니라 모국어와 외국어의 종합적인 능력을 측정하는 통합적 평가의 일종이며 어휘력 측정에도 활용할 수 있다. 이 평가방법은 영어가 모국어인 학습자를 대상으로 산문(prose)의 읽기 난이도를 측정하기 위해 Wilson Taylor(1953)가 고안한 평가도구로 학습자의 내재화된 문법 지식 체계를 전반적으로 평가하는 통합적인 언어능력 평가기법(integrative test)의 일종이다. 이 기법은 학습자 수준에 적합한 산문을 선택하여 첫 번째 두 문장 내외는 그대로 두고 그 다음 문장부터 5~7번째의 단어를 규칙적으로 생략하고 적절한 단어로 채우도록 하는 방법으로 영어 원어민의 독해력 평가뿐만 아니라 ESL/EFL의 전반적인 능력의 평가(Oller, 1979)와 언어교수기법이나 읽기 자료의 난이도 측정에도 사용될 수 있다. 빈칸에 알맞은 단어를 선택하기 위해서는 어휘, 문법, 담화에 관한 능력과 일반적인 이해능력 등의 복합적인 능력

---

[3] (a)에서는 'television' 혹은 'telephone', (b)에서는 'have, tempted, successful, domestic', (c)에서는 'ventilation, likely'로 공백을 채울 수 있다.

을 필요로 하므로 빈칸 메우기 평가방법은 독해력과 어휘력 측정의 효과적인 기법중의 하나이다.

'cloze'라는 용어는 형태심리학의 원리(Gestalt principle of closure)에서 착안한 것으로 'closure'에서 역성(back formation)에 의해 파생되었으며 인간은 대체적으로 불완전한 원 또는 삼각형을 완전한 형태로 보려는 경향이 있는 것처럼 언어에서도 불완전한 부분을 채우려는 심리가 있다고 보는 것이다.

규칙 빈칸 채우기를 위한 지문은 전문적인 지식이 필요하지 않은 내용을 다루되, 학습자의 언어적 수준에 맞고 흥미가 있는 글이 바람직하다. 또한 빈칸의 간격을 다섯 단어 이내로 하면 잉여적 정보가 적어 너무 난해해지고 문항이 변별력을 잃게 되어 평가의 타당성이 상실될 우려가 있다. 일반적으로는 빈칸 간격은 5~7개 단어이며 40~50개 정도의 빈칸들이 있는 것이 적당함으로 전체적으로 250개 내외의 단어로 구성된 본문이 적합하다. 또한 문단의 중간 혹은 끝 부분이 처음 부분의 빈칸에 단서를 줄 수도 있으므로 빈칸을 채우기 전에 전체 글을 최소한 한번은 읽는 것이 바람직하다.

이 기법은 다른 유형의 평가 방식과 상관관계가 높다. 예를 들면 Honifotis(1987, p. 413)는 TOEFL과의 상관관계를 .70이상으로 제시하고 있고 Pike(1973)는 구두 인터뷰와 작문시험과의 높은 상관관계를 제시하고 있다.

이 평가기법의 장점을 정리하면 다음과 같다.

(가) 규칙적으로 n번째 단어를 삭제하기 때문에 문제 작성이 용이하다.
(나) 동일 어휘채점 방식(exact-word scoring method)이나 선택형을 채택할 경우에 채점이 비교적 용이하다.
(다) 표준화 시험과 비교하여 적은 노력과 경비로 실시할 수 있으므로 경제적이다.
(라) 비교적 타당성과 신뢰성이 있으므로 전반적인 언어능력 평가와 배치시험(placement test)으로 이용될 수도 있지만 수업 후에 성취평가(achievement test)로 용이하게 이용될 수 있다.
(마) 수업 중 학습자가 제시하는 어휘에 대한 토의가 가능하고 학습자가 알고는 있지만 활용이 제대로 안 되는 어휘에 대해 이끌어내기(elicitation)를 할 수 있다.[4]

(바) 학습자가 지적인 추론(intelligence guess)을 할 수 있다.
(사) 학습자의 수와 관계없이 시행할 수 있다.

그러나 이 유형의 평가는 전반적인 독해능력이나 추론, 연역 능력보다는 통사, 어휘 또는 문장 수준의 분리평가가 될 수 있으므로 그 타당도에 의문이 제기될 수도 있다. 어휘 삭제 방법에 따라 고정비율 방법과 변동비율방법으로 문제해결 방법에 따라 선다형, 일부 빈칸 채우기, 요약방법 등으로 분류할 수 있다. 어휘 삭제 방법에 의한 분류는 다음과 같다.

(가) 고정 비율 방법
고정 비율 방법(pure cloze, fixed-ratio method)은 문맥이나 문법, 어휘의 중요성을 고려하지 않고 5~7번째의 어휘를 규칙적으로 생략하는 형태로 삭제된 어휘의 길이와 관계없이 일정한 길이의 빈칸을 만든다. 이 방법은 언어의 특정 기능을 측정하기보다는 전반적인 언어능력을 평가하는 기법이다.

(나) 변동 비율 방법
변동 비율 방법(variable-ratio method, rational cloze)은 내용어(content word)나 기능어(function word) 중에서 한 가지 유형만을 선택적으로 삭제하는 유형이다. 전반적인 이해력을 측정하기 위해 주제에 관련되는 어휘만을, 혹은 담화표지나 대용어(anaphora)와 같은 결합관계를 나타내는 어휘(cohesive devices)만을 삭제하고 채우도록 할 수도 있다.

또한 이 평가를 문항제작과 문제 해결 방법에 의해 분류하면 다음과 같은 유형이 있다.

---

[4] 이끌어내기(elicitation)는 학습자의 생각이나 제안, 이미 알고 있는 사항을 제시하게 하거나 새로운 단어를 유추하게 하여 학습자가 적극적으로 말이나 쓰기의 표현을 할 수 있게 하기 위해 교사가 사용하는 수업기술들을 말한다(techniques which a teacher uses to get learners to actively produce speech or writing).

(가) 선택 빈칸 채우기

선택 빈칸 채우기(multiple-choice cloze)는 개별 문항에 선택 항목을 주고 적합한 것을 선택하도록 하는 형태로 다인수 학급에서 채점에 편리하다. 다음 예와 같이 선택할 빈칸의 1.5배 정도의 어휘를 묶어서 전체적으로 제시하고 선택하도록 하는 방법(banked cloze)도 있다.

(나) 요약 빈칸 채우기

요약 빈칸 채우기(summary cloze procedure)는 내용을 삭제하지 않은 지문을 읽게 한 후 그 내용을 정리·요약하여 빈칸을 채우게 하는 방법으로 비교적 난이도가 높으므로 상급수준의 학습자에게 적용할 수 있다. 이러한 유형은 일종의 정보전이(information transfer)활동이다.

규칙 빈칸 채우기의 채점은 문항 작성 방법에 따라 다소 차이가 있을 수 있는데 일반적으로 다음과 같이 네 가지 방법이 있다.

(가) 동일 단어 채점 방법

동일 단어 채점 방법(exact-word scoring method)은 빈칸에 사용한 단어가 원문의 단어와 정확히 일치했을 경우를 정답으로 인정하는 방법으로 채점이 용이하다.

(나) 용인 가능 단어 채점 방법

용인 가능 단어 채점 방법(acceptable-word scoring method)은 응답이 원문의 어휘와 정확히 일치하지는 않더라도 문맥상 허용될 만한 어휘라고 인정되면 정답으로 처리하는 방법으로 채점자가 원어민 화자가 아닌 경우에는 다소 채점과정이 어렵고 객관성이 결여될 가능성이 있다.

(다) 규칙 빈칸 빈도 수 채점방법

규칙 빈칸 빈도 수 채점 방법(clozentrophy scoring method)은 원어민을 대상으로 실시한 예비 조사에서 나타난 어휘 사용의 빈도수에 의해 채점하는 방법으로 컴퓨터 프로그래밍을 이용할 수도 있다.

(라) 선다형 채점방식

선다형 채점 방법 (multiple-choice scoring method)은 선다형을 채택했을 경우에 채점하는 방법으로 채점이 가장 간편하고 객관적이다.

위에서 언급된 네 가지 채점 방법 중 일반적으로 사용되는 방법은 동일 어휘와 용인 가능 어휘를 기준으로 채점하는 방법이다. 원어민 화자에게는 일반적으로 동일 어휘 채점 방법이 더 효과적임이 다양한 연구의 일치된 견해이지만 외국인 학습자에 관해서는 상반된 의견이 제시되고 있다. J. D. Brown(1980)은 네 가지 채점 방법의 타당도, 신뢰도, 문항의 용이성, 문항 변별도, 실시와 채점의 편리성을 비교하고 용인 가능 단어 채점 방법이 가장 효과적이라고 주장하고 있다. 그러나 이 방법은 최소한 두 명 이상의 채점자가 필요하고 채점자가 원어민 수준의 영어실력을 가져야하며 채점시간이 많이 소요됨으로 우리 교육현장에서 사용하기에는 쉽지 않다(Min, 1985 참고). 따라서 선택형이나 다소 융통성 있는 동일 어휘 채점 방법을 채택하는 것이 바람직하다. 또한 동일 어휘 채점 방식과 용인 가능 단어 채점 방식의 상관관계는 여러 연구에서 높게 나타나 있으므로(전병만, 1985, p. 94) 용인 가능 어휘 채점 방법의 사용에 현실적인 문제가 있으면 동일 단어 채점 방법을 이용하여도 무방하다고 할 수 있다.

(4) C-test

C-test는 지문의 두 번째 문장부터 매 두 번째 단어의 후반부 절반을 생략하고 학습자가 채우게 하는 평가방법이다. 이 방법은 빈칸 채우기의 변형으로 정확한 채점, 보다 짧은 지문의 사용, 적은 시간의 소요 등의 장점이 있으며 학습자의 심리적 부담을 낮출 수 있다. 이 유형의 평가는 다른 어휘 테스트와 상관성이 높고 전반적인 어휘력 테스트에 타당성이 크다.

Researchers have shown that success at doing C-tests correlates with success at other kinds of vocabulary test. Hence it has been argued that C-tests are valid tests of overall vocabulary knowledge, and thus can usefully serve as placement tests (Thornbury, 2002, p. 134).

지문은 일반적으로 5~6개의 짧은 문장으로 구성되며 채점은 동일단어 채점방법이 사용된다 (Klein-Braley & Raatz, 1984 참고).

[예] It is normal to leave the first sentence intact. Thereafter t__ second ha__ of ev__ second wo____ is del___ and h____ to b__ restored b__ the rea____.

학습자에게 글의 내용에 관하여 배경지식이 있는 경우는 다음 예와 같이 긴 문장들로 이루어진 문단의 **C-test**를 할 수도 있다.

[예] The most important thing to understand about Americans is probably their devotion to individualism. They a__ trained fr__ very ea___ in th___ lives t consider thems____ as sepa___ individuals w__ are respo_____ for th___ own situa____ in li__ and th___ own dest_____. They're n__ trained t_ see thems_____ as mem___ of _ close-knit interde_____ family, reli____ group, tr___, nation, o_ any ot___ collectivity.

또한 동일한 철자로 시작되는 단어를 생략할 수도 있는데 이 유형은 어휘 선정에 단서가 주어짐으로 학습자가 보다 더 용이하게 빈칸을 채울 수 있다.

[예] Fill in the blanks with words starting with the letter 'b'.
I know a (b   ) man whose name is (B   ). He lives in (B   ). He is a (b   ) and likes (b   ). Usually he eats (b   ) and drinks (b   ).

참고문헌

권영도. (1999). 영어관용어의 고찰과 교수방법에 관한 고찰. *Foreign Language Education*, 5(2), 189~211.
김낙복. (2005). 연어 중심 어휘 교수·학습에 관한 연구. 박사학위 논문, 충남대학교.
김미영. (2009). 부산 경남 지역 대학생의 어휘적 연어 사용에 관한 연구. *영미어문학*, 91, 189~212.
김영미, 서진희. (2006). 코퍼스를 통한 고등학교 영어 교과서의 어휘 분석. *영어어문교육*, 12(4), 139~157.
김영숙. (2002). *초등영어 어휘교육*. 서울: 한국문화사.
김익환. (2007). 연어를 이용한 영어어휘 교수방법. *영어교육연구*, 34, 7~31.
김재경. (2010). *노래와 챈트를 활용한 초등영어의 창의적 교수법*. 서울 : 한국문화사.
김정렬, 이동주, 전희철. (2012). *코퍼스언어학과 영어교육*. 서울 : 한국문화사.
신길호. (2007). *영어어휘연구*. 서울: 한국문화사.
_____. (2013). 대학생의 영어 연어 사용 능력에 관한 연구. *영어영문학*, 55(1), 239~268.
송미정. (2003). 단어 목록의 제시 형태가 새로운 어휘의 기억과 사용에 미치는 영향. *Foreign Languages Education*, 10(3), 237~261.
심대용. (2000). *영어노래의 리듬구조분석연구*. 대구대학교 교육대학원 석사학위논문.
오준일. (1999). 빈칸채우기유형과 읽기전략에 관한 사례연구. *영어교육*, 54(2), 85~108.
이성원·민미옥. (2006). 한국고등학생들의 영어 어휘학습책략 사용연구. *English Teaching*, 61(2), 115~138.
이용성. (2010). *영어단어구조와 어형성*. 서울: 동인.
이화자. (1999). *어휘지도의 효율적인 방안: 영어교수·학습방법론*(pp. 185-204). 서울: 한국문화사.
이화자·신동광. (2011). 영어 어휘 교육론. *영어교육론*(현대언어학총서 3). 서울: 종합출판.
임지룡. (1993). 원형이론과 의미의 범주화. *국어학*, 23, 41~68.
전병만. (1985). *영어능력평가에 있어서 규칙빈칸메우기절차의 연구*. 전북대학교박사학위논문.

한국교육개발원. (1997). *제7차 교육과정개발연구*. 한국교육개발원 교육과정개정연구위원회.

Alderson, J. C. (2005). *Diagnosing foreign language proficiency*. London: Continuum.
Allen, V. F. (1983). *Techniques in teaching vocabulary*. Oxford: Oxford University Press.
Asher, J. (1969). The total physical response approach to second language learning. *Modern Language Journal*, 50(2), 3-17.
Bachman, L. F. (1991). What does language testing have to offer? *TESOL Quarterly*, 25, 671-704.
Bahns, J. & Eldaw, M. (1993). Should we teach EFL students collocation? *System*, 21(1), 101-114.
Baugh, A. C., & Cable, T. (1978). *A history of the English language* (3rd. Ed.). Englewood Cliffs, N.J.: Prentice-Hall.
Beheydt, L. (1987). The semantization of vocabulary in foreign language learning. *System*, 15, 55-67.
Bird, N. (1987). Words, lemmas and frequency lists: old problems and new challenges. *Al-manakh*, 6, 42-50.
Bliss, A. J. (1966). *Dictionary of foreign words and phrases in current English*. London : Routledge & Kegan Paul.
Booij, G. (2005). *The grammar of words*. Oxford University Press.
Brown, C. (1993). Factors affecting the acquisition of vocabulary: Frequency and saliency of words. In T. Huckin, M. Haynes, & J. Coady (Eds.), *Second language and vocabulary learning* (pp. 263-288). Norwood, NJ: Alex.
Brown, H. B. (2000). *Principles of language learning and teaching* (4th. Ed.). White Plains, NY: Pearson Education.
_____. (2001). *Teaching by principles: An interactive approach to language pedagogy* (2nd. Ed.). White Plains, NY: Pearson Education.
_____. (2007). *Principles of language learning and teaching* (5th. Ed.). White Plains, NY: Pearson Education.
Brown, J. D. (1980). Relative merits of four methods for scoring cloze tests. *Modern Language Journal*, 64(3), 311-317.
Bryson, B. (1990). *The mother tongue*. New York: Avon.
Burton, S. H., & Humphries, J. A. (1992). *Mastering English language*. New York:

Palgrave.

Carr, W., & Wixson, K. (1986). Guidelines for evaluating vocabulary instruction. *Journal of Reading*, 29, 588-595.

Carroll, J. B., Davies, P. & Richman, B. (1971). *The American heritage word frequency book*. Boston, MA: Houghton Mifflin.

Carter, R. (1988). *Vocabulary: Applied linguistic perspective* (2nd. ed.) London: Routledge.

Carter, R. & McCarthy, M. (1988). *Vocabulary and language teaching*. London: Longman.

Channel, J. (1981). Applying semantic theory to vocabulary teaching. *ELT Journal*, 35(2), 115-122.

Claiborne, R. (1983). *Our marvelous native tongue*. New York: Times Books.

Clark, E. V. (1983). Meanings and concepts. In J. H. Flavell & E. M. Markman (Eds.), *Handbook of child psychology, Vol. III: Cognitive development*. New York: John Wiley.

Clark, H., & Clark, E. (1977). *Psychology and language*. New York: Harcourt, Brace & Jovanovich.

Clarke, D. F., & Nation, I. S. P. (1980). Guessing the meanings of words from context: Strategy and techniques. *System*, 8(3), 211-220.

Coady, J. (1993). Research on ESL/EFL vocabulary acquisition: Putting it in context. In T. Huckin, M. Haynes & J. Coady (Eds.), *Second language reading and vocabulary learning* (pp. 3-23). Norwood, NJ: Ablex.

Conzett, J. (2000). Integrating collocation into a reading and writing course. In M. Lewis(ed). *Teaching collocation: Further developments in the lexical approach*. Hove, England: Language Teaching Publications.

Cook, V. (2001). *Second language learning and language teaching* (3rd. Ed.). London: Arnold.

Cross, D. (1991). *A practical handbook of language teaching*. London: Cassell.

Crystal, D. (1987). *The Cambridge encylopedia of language*. Cambridge: Cambridge University Press.

_____. (1988). *The English language*. London: Penguin.

Daller, H., Milton, J., & Treffers-Daller, J. (Eds.). (2007). *Modelling and assessing vocabulary knowledge*. Cambridge: Cambridge University Press.

Davies, M. (2008). *The corpus of contemporary American English: 450 million word, 1990-present.* Available online at http://corpus.byu.ed/coca/.

Decarrico, J. S. (2001). Vocabulary learning and teaching. In M. Celce-Muricia (Ed.), *Teaching English as a second or foreign language* (3rd. Ed.) (pp. 285-299). Boston: Heinle & Heinle.

Devine, T. G. (1981). *Teaching study skills.* Mass.: Allyn and Bacon.

Doff, A. (1988). *Teach English.* Cambridge University Press.

Edge, J. (1993). *Essentials of English language teaching.* London: Longman.

Ellis, R. (1994). *The study of second language acquisition.* Oxford: Oxford University Press.

Evans, V. (2009). *How words mean.* Oxford : Oxford University Press.

Firth, J. R. (1957). A synopsis of linguistic theory 1930-1955. In *Studies in Linguistic Analysis*, 1-32. special volume. Oxford: Blackwell.

Fisiak, J. (2004). *An outline history of English*(Edited with notes by 박영배). 서울: 한국문화사.

Fudge, E. (1984). *English word-stress.* London: George Allen Unwin.

Goodman, K. S. (1986). *What's whole in whole language?* Portsmouth, NH: Heineman.

Goulden, R., Nation, P., & Read, J. (1990). How large can a receptive vocabulary be? *Applied Linguistics*, 11, 341-363.

Graham, C. (1996). *Singing, chanting, telling tales.* FL : Harcourt Brace.

Graves, K., & Rein, D. (1988). *East-west book 1.* Oxford: Oxford University Press.

Graves, M. F., & Watts-Taffe, S. M. (2002). The place of word consciousness in a research-based vocabulary program. In A. Farstrup & S. Samuels (Eds.), *What research has to say about reading instruction* (pp. 140-165). Newark, DE: International Reading Association.

Halliday, M., & Hasen, R. (1976). *Cohesion in English.* London: Longman.

Harmer, J. (1991). *The practice of English language teaching.* London: Longman.

Henry, D. J. and Pongratz, S. (2007) *Mastering vocabulary.* New York: Pearson Longman.

Herrera, S. G., Perez, D. R. & Escamilla, K. (2010). *Teaching reading to English language learners.* Boston : Allyn & Bacon.

Hill, J. (2000). Revising priorities: From grammatical failure to collocational success. In M. Lewis (Ed.), *Teaching collocations: Further developments in the lexical approach* (pp. 47-69). London: Language Teaching Publications.

Hinofotis, F. B. (1987). Cloze testing: An overview. In M. H. Long & J. C. Richards (Eds.), *Methodology in TESOL*(pp. 412-417). New York: Newbury House.

Honeyfield, J. G. (1977). Word frequency and the importance of context in vocabulary learning. *RELC Journal*, 8, 35-42.

Hu, M. H-C. & Nation, I. S. P. (2000). Unknown vocabulary density and reading comprehension. *Reading in a Foreign Language*, 13(1), 403-430.

Huckin, T,. Haynes, M., & Coady, J. (Eds.) (1993). *Second language reading and vocabulary learning*. Norwood, NJ: Ablex Publishing Corporation.

James, C. (1980). *Contrastive analysis*. New York: Longman.

Jeffries, L. (1998). *Meaning in English*. New York : Palgrave.

Jenkins, J. R. , & Dixon, R. (1983). Vocabulary learning. *Contemporary Educational Psychology*, 8. 237-260.

Johns, T. (2002). Data-driven learning: The perpetual challenge. In B. Kettemann & G. Marko(Eds.), Teaching and learning by doing corpus analysis (pp. 107-117). Amsterdam: Rodopi.

Johnston, M. (1985). *Syntactic and morphological progressions in learner English*. Canberra: Department of Immigration and Ethnic Affairs.

Joos, M. (1967). *The five clocks*. New York: Harcourt, Brace & World.

Judd, E. L. (1978). Vocabulary teaching and TESOL: A need for reevaluation of existing assumptions. *TESOL Quarterly*, 12(1), 71-76.

Katamba, F. (2004). *English words* (2nd. Ed). New York: Routledge.

Katz, J. J., & Fodor, J. A. (1963). The structure of a semantic theory. *Language*, 39, 170-210.

Klein-Braley, C. & Raaz, U. (1984). A survey on research on the C-test. *Language Testing*, 1(2), 136-146.

Krashen, S. D. (1981). The case for narrow reading. *TESOL Newsletter*, 15(6), 23.

_____. (1982). *Principles and practice in second language acquisition*. Oxford: Pergamon.

Krashen, S. D., & Terrell, T. D. (1983). *The natural approach*. Hayward, CA: The Alemany Press.

Kruse, A. F. (1987). Vocabulary in context. In M. H. Long & J. C. Richards (Eds.), *Methodology in TESOL* (pp. 312-17). New York: Newbury House.

Kucera, H., & Francis, W. N. (1967). *Computational analysis of present-day American English*. Providence, RI: Brown University Press.

Lakoff, G., & Johnson, M. (1980). *Metaphors we live by*. Chicago: University of Chicago Press.

Laufer, B. (1997). What's in a word that makes it hard or easy? In N. Schmitt & M. McCarthy (Eds.), *Vocabulary: Description, acquisition and pedagogy* (pp. 140-155). Cambridge University Press.

Laufer, B., Elder, C., Hill, K., & Congdon, P. (2004). Size and strength: Do we need both to measure vocabulary knowledge? *Language Testing*, 21, 202-226.

Laufer, B., & Hadar, L. (1997). Assessing the effectiveness of monolingual, bilingual, and "bilingualised" dictionaries in the comprehension and production of new words. *Modern Language Journal*, 81(2). 189-196.

Laufer, B. and Shmueli, K. (1997). Memorizing new words: Does teaching have anything to do with it?, *RELC Journal*, 28, 89-108.

Lehrer, A. (1974). *Semantic field and lexical approach*. London: Language Teaching Publications.

Lewis, M. (1993). *The lexical approach*. Hove: Language Teaching Publications.

_____ . (1997). Pedagogical implications of lexical approach. J. Coady & T. Huckin (Eds.). *Second language vocabulary acquisition*. (pp. 255-270). Cambridge University Press.

_____ . (2000). *Teaching collocation: Further developments in the lexical approach*. Hove: LTD.

Lieber, R. (2010). *Introducing morphology*. Cambridge University Press.

Liu Na & Nation, I. S. P. (1985). Factors affecting guessing vocabulary in context. *RELC Journal*, 16(1), 33-42.

Lieber, R. (2010). *Introducing morphology*. Cambridge University Press.

Lyons, J. (1977). *Semantics,* 2. Cambridge: Cambridge University Press.

Mackay, R. (1987). Teaching the information gathering skills. In M. H. Long & J. C. Richards (Eds.), *Methodology in TESOL* (pp. 248-256). New York: Newbury House.

May, F. B., & Elot, S. B. (1978). *To help children read*. Columbus, Ohio: A Bell & Howel.

McCarthy, M. (1990). *Vocabulary*. Oxford: Oxford University Press.

McWhorter, K. T. (2005). *Essential reading skills* (2nd. ed.). New York: Pearson.

Milton, J. (2009). *Measuring second language vocabulary acquisition*. Bristol, UK: Multilingual Matters.

Milton, J., & Hales, T. (1997). Applying a lexical profiling system to technical English. In A. Ryan & A. Wray (Eds.), *Evolving models of language* (pp. 72-83). Clevedon: Multilingual Matters.

Min, Dae-sik. (1985). The cloze procedure as a test of overall EFL proficiency. *English Teaching*, 29-30, 423-430.

Moir, J. & Nation, P. (2002). Learners' use of strategies for effective vocabulary learning. *Prospect*, 16, 18-32.

Moon, R. (1997). Vocabulary connections: Multi-word items in English. In N. Schmitt & M. McCarthy (Eds.), *Vocabulary: Description, acquisition, and pedagogy* (pp. 40-63). Cambridge: Cambridge University Press.

Nagy, W. E. (1988). *Teaching vocabulary to improve reading comprehension*. Newark, DE: International Reading Association.

Nagy, W.C., Anderson, R. C. & Herman, D. A. (1987). Learning word meanings from context during normal reading. *American Educational research Journal*, 24, 237-253.

Nation, P. (1982). Beginning to learn foreign language vocabulary: a review of the research. *RELC Journal*, 13(1), 14-36.

_____. (1990). *Teaching and learning vocabulary*. Boston: Heine & Heine.

_____. (1995). The word on words: An interview with Paul Nation. Interviewed by N. Schmitt. *The Language Teacher*, 19(2), 5-7.

_____. (2001). *Learning vocabulary in another language*. Cambridge: Cambridge University Press.

_____. (2005). Teaching and learning vocabulary. E. Hinkel (Ed.), Handbook of research in second language teaching and learning (pp. 581-595). Mahwah, New Jersey: Lawrence Erlbaum Associates.

_____. (2006). How large a vocabulary is needed for reading and listening? *Canadian Modern Language Review* 63(1), 59-82.

Nation, P. & Newton, J. (1997). Teaching vocabulary. In J. Coady & T. Huckin (Eds.), *Second language vocabulary acquisition* (pp. 238-254). Cambridge: Cambridge University Press.

Nation, P., & Waring, R. (1997). Vocabulary size, text coverage and word lists. In N.

Schmitt & M. McCarthy (Eds.), *Vocabulary: description, acquisition, and pedagogy*(pp. 6-19). Cambridge: Cambridge University Press.

Nattinger, J. R. (1988). *Some current trends in vocabulary teaching*. London: Longman.

Nattinger, J. R. & DeCarrico, J. S. (1992). *Lexical phrases and language teaching*. Oxford University Press.

Norris, W. E. (1970). Teaching second language reading at the advanced level: Goals, techniques and procedures. *TESOL Quarterly*, 4(1), 17-36.

Nunan, D. (1991). *Language teaching methodology*. Hemel Hempstead: Prentice Hall.

Nuttall, C. (1996). *Teaching reading skills in a foreign language*. Oxford: Macmillan Heinemann.

Oller, J. W. (1979). *Language tests at school: A pragmatic approach*. London: Longman.

O'Keeffe, A., McCarthy, M. & Carter, R. (2007). *From corpus to classroom*. Cambridge: Cambridge University Press.

Parsons, C. (1976). *How to study effectively*. London: Arrow Books.

Pawley, A. & Syder, F. H. (1983). Two puzzles for linguistic theory: nativelike selection and nativelike fluency, in J. C. Richards and R. W. Schmidt (Eds.), *Language and Communication* (pp. 191-225). London: Longman.

Pike, L. W. (1973). *An evaluation of present and alternative item formats for use in the test of English as a foreign language*. Unpublished manuscript. Princeton, NJ: Educational Testing Service.

Pittleman, S. D., Heinlich, J. E., Berglund, R. L. & French, M. P. (1991). *Semantic feature analysis: Classroom applications*. DE: International Reading Association.

Pyles, T., & Algeo, J. (1993). *The origins and development of the English language* (4th. Ed). New York: Harcourt Brace.

Quinn, G. (1968). *The English vocabulary of some Indonesian university entrants*. Kridten Satya Watjana, Salatiga: IKIP.

Ravin, Y. & Leacock, C. (2000). *Polysemy: Theoretical and computational approaches*. Oxford: Oxford University Press.

Read, J. (2000). *Assessing vocabulary*. Cambridge University Press.

_____. (2004). Research in teaching vocabulary. *Annual Review of Applied Linguistics*, 24, 146-161.

Richards, J., Platt, J. & Weber, H. (1985). *Longman dictionary of applied linguistics*. Essex, England : Longman.

Rivers, W. M. (1968, 1981). *Teaching foreign-language skills*. The University of Chicago.

_____. (1983). *Speaking in many tongues*(3rd. Ed.). Cambridge: Cambridge University Press.

Rosch, E. H. (1977). Human categorization. In N. Warren (Ed.), *Studies in cross-cultural psychology*. New York: Academic Press.

Rudzka, B., Channell, J., Putseys, Y., & Ostyn, P. (1981). *The words you need*. London: Macmillan.

Saltz, E & Donnenwerth-Nolan, S. (1981). Does motoric imagery facilitate memory for sentences? A selective interference test. *Journal of Verbal Behavior and Verbal Learning*, 20, 322-332.

Schmitt, N. (2000). *Vocabulary in language teaching*. Cambridge University Press.

Schwanenflugel, P. J. & Akin, C. E. (1994). Developmental trends I lexical decisions for abstract and concrete words. *Reading Research Quarterly*, 29(3), 251-265.

Scrivener, J. (1994). *Learning teaching*. Jordon Hill, Oxford: Heinemann.

Seal, B. (1991). Vocabulary learning and teaching. In M. Celce-Murica (Ed.), *Teaching English as a second or foreign language*, (pp. 296-312). Boston, MA: Heinle & Heinle.

Shostak, J. (2002). *Vocabulary workshop*(Level A-H). New York: William H. Sadlier.

Sinclair, J. (1991). *Corpus, concordance, collocation*. Oxford: Oxford University Press.

Sinclair, J. M., & Renouf, A. (1988). A lexical syllabus for language learning. In R. Carter & M. McCarthy (Eds.), *Vocabulary and language teaching*(pp. 140-160). London: Longman.

Skehan. P. (1998). *A cognitive approach to language learning*. Oxford: Oxford University Press.

Smith, F. (1971). *Understanding reading*. New York: Holt, Rinehart & Winston.

Spolsky, B. (1978). *Approaches to language testing*. Arlington. VA: Center for Applied Linguistics.

Stageberg, N. C. (1968). *An introductory English grammar*. New York: Holt, Rinehart and Winston.

Strevens, P. (1972). *British and American English*. New York: Holt, Rinehart and Winston.

Stern, G. (1979). Nuclear English: Reflections on the structure of its vocabulary. *Poetica*,

10, pp. 27-52.

Stubbs, M. (1980). *Language and literacy : The Sociolinguistics of reading and writing*. London : Routledge & Kegan Paul.

_____. (1995). Collocation and semantic profiles. *Functions of language*, 2(1), 23-55.

Summers, D. (1988). The role of dictionaries in language learning. In R. Carter, M. Carter & M. McCarthy (Eds.), *Vocabulary and language teaching*(pp. 111-125). London: Longman.

Swan, M., & Walter, C. (1984). *Cambridge English course*. Cambridge University Press.

Taylor, L. (1992). *Vocabulary in action*. Hemel Hempstead: Prentice Hall.

Thorndike, R. L. (1973). Reading comprehension in fifteen countries. New York: John Wiley and Sons.

Thornbury, S. (2002). *Teach vocabulary*. Essex, England: Pearson Education.

_____. (2008). *How to teach vocabulary*. Harlow, UK: Longman.

Thun, N. (1963). *Reduplicative words in English*. Uppsala : Carl Blorns.

TOFEL. (1998). *TOEFL sampler*. Princeton, NJ: Educational Testing Service.

Tottie, G. (2002). *An introduction to American English*. Oxford: Blackwell.

Ur, P., & Wright, A. (1992). *Five-minute activities*. Cambridge University Press.

Vacca, J. A. L., Vacca, R. T., Gove, M. K., Burkey, L. C., Lenhart, L. A., & Mckeon, C. A. (2006). *Reading and learning to read*. New York: Pearson.

van Ek. (1975). *The threshold level*. Strasbourg: Council of Europe.

Vygotsky, L. (1962). *Thought and language*. Cambridge, Mass.: The MIT Press.

Wateyn-Jones, P. (1993). *Vocabulary: Games and activities for teachers*. Penguin.

West, M. P. (1953). *A general service list of English words*. New York: Longman.

White, R. V. (1987). Teaching the passive. In M. Long and J. C. Richards (Eds.), *Methodology in TESOL* (pp. 298-303), New York: Newbury House.

White, T. G. and Yanagihara, A. (1989). Teaching elementary students to use word-part clues. *The Reading Teacher*(January), 302-308.

Wilkins, D. A. (1972). *Linguistics in language teaching*. London: Arnold.

Williams, E. (1984). *Reading in the language classroom*. Basingstoke: Macmillan.

Willis, D. (1990). *The lexical syllabus*. Collins COBUILD.

Winitz, H. (Ed.). (1981). *The comprehension approach to foreign language instruction*. Rowley, Mass.: Newbury House.

Wood, D. (2002). Formulaic language in acquisition and production: Implications for teaching. *TESL Canada Journal*, 20(1), 1-15.

Wright, A. (1989). *Pictures for language learning*. Cambridge: Cambridge University Press.

Wright, A., Betteridge, D., & Buckby, M. (1991). *Games for language learning*. Cambridge University Press.

Yorkey, R. (1970). *Study skills for students of English as a second language*. New York: McGraw-Hill.

Zimmerman, C. B. (1997). Historical trends in second language vocabulary instruction. In J. Coady & T. Huckin (Eds.), S*econd language vocabulary acquisition: A rationale for pedagogy*(pp. 5-19). Cambridge: Cambridge University Press.

찾아보기

국문

(ㄱ)

간접차용 ·· 65
강한 연어 ·· 250
개념질문 ·· 173
결합성 ·· 123
경구 ··· 37
고빈도 어휘 ···································· 166
고유 연어 ·· 250
고유명사의 보통명사화 ····················· 54
과업중심 활동 ································· 215
관용어 ·· 34
구동사 ·· 33
구두법 ·· 271
구성주의 ··· 93
굴절접사 ··· 16
궁극적 출처 ·· 65
귀환효과 ································ 311, 315
규칙 빈칸 채우기 ··············· 309, 330
그림도식 ·· 191
금기어 ·· 121
기능어 ·· 22
기능전환 ··· 60
기본어 ·· 140
기본형 ·· 150
기억강화전략 ··································· 261

(ㄴ)

낱말유형 ··· 10
내용어 ·· 21

능동적 어휘 ······················ 137, 156, 159

(ㄷ)

다어 어휘 ··· 31
다의성 ······································· 38, 103
다의어 ·· 38
단계적 반의 ·· 28
단순어 ·· 31
단어군 ·· 11
단축 ··· 49
담화 ··· 123
담화표지 ··· 36
담화표지의 유형 ····························· 132
대명사적 대용어 ····························· 126
대모음전이 ·· 88
대역사전 ······························· 160, 287
돌출성 ·· 150
동사적 대용어 ································· 126
동음이의어 ·· 30
동의어 ·· 24
동족어 ·· 39
동형이의어 ·· 29
동화작용 ··· 79
두문자어 ···································· 51, 52
두음문자 ··· 49

(ㅁ)

무의미 어휘 ···································· 211
무의미 단어 ······································· 94

문단	123
문맥	164
문맥분리학습	161
문맥통합학습	163
문맥확대연습	209
문법의식상승	159
문법적 연어	247
민간어원	59

(ㅂ)

반의어	26
발음구별부호	77
발음철자	91
방출음	42
번역	167
보상 전략	268
분리평가	309, 315
빈칸 채우기	327

(ㅅ)

사용 빈도	143
사용 범위	148
사전등재형	10
상관관계	8
상대성가설	120
상보적 반의	27
상위어	110, 140
상황도	150
성 무표적 어휘	29
성 유표적 어휘	29
성취도 평가	317
속담	37
속어	23
수동적 어휘	156

숙달도 평가	316
숙어	9
스타일	24, 132
시각방언	91
신조어	41

(ㅇ)

애매모음	88
약어	51
약한 연어	250
어간	14
어근	14
어근창조	42
어기	14
어원	39
어원적 철자	89
어형	10
어휘	9
어휘게임	221
어휘망	188
어휘목록	10
어휘소	11
어휘의 계층구조	108
어휘의 의미 변화	111
어휘의 의미알기전략	260
어휘의 확장	187
어휘장	107, 108
어휘적 연어	247
어휘접근법	5, 8, 240
어휘정보	10
어휘항목	10
언어사용역	135
역성	48
역순적 반의	28

연결사	131	입문단계	142
연결사의 유형	131	잉여성	195
연상기억법	266		

(ㅈ)

연어	6, 32, 239, 307		
연어 지식의 유용성	245	자립형태소	13
연어의 개념	239	자연적 접근법	4
연어의 유형	246	장음부(長音符)	40
연어의 특성	242	전문어	22
연자	47, 81	전신반응기법	179
영상도	150	절단	49, 50
완곡어법	121	접두사	17
외톨이 단어 골라내기	216	접미사	19
원형이론	139	접사	16
유창성	155	정의어휘	138
유표형	150	중간 강도 연어	250
유행접사	20	중복어	37, 38
은어	24	중심개념	185
음성기호	96	중첩어	52
음철법	92	지시적 의미	99, 119
의미 자질의 분석	101	직접차용	64
의미의 악화	115	진단 평가	316
의미의 양화	115		

(ㅊ)

의미의 일반화	112		
의미의 전이	113	차용	63
의미의 특수화	113	차용어	63
의미의 확대	116	챈트	234, 237
의미자질	101, 172	철자발음	91, 92
의성어	42	총괄적 대용어	126
의존형태소	13	총체적 언어접근법	5
이용도	147	출현형	10
이해중심교수법	5	치환성	148
이형태	14		

(ㅋ)

인터넷	180		
일관성	129	코퍼스	257, 285, 294

코퍼스 언어학 ·················· 5, 294
코퍼스의 유용성 ·················· 297
코퍼스의 활용 ·················· 300

(ㅌ)
타당도 ·························· 312
통합 평가 ······················ 315
통합평가 ······················· 309

(ㅍ)
파생 ····························· 43
파생어 ·························· 43
파생접사 ······················· 17

(ㅎ)
하위어 ···················· 110, 140
하의관계 ························ 110
함축적 의미 ················ 99, 119
합성 ····························· 43
합성어 ······················ 35, 44
합성어의 결합 유형 ············· 47
핵심어휘 ······················· 137
형태론 ·························· 13
형태소 ·························· 12
혼성 ····························· 52
혼성어 ·························· 52
혼종어(混種語) ·················· 53
회상 ··························· 267
회피 전략 ······················ 268

영문

(A)

abbreviation 51
achievement test 317
acronym 49, 51, 52
active vocabulary 156
affix 16
allomorph 14
amelioration 115
antonym 26
assimilation 79
availability 147
avoidance 268

(B)

back formation 48
base 14
basic level term 140
bilingual dictionary 160, 293
blending 52
borrowing 63
bound morpheme 13
breadth 155

(C)

C-test 334
catch phrases 37
central idea 185
chant 234, 237

circumlocution 269
clipping 49, 50
cloze procedure 330
cloze test 309
code-switching 270
cognate 39
coherence 129
cohesion 123
collocation 6, 32, 239, 247, 307
compensation 268
compound 35
compounding 43
comprehension-based method 5
concept question 173
connectives 131
connotative meaning 99
constructivism 93
content word 21
context 164, 165
context availability 150
context enrichment exercise 209
converse 28
core vocabulary 137
corpus 285, 294
corpus linguistics 5, 294
correlation 8
coverage 148

(D)

- defining vocabulary ········· 138
- depth ········· 155
- derivation ········· 43
- derivational affix ········· 17
- derivative ········· 43
- diacritical mark ········· 77
- diagnostic test ········· 316
- direct borrowing ········· 64
- discourse ········· 123
- discourse marker ········· 36, 131
- discrete-point testing ········· 309, 315

(E)

- echoic word ········· 42
- ejaculation ········· 42
- etymological resepelling ········· 89
- euphemism ········· 121
- eye dialect ········· 91

(F)

- fluency ········· 155
- folk etymology ········· 59
- free morpheme ········· 13
- frequency ········· 143
- function word ········· 22
- functional shift ········· 60

(G)

- gap-filling ········· 327
- generalization ········· 112
- graded antonymy ········· 28
- grammar conscious-raising ········· 159
- grammatical collocation ········· 247
- Great Vowel Shift ········· 88

(H)

- homonym ········· 29
- homophone ········· 30
- hybrid ········· 53
- hyphen ········· 47, 81
- hyponym ········· 110
- hyponymy ········· 110

(I)

- idiom ········· 34
- imageability ········· 150
- indirect borrowing ········· 65
- inflectional affix ········· 16
- integrative test ········· 309, 315
- internet ········· 180

(J)

- jargon ········· 22

(L)

- lemma ········· 10
- lexemes ········· 11
- lexical approach ········· 5, 8, 240
- lexical chunk ········· 9
- lexical collocation ········· 247
- lexical entry ········· 10
- lexical fields ········· 107
- lexical item ········· 10
- lexicon ········· 10
- loanword ········· 63

(M)

macron ······································ 40
marked form ···························· 150
medium-strength collocation ··········· 250
mnemonic ································ 266
morpheme ································· 12
morphology ······························· 13
multiword ································· 31

(N)

natural approach ························· 4
neologism ································ 41
nonsense word ··························· 94

(O)

odd one out ···························· 216

(P)

paragraph ······························· 123
passive vocabulary ···················· 156
phonetic symbol ······················· 96
phonics ··································· 92
phrasal verbs ···························· 33
pictorial schema ······················· 191
polysemy ························· 38, 103
portmanteau word ······················ 52
prefix ···································· 17
proficiency test ······················· 316
pronunciation spelling ················· 91
prototype theory ······················ 139
punctuation ···························· 271

(R)

range ··································· 148
recall ··································· 267
redundancy ····························· 195
reduplicative word ······················ 37
referential meaning ···················· 99
register ································· 135
root ······································ 14
root creation ···························· 42

(S)

saliency ································· 150
Sapir - Whorf hypothesis ············· 120
sayings ··································· 37
schwa ···································· 88
secret language ························· 24
semantic feature ······················· 101
semantic feature analysis ············· 101
simple word ····························· 31
slang ····································· 23
source language ························ 64
specialization ·························· 113
spelling pronunciation · 91, 92, 97, 160
stem ····································· 14
strong collocation ····················· 250
style ····································· 24
subordinate term ······················ 140
suffix ···································· 19
superordinate ·························· 110
superordinate term ···················· 140
synonym ································· 24

(T)

taboo ··································· 121
threshold level ························ 142
token ····································· 10

total physical response ······ 179
translation ······ 167
type ······ 10

(U)
ultimate source ······ 65
unique collocation ······ 250
unmarked form ······ 150

(V)
validity ······ 312
vocabulary ······ 9
vocabulary game ······ 221

voguish affixes ······ 20

(W)
washback effect ······ 311, 315
weak collocation ······ 250
whole language approach ······ 5
word families ······ 11
word form ······ 10
word origin ······ 39
word spider ······ 188

(Z)
zero-derivation ······ 60